Dieter R. Fuchs

Der Masanao-Adler

im Fokus der Wissenschaft

Karina Publishing
Vienna

Bibliografische Information der Nationalbibliotheken: Die Deutsche Nationalbibliothek verzeichnet diese Publikation in der Deutschen Nationalbibliografie; detaillierte bibliografische Daten sind im Internet über http://dnb.dnb.de abrufbar.
Die Österreichische Nationalbibliothek verzeichnet diese Publikation in der Österreichischen Nationalbibliothek.

Impressum:
1. Auflage 2020
www.karinaverlag.at/

Coverfototeile: Lizenzfrei Pixabay
Covergestaltung: Karina Pfolz
Lektorat/Layout: Renate Zawrel
Druck: tredition GmbH, Hamburg, Deutschland

ISBN Print 978-3-903161-76-4
ISBN E-Book 978-3-903161-77-1

Dieter R. Fuchs

Der Masanao-Adler

im Fokus der Wissenschaft

Karina Publishing
Vienna

正直

Prolog	7
Erinnerungen	8
Verwirrende Befunde	11
Tod in Afrika	21
Unter Beobachtung	27
The Wall	33
Unerwartete Entwicklungen	44
Leben im UNTACH	48
Ein langes Dinner	56
Nächtliche Schatten	69
Verpasste Chancen	75
Zwei zufriedene Chefs	80
Ein Adler stellt sich vor	86
Rückenwind	97
Die Schatulle	100
Das Vermächtnis der Ikeda	123
Gestrandet	130
Yakuza-Pläne	138
Nachtlektüre	143
Die Holzkugel	153
Überraschungen am Freitag	159
Freundschaftsdienste	169
Moralische Bedenken	176
Mikrokosmos Himotoshi	179
Absturz und Höhenflug	193

Forschung im Verborgenen 200
Kehrtwende 213
Rätsel in vielen Sprachen 218
Neue Einsichten 229
Trouvaille der besonderen Art 236
Zeitensprünge 239
Zwischenfazit 242
Gipfeltreffen mit Tiefgang 248
Reisepläne 271
Aufbruchsstimmung 274
Lichtblitze vor der Finsternis 277
Epilog 280

正

直

Prolog

Magie und Wissenschaft – wie passt das zusammen? Ist in den Wortdefinitionen hierfür und im allgemein üblichen Verständnis nicht bereits vorbestimmt, dass diese Welten es schwer miteinander haben?
Eigentlich nicht, denn auch die Wissenschaft wird durch den menschlichen Geist getrieben, und jener Geist hat einen weiteren Horizont als reine Logik und basiert auf mehr als messbaren, sichtbaren Erscheinungen. Kein Fortschritt und keine echte Vernunft ohne Intuition, ohne Visionen und ohne diffuse Ahnungen. Der freie menschliche Geist vermag zu spüren, dass da etwas jenseits des physikalisch, chemisch und logisch Nachprüfbaren existieren kann und muss.

Was sich dem kritischen und skeptischen Verstand, im wahrsten Sinne dieses Wortes, nicht real erschließt, spürt doch jene andere Dimension in uns – manchmal Seele genannt – als etwas jenseits solcher Grenzen wohl Vorhandenes. Und manchmal berühren sich das Magische und die faktensüchtige Wissenschaft sogar hautnah.
Wie in der Geschichte um eine mysteriöse Elfenbein-Schnitzerei aus dem alten Japan, aufgedeckt durch die akribische Forschungsarbeit eines Wissenschaftler-Teams im Jahr 2036 in Peking.

Die magische Verwobenheit der Dinge über Raum und Zeit hinweg ist nicht zu leugnen. Lasst euch verzaubern!

Erinnerungen

Der alte Mann hockte in sich zusammengesunken und mit halb geöffnetem Mund in dem zerschlissenen Ohrensessel am Sprossenfenster und schnarchte laut vor sich hin. Er war bei der Betrachtung der unten am Ufer vor seinem Fachwerkhaus spielenden Kinder eingenickt – wie so oft am frühen Nachmittag, wenn er sich in diese Fensternische zurückzog, um in nostalgischen Erinnerungen zu schwelgen.
In jenem kalten Februar des Jahres 2012 war der Main teilweise zugefroren, einige in der Sonne blassblau schimmernde Eisschollen hatten sich auf die Böschung hochgeschoben und boten der Dorfjugend einen grandiosen Abenteuerspielplatz. Trotz der grimmigen Kälte versuchte gerade eine Horde als Indianer verkleideter Jungs neben einem aus Holzlatten und einer Plane improvisierten Zelt ein Lagerfeuer anzuzünden, wobei sie einige hochgestellte Eisplatten als Windschutz benutzten.
Bevor sich die Augen des unter zunehmender Altersdemenz leidenden Mannes vor Müdigkeit geschlossen hatten, musste sich diese Szene wohl in seinen wegdämmernden Verstand magisch eingeprägt haben. Wenig später geisterten ähnliche Bilder durch sein Unterbewusstsein.

In diesem Traum blickte er wie aus einer Vogelperspektive herab auf eine aus Reisig und Fellen gebaute Schwitzhütte am Ufer eines weiten, still daliegenden Sees inmitten seltsam bläulich schimmernder und tief verschneiter Wälder. Aus einem kleinen Luftauslass in der Decke der Hütte stiegen Rauch und feuchte, sofort zu Eisnebel kondensierende Luft auf. Ein Zeichen, dass gerade jemand die spirituelle Reinigungszeremonie mit heißem Dampf und glimmenden Kräutern und Pilzen darin vollzog.
Nun kroch ein Mensch unter einem langsam zur Seite geschobenen Fellstück hervor und richtete seinen schweißglänzenden, tätowierten Körper auf, mit weit geöffneten Armen die eisige Luft begrüßend. Es war ein etwa dreißigjähriger Indianer, nur mit einem Lendenschurz bekleidet, an dessen Gürtel ein Jagdmesser und ein ledernes Behältnis hingen. Er murmelte mit weiterhin ausgestreckten Armen und zum Himmel gerichtetem Blick eine Weile lang gutturale rituelle Worte. Im, auf der berauschenden Wirkung der

Pilze beruhenden, Trancezustand war er in den letzten zwei Stunden wie auf Adlerflügeln in fremde Welten und Zeiten gereist.
Die seltsame Gestalt setzte sich – ungeachtet der Witterung – auf den Boden und breitete zwischen überkreuzten Beinen den Inhalt eines Medizinbeutels aus. Es waren mehrere Holzstückchen und heilige Steine, eine Hasenpfote sowie eine kleine Figur, die anscheinend aus einem Knochen oder Tierzahn geschnitzt war und einen Adler mit einem Beutetier in seinen Fängen darstellte. Nachdem er ehrfürchtig vor allem dieses Totem-Objekt betrachtet und seine Gedanken darin versenkt hatte, verbarg er alles wieder in dem mit Adlerflaum und Tabakblättern ausgepolsterten Beutel. Der Indianer beendete das Treffen mit seinem Geistwesen, indem er es noch dreimal mit »A-wa-hi-li« anrief. Er zog die Beinkleider und den Jagdrock an, die auf einem Ast hingen, griff seinen Bogen sowie den Köcher mit den im heiligen Rauch gereinigten Pfeilen und schritt von neuer Kraft erfüllt ins dichte Unterholz des Waldes. So wie der Indianer verschwand, löste sich augenblicklich die Szenerie auf bis sie gänzlich verblasste. Im Unterbewusstsein des Träumenden verblieb nur noch eine große Leere …

Der alte Mann im Ohrensessel wachte auf und öffnete langsam und noch schlaftrunken die Augen. In seinen Mundwinkeln war Speichel festgetrocknet, aber er bemerkte es nicht. Genauso wenig wie er den säuerlich scharfen Geruch in seinem verwahrlosten Haus wahrnahm. Im Halbdunkel des kleinen, mit Unmengen Gerümpel vollgestellten Wohnzimmers humpelte er auf unsicheren Beinen zu einer Seitenwand, an der ein Setzkasten – gefüllt mit asiatischen Schnitzereien – hing. Mit zittriger, ausgezehrter Hand und dennoch schlafwandlerischer Sicherheit nahm er eine dieser kleinen Figuren heraus und hielt sie ganz nah vor seine schwachen Augen. Der Alte hatte keinerlei Erinnerung mehr an die gerade geträumte Geschichte. Dennoch lächelte er zärtlich, fast ehrfürchtig die kleine Adler-Schnitzerei an, die ihn so viele Jahre begleitet hatte.
Nichts wünschte er sich sehnlicher in diesem Moment, als noch einmal auf die große, fantastische Reise zu gehen, auf die ihn dieses kleine Objekt einst geleitet hatte.

Von einem Augenblick zum anderen glitt sein Verstand wieder ab und er verfiel in dumpfes Nachdenken, was er heute noch tun wollte. Er wusste es nicht mehr.

Verwirrende Befunde

Vierundzwanzig Jahre nach dieser Szene in Unterfranken entwickelten weit entfernt, in Peking, manche damit eng verknüpften Vorgänge eine neue Dynamik. Bis tief unter die Erdoberfläche, wie ein gigantisches, an einen riesigen Ameisenhaufen erinnerndes Labyrinth aus Gängen, Schächten und Räumlichkeiten, breitete sich eine seltsame, von der restlichen Welt abgeschottete unterirdische Wissenschaftsstadt aus. Hier und in den darüber liegenden Gebäuden gingen tausende Wissenschaftler ihrer ganz auf die Forschung und den Erhalt des menschlichen kulturellen Erbes konzentrierten Beschäftigung nach.
Genau zu dieser Zeit spielte plötzlich derselbe kleine Elfenbein-Adler wieder eine zentrale Rolle, der einst den alten Mann bei Würzburg so bewegt hatte.

»Marco, das ist total irre - das musst du dir ansehen! Ich flipp aus!«
Es kam atemlos von den Lippen der quirligen, seltsam schrill gekleideten und geschminkten, jungen Japanerin. Sie wirkte im nüchternen Ambiente des grau-in-grau möblierten, fensterlosen Raumes so fremd wie ein schillernder Kolibri, der sich hierher verflogen hatte. Dieser hübsche bunte Vogel stand in ziemlichem Kontrast zu dem älteren Herrn in seinem biederen Tweed-Sakko, der sich nun mit seinem Schreibtischstuhl zu ihr herumschwenkte.
Tomomi Kasai bot einen Anblick, der keinem der zahllosen Modetrends zuzuordnen war, denen man im Jahr 2036 begegnen konnte. Sie hatte ihren persönlichen Style schon als Teenie in einem uralten Jugendjournal entdeckt und sich entgegen allen damals geltenden Normen dafür entschieden und seither beibehalten.
Sie war eine ›Ganguro‹, also übersetzt ein ›Schwarzgesicht‹. In der hippen Szene von Shibuya, dem Vergnügungsviertel von Tokyo mit seinen vielen Clubs, Karaoke-Schuppen und Love-Hotels, hatten in den 1990er Jahren junge Mädchen auf der Suche nach einem verrückten und auffallenden Outfit diesen Look erfunden. Sie bräunten mit verschiedensten Mitteln ihre Haut dunkel, legten ein kontraststarkes weißes Augenmakeup auf, trugen

pechschwarze überlange künstliche Wimpern, dazu hellen, pastellfarbenen Lippenstift. Die langen Haare färbten sie sich orange- oder wasserstoffblond, oft mit pinkfarbenen Strähnen. Kombiniert mit farblich passenden, schrillen Shirts und Hütchen, superkurzen Miniröcken und üppigem Modeschmuck schufen sie so einen Trend, der sich etliche Jahre in der Subkultur Japans halten konnte.

Die Ganguro hatten etwas schockierend Dämonisches an sich, erinnerten die Älteren sogar an junge Shintō-Priesterinnen in ihrer Andersartigkeit. Einige von ihnen mit besonders grellem Make-up nannten sich selbst auch ›Yama-uba‹, also ›Berghexen‹ und empfanden sich als ganz in der Tradition alter Überlieferungen stehend. Nur eben modern!

Jetzt, fast ein halbes Jahrhundert später, wirkte die vierundzwanzigjährige Tomomi in dieser Aufmachung ebenfalls reichlich exotisch, wohl noch provozierender ›individuell‹ als die Girlies damals, was sie aber keineswegs störte. Im Gegenteil! Sie genoss es, anders zu sein und deutlich zu machen, dass sie nichts von altbackenen Konventionen hielt. Die Zeiten des Konformismus gehörten auch für Japanerinnen schon lange der Vergangenheit an. Außerdem hatte sie im Alter von vierzehn Jahren Mangas mit mythologischem Hintergrund geradezu verschlungen und fühlte sich dieser schönen Fantasiewelt durch ihr Äußeres irgendwie nah.

Doktor Marco Renke, der jetzt wie immer wohlwollend und sogar etwas bewundernd seine jüngste Mitarbeiterin anlächelte, hatte von Anfang an das exzentrische Äußere dieser hoch begabten und absolut zuverlässigen jungen Wissenschaftlerin als etwas Positives, für eine starke Persönlichkeit Sprechendes gesehen.

Nach ihrer ersten Begegnung und seiner spontanen Begeisterung hatte er sich damals zunächst gefragt, ob so etwas wie ein Zauber von der Japanerin auf ihn eingewirkt habe. Doch rasch wischte er diesen Gedanken zur Seite und war sich sicher, dass ihn alleine die Intelligenz und angenehme Persönlichkeit beeindruckt hatten. Er erinnerte sich, damals bei diesem Gedanken gelacht zu haben. Denn welcher Unterschied bestünde wohl zwischen einer ›magischen Ausstrahlung‹ und einer ›gewinnenden Persönlichkeit‹, wenn man es genau nahm! Egal: Die positive Einschätzung hatte sich in jeder Hinsicht bestätigt, seit sie in sein Team gekommen war.

Tomomi entwickelte sich zu einer wichtigen Stütze im aktuellen Forschungsprojekt und strahlte trotz ihrer Jugend professionelle Souveränität aus. Umso irritierter war er über diesen leicht hysterischen Auftritt.

Tomomis Körpersprache drückte beim Betreten des Büros ihres Chefs den aufgewühlten Gefühlszustand aus, in dem sie sich seit zwei Stunden befand. Außerdem hatte sie den recht weiten Weg von ihrem Apartment im Hochhaus bis zum unterirdischen Bürotrakt in ziemlicher Eile zurückgelegt. Sie war nicht nur vor Aufregung, sondern auch vom raschen Laufen außer Atem. Der Gebäudekomplex der ***U**nited **N**ations **T**reasury and **A**rchives of **C**ultural **H**eritage* in Peking, kurz UNTACH genannt, nahm ein sehr weitläufiges Areal ein. Diese zentrale Kulturgüterbehörde und Kunstschatzkammer der Vereinten Nationen war wie eine kleine, eigene Stadt innerhalb des Häusermeers von Chinas Hauptstadt – und sicher einer der geheimnisvollsten Orte auf der Welt.

Die Japanerin hatte die Analyseergebnisse aus dem Labor in Grenoble sofort überflogen, nein, regelrecht in sich aufgesogen, als sie an diesem frühen Morgen des sechzehnten Julis im Jahr 2036 eingegangen waren. Sie hatte gegen fünf Uhr das leise »Pling« ihres Smartpads im Halbschlaf wahrgenommen und wusste intuitiv, dass dies die dringend erwartete Nachricht aus Frankreich sein musste. So war es, und beim Lesen der angehängten Dateien jagte ihr ein ungewohnter, aber nicht unangenehmer Schauer über den Rücken. Es war kaum zu glauben, was diese Analysen bestätigten, eigentlich gar nicht möglich ... oder etwa doch?

Nach mehrfacher Plausibilitätsprüfung der neuen Daten hatte sie sorgfältig die Zahlenkolonnen mit den Ergebnissen verglichen, die bereits aus Untersuchungen hier im Pekinger Labor vorlagen. Bloß keine Fehler machen! Es galt, sich nicht gleich am Anfang ihres neuen Jobs durch voreilige Schlüsse zu blamieren.

Dieses Projekt war Tomomis erster beruflicher Schritt nach Abschluss des Chemie-Studiums und sie war sich der großartigen Chance bewusst, die ihr hiermit geboten wurde. Die junge Japanerin träumte schon immer davon, beruflich im Fachgebiet der Archäometrie Fuß fassen zu können. Ihr Faible für Chemie und ihre weiterhin brennende Begeisterung für alte Kulte und

Künste ergänzten sich dort perfekt und daher hatte sie ihr ganzes Studium entsprechend angelegt und zielbewusst durchgezogen. Nichts konnte die Wunschvorstellung toppen, später einmal selbst naturwissenschaftliche Methoden auf Kunst und Antiquitäten anzuwenden, und jetzt hatte dies sogar gleich bei ihrem ersten Job geklappt! Tomomi wollte Marco auf keinen Fall enttäuschen, der ihr als Anfängerin bei der Stellenbesetzung den Vorzug gegenüber Mitbewerbern mit langjähriger Forschungserfahrung gegeben hatte.

Je länger sie die Daten studierte, umso sicherer war sie sich ihrer Sache. Diese Befunde der Experten der Europäischen Akademie der Wissenschaften waren eindeutig und Grenoble galt als die weltweit führende Autorität bei diesen Analyseverfahren. Nach einer schnellen Dusche und für ihre Verhältnisse kurzen Sitzung vor dem Schminkspiegel hatte sie sich sofort auf den Weg zu ihrem Chef gemacht, obwohl es erst kurz nach sieben war. Sie wusste, dass er um diese Zeit meistens schon in seinem Büro saß.

Unterwegs wirbelten unterschiedlichste Gedanken durch ihren Kopf. Sie war regelrecht geflasht von dem, was sie hier miterlebte. Im vergangenen Jahr, als sie in München noch für ihre Studienabschlussarbeit recherchierte, war sie voller Bewunderung für die Forschungsergebnisse anderer. Vieles empfand sie als ›interessant, erstaunlich, beeindruckend‹, manchmal auch ›genial‹. Aber das hier, seit sie in Peking mit Marco zusammenarbeitete, das war wirklich atemberaubend spannend – und sie ein aktiver Teil davon!

Tomomi konnte daher ihre Aufregung nicht unterdrücken, als sie nach dem Betreten des Raumes den Tablet-Computer vor ihrem Chef auf den Schreibtisch gelegt hatte.

Doktor Marco Renke blickte sie noch immer etwas verwundert an. Er schätzte an seiner jüngsten Mitarbeiterin vor allem ihr normalerweise unaufgeregtes Verhalten. Ihr völlig ungewohnter Erregungszustand, der anhand von Lautstärke und Stimmlage unüberhörbar war, machte ihm sofort klar, dass etwas Besonderes geschehen war. Wofür auch die Uhrzeit sprach – meistens war er bis etwa neun Uhr alleine im Büro. Er liebte diese Routine, denn so konnte er ungestört seine kreativste Phase am frühen Morgen nutzen.

Renke kratzte sich lächelnd den grauen Dreitagebart und streckte zunächst einmal seinen schlaksigen und von der Schreibtischarbeit etwas steif

gewordenen Körper. Er löste sich nur langsam aus der tiefen Konzentration, in die er bis zu dieser Störung wegen einer schwierigen Textstelle in einem Fachartikel versunken war. Mit beiden Händen fuhr er durch seinen noch immer üppigen, grauen Wuschelkopf und antwortete seiner Mitarbeiterin schließlich mit einem Augenzwinkern: »Naja, liebe Tomomi, ich denke um diese Uhrzeit wünsche ich dir erst einmal einen guten Morgen und dann sehen wir weiter. Was hat dich denn so früh aus dem Bett gejagt? Ist dir unser Adler als Geist erschienen?«
Ein leichtes Erröten breitete sich über ihr Gesicht aus, weil sie vor Aufregung sogar das Grüßen vergessen hatte, aber das starke Make-up überdeckte ihre Verlegenheit.
Marco überflog die Zahlen und Kurztexte auf dem Touchscreen, zunächst quasi diagonal im Schnelldurchgang, dann ein zweites Mal mit deutlicher sichtbarer Konzentration. Ihre Augen trafen sich.
»Also doch! Whow, Tomomi, deine Idee war echt super! Das ist wirklich sensationell – und ein wenig gespenstisch!«
In die sichtliche Anspannung mischte sich bei beiden zunehmend jene erlösende Begeisterung, wie man sie nur bei der unerwarteten Erfüllung wirklich großer Hoffnungen empfindet. Strahlende Augen, breites Lächeln und ein fast spürbares Knistern in Vorfreude auf die plötzlich noch geheimnisvollere Forschungsarbeit.

Vor einem Monat hatten sie der Elfenbein-Schnitzerei, die im Fokus ihrer momentanen Untersuchungen stand, eine winzige Materialprobe entnommen. Diese war auf Tomomis Anregung hin nach Grenoble zu einer der aufwändigsten und kostenintensivsten chemischen und material-technischen Charakterisierungen geschickt worden, die je einem solchen Objekt zuteil geworden war.
Das vorliegende Ergebnis der diversen chemischen Spezialanalysen wies selbst bei pessimistischer Auslegung der methodischen Fehlerbreiten eine Herkunft des Elfenbeins aus Westafrika, Zentralafrika und Ostafrika nach. Wohlgemerkt nicht entweder/oder, sondern sowohl/als auch. Dieses Tier musste also den ganzen afrikanischen Kontinent durchwandert haben, wie die Zusammensetzung seines Zahnmaterials eindeutig bewies!

Ungewöhnlich und bisher unerklärlich war ein extrem hoher Holmium-Wert – dieses seltene Element war bei biologischem Material normalerweise nur in minimalen Spuren vorhanden, in ihrer Elfenbeinprobe jedoch über 10.000fach erhöht. Die Radiokarbon-Altersbestimmung ergab als Todeszeitpunkt des Elefanten das Jahr 1350 +/- 20 Jahre. Die Genanalysen wiesen das Tier als einen damals etwa achtzig Jahre alten, männlichen Elefanten der Art *Loxodonta Cyclotis* aus. Also als einen üblicherweise kleinwüchsigen Waldelefanten, wie sie früher in den tropischen Regenwäldern Westafrikas heimisch waren. Die spezielle Population, auf welche die Vergleichsdaten der Europäischen Zoologischen Gendatenbank in London hindeuteten, war in Ghana anzusiedeln. Sie galt allerdings nach den Wirren des Westafrika-Krieges seit etwa zehn Jahren als ausgestorben. Diese Artzuweisung widersprach deutlich der aufgrund einer Strukturanalyse abgeleiteten Aussage, dass der Stoßzahn, zu dem die Probe gehörte, vermutlich eine Gesamtlänge von etwa vier Metern hatte. Also doppelt so lang war wie bei dieser Art üblich und auch länger als jeder bislang bekannte Elefantenstoßzahn überhaupt!

Die weiteren Materialanalysen bewiesen, dass der seltsame Waldelefant, der dieses Elfenbein geliefert hatte, in mehrfacher Hinsicht sehr ungewöhnlich gewesen war. Einzelne DNA-Sequenzen offenbarten eine angeborene Pigmentstörung, er war definitiv ein Albino, also einer der äußerst seltenen weißen afrikanischen Elefanten. Außerdem war das Tier aufgrund genetisch bedingter Wachstumsstörungen wohl ein grotesker Riese unter seinesgleichen, mit vermutlich über vier Metern Schulterhöhe erheblich massiger als es bei Waldelefanten jemals dokumentiert worden war. Was wiederum mit der enormen Stoßzahnlänge gut korrelierte.

Doch nicht diese an sich zwar interessanten, aber höchstens für Zoologen spektakulären Fakten bewegten die beiden Forscher. Es gab einen ganz anderen, wirklich mysteriösen Grund. Weil Tomomi jener in just diesem Moment wieder deutlich bewusst wurde, verstärkte sich ihre Erregung zu einer wohligen Gänsehaut, die ihr langsam bis in den Nacken hoch stieg.

Denn die außergewöhnliche Herkunft des Rohmaterials, aus dem dieses Kunstobjekt geschnitzt worden war, hatte jemand bereits in einem fünfzig Jahre alten Essay genau beschrieben. Der Verfasser war in der Darstellung

so präzise, als sei er den Spuren dieses Elefanten zu dessen Lebzeiten im vierzehnten Jahrhundert selbst gefolgt!
Definitiv hatte in den achtziger Jahren des vorigen Jahrhunderts noch niemand die technischen Möglichkeiten, solche Details zur Materialherkunft einer Schnitzerei aus siebenhundert Jahre altem Elfenbein herzuleiten. Die hierzu notwendigen Analyseverfahren waren zu jener Zeit noch nicht vorhanden oder benötigten eine Mindestprobenmenge, die unmöglich von einem so kleinen Objekt hätte entnommen werden können. Das war wie Zauberei! Die beiden Wissenschaftler standen somit vor einem Rätsel, das ihre Logik momentan überforderte und ihren Forscherdrang anspornte.

Marco und Tomomi gingen langsam durch den weitläufigen Büroraum zur in der Wand eingebauten Panzerglasvitrine und blickten, wie schon so oft, fasziniert auf das Objekt ihrer Untersuchungen. Dort stand unter Schutzglas, bei definierter Luftfeuchte und Temperatur sowie durch spezielle LED-Lampen ins rechte Licht gesetzt, eine etwa fünf Zentimeter große Schnitzerei aus Elfenbein. Die Figur stellte in ausgewogenen Proportionen, detailgenau und künstlerisch ausdrucksstark einen sitzenden Adler mit angelegten Schwingen dar, der einen kleinen Affen als Beute in seinen Fängen umklammert hielt.
Es handelte sich um ein japanisches Netsuke, also einen vollplastisch geschnitzten Gürtelknebel mit zwei Schnurlöchern zur Befestigung kleinerer Gegenstände am Obi, dem breiten Gürtel des Kimonos. Im Japan des siebzehnten bis neunzehnten Jahrhunderts waren diese kleinen Gürtelschmuckstücke, meistens aus Elfenbein, Hirschhorn oder Holz gefertigt, weit verbreitet. Sie dienten in erster Linie dem praktischen Zweck, Utensilien wie Pillendose, Pfeifenset oder Schreibzeug mittels einer Seidenschnur sicher und dennoch leicht abnehmbar am Obi festzuklemmen, denn die damals übliche Kleidung der Männer hatte keine Taschen. Darüber hinaus boten Netsuke auf elegante Weise die Möglichkeit, den Kunstsinn und Wohlstand des Trägers dezent zur Schau zu stellen. Später hatten sich diese Schnitzereien, insbesondere in der zweiten Hälfte des zwanzigsten Jahrhunderts, weltweit zu beliebten Sammlerobjekten entwickelt. Künstlerisch hochwertige, nachweislich von prominenten

Schnitzern stammende Netsuke erzielten ab Anfang des einundzwanzigsten Jahrhunderts auf Kunstauktionen und im internationalen Antiquitätenhandel enorme Preise. Gute Stücke konnten einen Marktwert von mehreren zehntausend bis zu dreihunderttausend Euro erreichen.
Dass es sich bei diesem Netsuke hier um ein Spitzenstück handelte, davon konnten die beiden Forscher zweifelsfrei ausgehen. Das belegte ein vor fünf Jahren hausintern durch die Japonika-Experten des UNTACH angefertigtes Gutachten. Bei jeder Neueinlieferung war eine solche Bewertung durch ein Team fachkundiger Kunsthistoriker ein Routinevorgang. In dieser Expertise wurde die an der Unterseite des Netsuke markant eingeschnitzte Signatur ›Masanao‹ als authentisch bewertet. Als Schöpfer war also jener Meisterschnitzer belegt, der im achtzehnten Jahrhundert in Kyoto wirkte und in Standardwerken über Netsuke als einer der künstlerisch herausragenden Meister seiner Zeit galt.
Es gab noch weitere Belege für die außergewöhnliche Qualität dieses Netsuke, die aus wissenschaftlicher Sicht gleichermaßen hoch zu bewerten waren. So existierte eine alte, auf Dezember 1989 datierte Einschätzung eines deutschen Auktionshauses in Köln. Dessen Experten waren auf Asiatika spezialisiert und seit zwei Generationen in der Fachszene als eine der höchsten Instanzen bei der Bewertung dieser Gürtelknebel bekannt. Außerdem fand sich die Abbildung und Dokumentation exakt dieses Netsuke in einem anerkannten Standardwerk über japanische Kleinkunst aus dem Jahr 2018. Die Identität des Stücks war hierin zusätzlich optisch abgesichert durch mehrere stark vergrößerte Detailaufnahmen der Signatur ›Masanao‹ sowie weiterer charakteristischer Schnitzdetails. Es war unzweifelhaft genau dieses Netsuke, das im Original vor ihnen lag, sie beide in den vergangenen Wochen so intensiv in ihren Bann gezogen hatte und in den kommenden Monaten weiter beschäftigen würde.

Als Tomomi, wie immer seltsam gebannt und fasziniert beim Anblick der Schnitzerei, schon wieder ein seltsames Kribbeln am Körper spürte, wurde der kleine Adler in ihren Gedanken regelrecht lebendig, so sehr berührte seine Aura ihre Fantasie. Im Innersten glaubte die Japanerin fast zu hören,

wie es aus der Vitrine in sie drang und säuselte: ›So löst doch endlich mein Rätsel und gebt mir meinen Frieden zurück.‹
Tomomi riss sich zusammen, rief ihre Gedanken wieder zu logischer Ordnung und war sich bewusst, dass es eigentlich nicht nur das Netsuke selbst war, das ihnen so große Rätsel aufgab. Es war vielmehr auch der Inhalt jener seltsamen Schatulle, die zu diesem Netsuke zu gehören schien und von der Marco Renke immer recht geheimnisvoll sprach.
Die junge Chemikerin hatte nur ein einziges Mal einen Blick auf diese ungewöhnliche Beigabe werfen können, denn ihr Chef hielt diese stets in dem kleinen Tresorraum verschlossen, der an sein Büro angrenzte. Sie erinnerte sich aber gut an die mit Schnitzereien verzierte Holzschatulle von der Größe eines Pilotenkoffers. Diese öffnete sich mittig und die beiden dann zugänglichen Hälften ließen sich ein weiteres Mal nach außen aufklappen, sodass vier gleich große flache Behältnisse nebeneinander vor dem Betrachter lagen, durch kunstvolle Messingscharniere miteinander verbunden. Diese einzelnen Abteile waren jeweils weiter untergliedert, teilweise in Dokumentenfächer, teilweise in mit Samt ausgepolsterte Behältnisse und Futterale, manche mit Deckeln oder Befestigungen versehen.
Der Koffer schien nur teilweise gefüllt zu sein mit Schriftstücken und kleinen Objekten. Zumindest soweit sie es damals sehen konnte, als ihr Marco einen kurzen Blick auf seine ›Schatztruhe‹ gönnte, wie er ihn ironisch nannte. Er hatte Tomomi bei dieser Gelegenheit auf zwei Details des Inhalts näher hingewiesen, bevor er die Schatulle wieder zusammenklappte und wegschloss: Auf ein Dokument, das er einem der flacheren Fächer entnahm und ihr vor die Augen hielt, sowie auf eine im Koffermittelteil integrierte Miniaturvitrine, die aus dickem, glasklarem Kunststoff bestand. Im Zentrum dieses kleinen aufklappbaren Quaders war eine exakte Negativform des Adler-Netsuke zu erkennen, ausgekleidet mit einer dünnen, weichen Silikonschicht. Dies stellte einen sicheren und maßgefertigten Aufbewahrungsort für das kleine Prachtstück dar.
»Nun hast du auch das Original gesehen – nicht, dass du glaubst, ich will dich zum Narren halten.«
Er hatte es damals mit einem Schmunzeln gesagt, aber sein Blick drückte etwas anderes aus. Es ging ihm ernsthaft darum, sie ins Vertrauen zu ziehen

und sicherzustellen, dass sie sich der Seriosität ihrer gemeinsamen Nachforschungen trotz derart skurriler Umstände bewusst war.
Den Text auf dem handgeschriebenen, leicht vergilbten Dokument kannte sie bereits aus einem Scan, den ihr Marco einige Tage zuvor spät abends überraschend zum Lesen gemailt hatte. Normalerweise belästigte er seine Mitarbeiter nicht in ihrer Freizeit, so gut kannte sie ihn schon. Sein Begleittext in der Mail lautete damals: ›Was hältst du von diesem netten Stück Prosa? Viel Spaß bei der Lektüre, ich freu' mich auf dein Feedback in den nächsten Tagen.‹
Sie hatte den Text sofort gelesen, anfangs eher verwundert und amüsiert, dann plötzlich alarmiert und schließlich hellwach. In der folgenden Stunde studierte sie die wenigen Seiten dann intensiv und hinterfragte einzelne Aussagen darin mittels diverser Internet-Recherchen. Zunächst erschien es ihr völlig abwegig, dass diese Kurzgeschichte tatsächlich einen realen Bezug zur Herkunft des Elfenbeins haben sollte, aus dem Masanao dieses Netsuke geschaffen hatte. Aber wenn sie die rein logische Bewertung der Sachlage ignorierte, räumte sie intuitiv ein, dass an dieser Geschichte vielleicht doch etwas dran sein könnte. Irgendeine Verbindung musste es geben, schließlich hatte jemand jene Schatulle anfertigen lassen, um genau diese Schnitzerei zusammen mit genau diesen Schriftstücken, unter anderem dem Dokument mit der Überschrift ›Tod in Afrika‹ als eine Einheit aufzubewahren.

Die merkwürdige Erzählung war Tomomi, während sie mit Marco schweigsam vor der Wandvitrine stand, wieder sehr präsent. Es kam ihr fast beängstigend vor, dass der Inhalt dieses Dokuments mit der Datumsangabe ›Fünfter Mai 1986‹ so perfekt mit ihren neuesten Forschungsergebnissen übereinstimmte. Damals beim ersten Lesen hatte sie sich anfangs ein süffisantes Schmunzeln aufgrund des etwas schwülstigen Schreibstils und der blumigen Darstellung nicht verkneifen können. Das Ende allerdings ernüchterte sie und der letzte Satz wirkte wie ein kleiner Schock.

Tod in Afrika

Er strotzte vor Kraft und strahlte Gelassenheit und Zielstrebigkeit aus, als er den durch Felsen verengten Eingang des ausgetrockneten Flussbetts passierte. Aber sein Leben sollte hier bald ein Ende finden.

Die Herde, in der er vor vielen Jahrzehnten aufgewachsen war, hatte ihn bereits im Alter von acht Jahren verstoßen, also lange vor der für die Separierung von Jungbullen üblichen Zeit. Denn er war anders. Er war viel größer und kräftiger als seine Altersgenossen und überragte schon in jungen Jahren die ausgewachsenen Elefanten in seiner Herde. Seine Haut war fast rosa-weiß, was ihn im dichten, grünen Dschungel an den Ufern des großen Flusses, den man später Volta nennen sollte, wie einen Fremdkörper wirken ließ. Seine Augen, die mit deutlich verminderter Sehkraft ausgestattet waren, funkelten blutrot aus dem unförmigen hellfarbenen Kopf. Der Schädel war bei dem Jungtier grotesk erhöht im Vergleich zu seinen Spielgefährten, die eigentlich keine waren für ihn – er blieb von Anfang an ein Einzelgänger und wurde ausgegrenzt von einer artspezifischen Sozialisierung im Herdenverbund. Im Gegensatz zu den anderen besaß er nur einen einzigen wirklichen Stoßzahn, aber was für einen! Während der linke verkümmert und kaum eine Handspanne lang war, ragte der rechte schon bald über einen Meter aus seinem mächtigen Oberkiefer heraus und zwang seinen jungen Nacken, sich immer wieder und immer tiefer zu beugen. Im dichten Wald war dies anfangs ein Problem für den rasch heranwachsenden Jungbullen, denn sein sperriger Stoßzahn verfing sich oft in den Schlingpflanzen und im Unterholz, zumal er leicht nach außen gebogen war, nicht wie bei seinen Artgenossen nach innen. Während diese sich flink und problemlos durch den Urwald bewegen konnten, musste er sich halbblind seinen Weg mit brachialer Gewalt durch das Dickicht bahnen, um mit ihnen Schritt zu halten. Doch mit wachsenden Kräften und seltsam geschärften anderen Sinnen für seine Umgebung gelang ihm dies zunehmend besser.

So wenig wie ihn die Natur bei der Geburt begünstigt hatte, als sie ihn mit derartigen genetischen Absonderlichkeiten versah, so wenig meinte es auch das weitere Schicksal gut mit ihm. Noch keine fünf Jahre alt verlor er seine Mutter und Tanten durch einen verheerenden Waldbrand, der die halbe Herde in Panik in einen Abgrund stürzen ließ. Nachdem er so auf einen Schlag seine direkte Protektion und sein vertrautes Habitat verloren hatte, war es nur eine Frage weniger Jahre, bis die Herde ihn vollends ausgrenzte und er schließlich seiner eigenen Wege ging.

Es war jedoch nicht nur dieser Gruppendruck, der auf ihm lastete. Da wirkten auch seltsame Antriebskräfte in seinem Innern, die ihn auf die äußeren Umstände plötzlich und willig eingehen ließen. Vielleicht könnte man das, was in seinem Körper und Gehirn vorging, mit den geheimnisvollen Sinnen und Leitprozessen von Zugvögeln vergleichen. Oder mit jenen von Fischen, die – durch Instinkte und uralte Prägungen getrieben – zu fernen Laichplätzen aufbrechen, an denen die Vorfahren einst geboren worden waren. Es zog den Elefanten nach Osten, immer weiter nach Osten.

Seine Wanderung dauerte über siebzig Jahre, immer weiter und weiter getrieben, der aufgehenden Sonne entgegen. Er durchquerte auf seiner von höheren Kräften bestimmten Wanderschaft schier endlose Wälder, durchschwamm unzählige Flüsse und Seen und zog seine deutliche Spur schließlich durch nicht enden wollende Savannen und Trockengebiete. Weder er noch ein anderes Wesen hätten nachvollziehen können, wie viele und dramatische Abenteuer er in dieser Zeit erlebte. Dies alles blieb nicht in seiner eingeschränkten Erinnerung festgehalten, sondern wäre nur mit Fantasie aus den zahlreichen Narben in seiner außergewöhnlichen hellen Haut erahnbar gewesen.

Und nun sollte sich also sein Lebenskreis schließen, seine lange Wanderschaft ein Ende finden.

Die etwa zwanzigköpfige Jagdgruppe vom Stamm der Mbuti aus der Untergruppe der Efe folgte den Spuren des riesigen Albino-Elefanten schon seit mehreren Wochen. Sie waren wie versteinert gewesen, als sie ihm plötzlich auf einer Lichtung im dichten Wald gegenüberstanden. Er verschwand wie ein Geist, noch bevor einer von ihnen aus der Erstarrung erwachte. Sein einziger Stoßzahn musste über drei Armspannen lang sein und seinen Rücken hätten wohl auch drei übereinandergestellte Jäger nicht erreicht – es war ein unglaublicher Anblick für die kleinen Menschen. Von diesem Moment an waren ihre Gedanken nur noch auf diesen Geisterelefanten fokussiert und sie folgten seiner Fährte, als würde ihr Überleben davon abhängen. Zeit bedeutete ihnen genauso wenig wie ihrer Jagdbeute, denn diese Jagd war die bedeutendste spirituelle Handlung, die jemand aus ihrem Volk je unternommen hatte.

Es war ungewöhnlich für diese ethnische Gruppe von Pygmäen, deren Ursprünge am Oberlauf des Flusses Kongo lagen, sich so weit von ihrem eigenen Stammesgebiet zu entfernen. Normalerweise fanden die Jagdzüge räumlich stets im engeren Umland des Sippenverbandes statt, auch wenn sie mehrere Wochen dauern konnten. Doch diese spezielle Untergruppe der Efe hatte ihre angestammten Jagdgründe bereits vor drei Generationen den überlegenen Bantu-Stämmen überlassen müssen und war in eine weniger wildreiche Gegend weit im Osten am Fluss Bahr Al Arab verdrängt worden. Von dort war der kleine Stammesverband später weiter nach Südosten gewandert, bis an die Ufer des Naivasha Sees. Viele ihrer originären, von den Ahnen übernommenen Riten und Lebensweisen hatten sich im Lauf der Zeit verändert und die daher in vieler Hinsicht entwurzelten Efe passten sich den neuen Rahmenbedingungen auf bestmögliche Weise an.

Elefantenjagd war für die kleinwüchsigen Waldmenschen früher ein absolutes Tabu, denn sie waren aus tiefer Spiritualität heraus unfähig, Nahrung zu verschwenden. Die Fleischmenge eines erlegten Elefanten hätte aufgrund nicht vorhandener Konservierungsmethoden somit einen Tabubruch ohnegleichen dargestellt. Doch in diesem Fall lagen die Dinge völlig anders. Eine der wenigen Überlieferungen, die die Vertreibungen überlebt hatten, wurde plötzlich zur greifbaren Realität.

In den traditionellen Jagdgesängen der Mbuti wurde die Erscheinung eines riesenhaften weißen Elefanten mit nur einem Stoßzahn vorausgesagt und mit ihm der Beginn einer neuen, glücklichen Zukunft für ihr Volk. Diese Stammes-Legende, die schon den Kleinsten am Lagerfeuer erzählt und so über viele Generationen lebendig gehalten wurde, beschrieb sehr genau, wie die Jagd enden würde und welche weiteren Schritte erforderlich wären, um ihnen den Geist des getöteten weißen Elefanten wohlgesinnt zu machen. Das Schicksal des Stammes solle sich damit für immer zum Guten wenden. Fern gen Sonnenaufgang würden die erfolgreichen Jäger einen fremden Stamm finden, am Rand des östlichen Salzmeeres. Hochgewachsene weißhäutige Menschen mit langen Bärten und weißen Gewändern, die auf riesigen schwimmenden Häusern sogar das unendliche Wasser am Rande der Welt bereisten. Deren Medizinmann sollte nach der Überlieferung als einziger in der Lage sein, die erforderlichen Opferriten mit dem Stoßzahn des weißen Elefanten richtig durchzuführen und die Efe als Heilsbringer wieder nach Hause zu senden. Dort würde man ihren Mut und ihre Geschicklichkeit loben und die siegreiche Jagd überall laut verkünden, sodass sogar die mächtigen Bantu erzitterten und ihr Stamm wieder in die eigenen Wälder zurückkehren konnte.

Doch noch war es nicht soweit, auch wenn alle Gedanken der Jagdgruppe trotz der Entbehrungen der letzten Wochen nur um dieses eine Ziel, die Erlegung und Opferung des sagenhaften weißen Elefanten, kreisten.
Sie hatten ihn in den vielen Tagen nach der ersten Begegnung nur noch ein einziges Mal zu Gesicht bekommen, am gegenüberliegenden Ufer eines breiten Flusses kurz vor Sonnenuntergang. Die Jäger sahen wieder deutlich seine ungewöhnliche Hautfarbe, seine Größe und einige körperliche Entstellungen, die für sie weitere Zeichen höherer Spiritualität waren. Aber der Elefantenbulle war an diesem Tag für sie unerreichbar. Am nächtlichen Lagerfeuer besangen sie leise und in Ehrfurcht ihre Vision und beschlossen, die unausweichliche Jagd zum prophezeiten Ende zu führen, wie lange und wie weit sie sie auch noch führen möge.

Das Objekt ihrer Gedanken ahnte nichts von dieser Bedrohung durch die kleinen Zweibeiner. Die Augen des Albino-Elefanten waren in den letzten Jahren deutlich schwächer geworden und auf seine Instinkte war kein Verlass mehr. Auch sein Geruchssinn hatte ihm in den letzten Wochen seiner Wanderung nie die drohende Gefahr signalisiert. Stets standen die Winde zu seinen Ungunsten, wie hätte es anders sein sollen. Dass die Jäger ihn trotzdem nicht einholten, sondern seit Wochen immer einige Stunden hinter ihm seiner unübersehbaren, breiten Spur folgten, lag wohl nicht an einem konkreten Fluchtinstinkt. Es lag eher an der ihm eigenen inneren Unruhe, die ihn schon seit Jahrzehnten antrieb und die von Jahr zu Jahr zu höherer Geschwindigkeit und größeren Tagesstrecken anspornte. Vielleicht war dem Elefanten aber tief im Inneren auf unerklärliche Weise bewusst, dass das Ende seiner langen Reise nahte.

Zwei weitere Wochen später war es soweit: Eine steile Schlucht versperrte ihm den Weg nach Osten. Sein Versuch, diese zu umgehen, führte ihn in ein kleines Trockental, das sich als Sackgasse erwies und dessen steile Felswände für den Koloss nicht zu erklettern waren. Er drehte also wie schon so oft in seinem Leben um und stand auf dem Rückweg seinen Verfolgern erstmals bewusst gegenüber. Die instinktive Flucht zurück in das Wadi konnte ihn nicht retten. Die Jagdgruppe folgte ihm vorsichtig und als ihnen klar wurde, dass es hier kein Entkommen mehr für ihn gab, begann man in Ruhe und mit viel Routine eine Fallgrube am engen Eingang des Wadi auszuheben. Ein anderer Teil von ihnen hielt die wertvolle Beute am Ende des Canyon in Schach. Sie errichteten Lagerfeuer quer durch das Tälchen, welche den Elefanten daran hinderten, durch ihre Reihen zu brechen. Einen Tag später ließen sie diese Feuer erlöschen und hetzten ihn mit viel Geschrei und von oben auf ihn herab geworfenen brennenden Büschen. Als er auf seiner panischen Flucht unausweichlich in die mit dürren Baumstämmen, Zweigen und Gras abgedeckte Fallgrube einbrach, durchstachen die mutigsten von ihnen mit ihren Lanzen seine Fußsehnen und fügten ihm mehrere große Wunden am Körper zu. Es dauerte noch drei lange Tage und Nächte, bis er an seinen Wunden verendete und kein Lebenszeichen mehr von sich gab. Aber die entsetzlichen Trompetenstöße, die erst in der dritten Nacht langsam erstarben, sollten ihnen allen nie mehr aus dem Gedächtnis weichen.

Keiner sah die roten Augen erlöschen, die wie kein anderes Elefantenauge zuvor den afrikanischen Kontinent von weit im Westen bis weit im Osten gesehen hatten. Keiner von ihnen konnte ahnen, dass dies nicht nur das Ende der langen Wanderung dieses einzigartigen riesigen Albino-Elefanten war, sondern auch der Beginn der noch viel größeren Reise von etwas, was erst lange später aus der Spitze seines Stoßzahns erschaffen werden würde: einem Adler mit seiner Jagdbeute.

Unter Beobachtung

Tomomi und ihr Chef verweilten einige Minuten vor der Vitrine und sahen das Adler-Netsuke sinnierend, fast zärtlich an, denn keiner von ihnen konnte sich dem Zauber entziehen, der sich gerade wieder entfaltet hatte. Sie tauschten dann, etwas krampfhaft bemüht, einige Ideen zu dessen möglicher Verbindung mit dieser mysteriösen Geschichte aus. Es war, als wollten sich beide von der seltsam magischen Ausstrahlung des Netsuke befreien, indem sie bewusst rein logische Gedankengänge entwickelten. Als Wissenschaftler sträubte sich vieles in ihnen gegen dieses Gefühl des Übersinnlichen, das von dem kleinen Adler ausging. Schließlich brach Marco die wenig fruchtbaren Spekulationen ab.

»Tomomi, sei so nett und ruf für vierzehn Uhr das Projekt-Team zusammen. Wir treffen uns direkt in der Lounge vor dem Konferenzraum VR-16.009-A auf Ebene U-16, du weißt schon, ›The Wall‹. Bitte alle und bitte pünktlich. Ich will euch einige wichtige Infos geben, die ich bislang aus guten Gründen zurückgehalten hatte. Ihr könnt gespannt sein, es wird euch gefallen!«

Tomomis Pupillen weiteten sich und die gerade etwas abgeklungene Erregung brach wieder in ihr aus. Ein Meeting in jenem High-Tech-Besprechungsraum, von dem sie als ›The Wall‹, also ›Die Wand‹ schon so viel gehört hatten. Es blieb keine Zeit für eine neugierige Nachfrage, die ihr auf den Lippen lag, denn Marco war bereits aus dem Raum geeilt. Sie hörte ihn draußen im Vorzimmer noch kurz einige Anweisungen an Claudia erteilen, die soeben ihr Büro betreten hatte, und schon war er weg.

Zur gleichen Zeit stand etwa zwei Kilometer von ihrem Standort entfernt ein Mann an der Fensterfront des Penthouse, in der obersten Etage des Tamagi-Towers. Er war schlank, hochgewachsen und strahlte mit seinem fast weißen Bürstenhaarschnitt und den markanten, hart wirkenden Gesichtszügen Stärke und Macht aus. Sein Blick war starr in Richtung des UNTACH-Geländes gerichtet. Hätten die beiden Wissenschaftler dort von seiner Existenz und seinen Gedanken gewusst, hätte sie dies sicherlich in noch größere Verwirrung gestürzt als jene, in der sie schon jetzt waren.

Denn das Objekt seiner Gedanken und Sehnsüchte war exakt jenes Netsuke mit der Signatur ›Masanao‹, das bei ihnen in der Wandvitrine lag. Diese kleine Elfenbein-Schnitzerei war seit einigen Jahren im Fokus vieler seiner Überlegungen und Aktivitäten.
Im Gegensatz zu den beiden UNTACH-Wissenschaftlern war für Yamagata Aritomo das Adler-Netsuke allerdings unerreichbar. Er kannte es sehr genau durch diverse Zeichnungen und Fotografien sowie zahlreiche Texte und Expertisen, hatte es jedoch nie im Original gesehen oder in seinen Händen gehalten. Es war ihm aber aus den Erzählungen und eindringlichen Anweisungen seines Vaters sehr vertraut. Alle die damals für ihn als kleinem Jungen zwar spannenden, aber wie Märchen erscheinenden Geschichten lagen nun, ein halbes Jahrhundert später, wie in einem undurchdringlichen Nebel diffuser Erinnerungen. Als sein Vater viel zu früh verstarb, er selbst war damals gerade vierzehn Jahre alt, erlosch für immer die Chance, ihn näher zu diesem Thema zu befragen. Aber unbewusst war in seinem Verstand verankert, dass dieses Netsuke ein Geheimnis barg, das er entschlüsseln musste, wollte er seinen Seelenfrieden finden.
Doch es kamen zunächst viele Jahre voller anderer Pflichten und die Kindheitserinnerungen an das Familienerbstück blieben in Yamagata verschollen. Dann wurde ihm vor vier Jahren anlässlich seines sechzigsten Geburtstags völlig überraschend durch den Anwalt der Familie ein Nachtrag zum Testament seines Vaters übergeben, so wie es dieser im Jahr 1985, ein Jahr vor seinem Tod verfügt hatte. Der Inhalt dieses testamentarischen Dokuments, zu dem ein Notizbuch und eine Dokumentenmappe mit historischen Zeichnungen und Plänen gehörten, bewegte ihn zutiefst. Von jenem Moment an wurde aus einer vagen Erinnerung eine Passion, mit einer für ihn hohen persönlichen Priorität.

Yamagata Aritomo zwang sich dazu, die immer wieder nach vorne drängenden Gedanken an seine Familiengeschichte und an das Masanao-Netsuke für einige Minuten auszublenden und seinen Blick vom UNTACH-Komplex abzuwenden. Er ließ seine Augen stattdessen bewusst über die Stadt zu seinen Füßen schweifen. Obwohl er so oft hier oben gestanden hatte, genoss er den grandiosen Ausblick aus seinen

Privaträumlichkeiten in vierhundertfünfzig Metern Höhe auf die Skyline von Peking immer wieder aufs Neue. In den sieben Etagen unter dem Penthouse befanden sich die Büros, das Kommunikation- und Logistikzentrum sowie diverse Konferenzräume und Gästesuiten der chinesischen Tochterfirma des japanischen Tamagi-Konzerns, den er als Vorstandsvorsitzender seit fast zwanzig Jahren leitete.
Er liebte es, möglichst viel Zeit hier in der Hauptstadt Chinas zu verbringen, jener Stadt, die nicht nur nach seiner eigenen Bewertung zunehmend die Schaltzentrale der Weltwirtschaft darstellte. Yamagata hatte außerdem eine ganz besondere persönliche Verbindung zu Peking. Insbesondere zu jenem Areal, das sich nicht allzu weit von seinem Domizil entfernt durch eine riesige Grundfläche und verhältnismäßig geringe Höhe aus dem Meer der Wolkenkratzer abzeichnete: dem UNTACH-Komplex. Wieder wurde sein Blick von dessen flachen Konturen gefesselt und die ständigen Gedanken an das Netsuke waren sofort wieder präsent.
Ein leichtes Lächeln glitt über seine Züge, als er sich vorstellte, dass dort in diesem Moment Doktor Marco Renke an der Lösung seiner Probleme arbeitete, ohne dies zu wissen. Inzwischen mussten Renke sicher die Analyseergebnisse aus Grenoble vorliegen, deren Kopie samt Übersetzung der Kernaussagen ins Japanische er selbst bereits seit zwei Stunden auf seinem Schreibtisch hatte. Zunächst war Yamagata enttäuscht gewesen von den dort enthaltenen Informationen, denn sie stellten für seine eigentlichen Ziele keinen wirklichen Fortschritt dar. Doch andererseits gab ihm die Vorgehensweise von Marco Renke die Gewissheit, dass dieser sich wie erhofft mit Kompetenz seinem Forschungsauftrag widmete. Der Japaner fühlte sich bestätigt, dass man mit diesem Wissenschaftler die richtige personelle Wahl getroffen hatte.

Yamagata war ein mächtiger Mann, der es seit jungen Jahren gewohnt war, Menschen zu manipulieren und Strategien zum Nutzen seiner Familie und seiner Firma zu entwerfen sowie konsequent umzusetzen. Genauso fokussiert und klug, wie er als Konzernlenker agierte, hatte er jene privaten Pläne geschmiedet und auf den Weg gebracht, die ihm mit zunehmendem Alter mehr als alles andere am Herzen lagen. Die aktuelle Forschungsarbeit dieses Deutschen dort drüben bei UNTACH spielte hierbei eine Schlüsselrolle.

Das UNTACH war vor fünfzehn Jahren von den Vereinten Nationen in dem gigantischen, einst für militärische Zwecke künstlich geschaffenen unterirdischen Kavernensystem am nördlichen Stadtrand von Peking offiziell eröffnet worden. Bereits ein Jahr später konnten die ersten Exponate in den perfekt ausgebauten Archiven eine neue Heimat finden. Die Regierung Chinas hatte viele Jahre vorher den für diesen neuen Nutzungszweck optimalen Umbau der weitläufigen Militäranlage sicher-gestellt. Zum richtigen Zeitpunkt unterbreitete man der Weltgemeinschaft ein gut vorbereitetes Angebot: Hier wolle man zum Wohle der gesamten Menschheit ein umfassendes und einzigartiges internationales Archiv und Forschungszentrum für das Weltkulturerbe einrichten und auch langfristig substanziell mitfinanzieren. Dieses Konzept fand rasch die erforderlichen Mehrheiten in den Entscheidungsgremien der UNO und ihrer Mitglieds-länder. Das gigantische Projekt ging über die Dimensionen der größten nationalen Museen weit hinaus und stellte auf dem Weg der politischen und kulturellen Annäherung der westlichen und asiatischen Machtblöcke einen wichtigen verbindenden Schritt dar.
Die überwiegende Mehrheit der Kunsthistoriker, Kulturwissenschaftler, Konservatoren und Museumsexperten begeisterte sich längst für die Vision eines zentralen globalen Horts für eine möglichst umfassende Archivierung und Sicherung kultureller Menschheitserzeugnisse. In den vergangenen drei Jahrzehnten waren durch Naturkatastrophen, Terror und Kriege auf fast allen Kontinenten zunehmend wertvollste Kulturgüter vernichtet worden. Daher fand sich schließlich eine breite politische und gesellschaftliche Basis für einen solchen gemeinsamen Schritt.
Exquisite und repräsentative Belegstücke aus praktisch allen Kunst- und Kulturbereichen und Epochen wurden daraufhin weltweit ausgewählt und sukzessiv in die Obhut der neuen Einrichtung transferiert. Innerhalb weniger Jahre entstand ein noch nie zuvor so umfassend an einem einzigen Ort versammelter Fundus an Originalobjekten sowie relevantem Quellenmaterial.

Sowohl das Gebäude selbst als auch alle wissenschaftlichen Einrichtungen des UNTACH wurden nach höchsten musealen und wissenschaftlichen Standards realisiert und ein neues Mekka für über Kunst und Kulturgut forschende Wissenschaftler aus der ganzen Welt entstand in Peking. Da UNTACH keine der Öffentlichkeit zugängliche Ausstellung war, sondern eine reine Archiv- und Forschungseinrichtung mit sehr restriktiven Zugangsregelungen, konnten umfassende Schutzmaßnahmen getroffen werden, wie sie in Museen in der Regel unmöglich waren.

Dieses einzigartige wissenschaftliche Zentrum entsprach den gleichen Sicherheitsstandards wie in Militärzentralen von Supermächten, den Lagerorten nationaler Goldreserven oder der UNO-Zentrale in New York. Etwa sechzig Prozent der Räumlichkeiten lagen über zweihundert Meter tief unter der Oberfläche und nur weniger sensitive Bereiche waren in den oberirdischen Gebäudeteilen untergebracht. Hier befanden sich zum Beispiel die Quartiere des Personals, Sportanlagen, vielfältige Tagungs- und Sitzungsräumlichkeiten sowie diverse Shopping- und Vergnügungseinrichtungen. Die strikten Zugangsregelungen, Kommunikationsstrukturen, Dienstleistungskonzepte und Versorgungssysteme waren auf einem noch nie erreichten technischen Niveau. Der UNTACH-Komplex war praktisch autark und mit einer perfekten Infrastruktur ausgestattet.

Das Personalkonzept sah in Relation zum gigantischen Umfang der Sammlungen ein vergleichsweise kleines Stammpersonal von etwa neuntausend überwiegend technischen und administrativen Arbeitskräften vor. Der größte Teil der eigentlichen Facharbeit im UNTACH, von der Auswahl und umfassenden Dokumentation über die Konservierung und Archivierung bis zur wissenschaftlichen Bearbeitung der Sammlungsbestände erfolgte durch tausende Gastforscher aus aller Welt. Diese mussten während ihrer Zeit bei UNTACH fast durchgängig vor Ort im Gebäudekomplex logieren, da das komplizierte und zeitaufwändige Zugangsprocedere für ein tägliches Pendeln von innen nach außen und umgekehrt nicht praktikabel war. Hier war quasi abgeschottet von der Megastadt Peking eine eigene, futuristische Stadt entstanden!

Für die Kunstobjekte selbst war die Entscheidung über ihre Aufnahme in die Sammlung in der Regel eine Einbahnstraße. Einmal archiviert, würden sie – von wenigen Ausnahmen abgesehen – nie mehr diese kulturelle Schatzkammer verlassen, sondern künftig ausschließlich innerhalb des UNTACH interessierten Experten für Studien- und Forschungszwecke zur Verfügung stehen. Der Zugang zu den Sammlungen basierte auf einem sehr restriktiven Auswahlverfahren durch international besetzte Fachgremien und sah nur eine zeitbegrenzte und räumlich selektive Zutrittserlaubnis vor.

Genau diese Hürde musste Yamagata Aritomo für seine Pläne überwinden, denn in diesem Gebäude befanden sich Informationen, die selbst für ihn mit seinen weitreichenden Möglichkeiten seit der Einlieferung des Masanao-Netsuke ins UNTACH-Archiv unerreichbar geworden waren. Aber er war davon überzeugt, dass ihm mit Doktor Marco Renke und dessen Forschungsteam die perfekte Lösung seiner Probleme gelingen würde, ohne unnötige Risiken und auf höchst elegante Weise.

The Wall

Als Marco kurz vor vierzehn Uhr den Empfangsbereich vor dem Sitzungsraum VR-16.009-A erreichte, saß sein komplettes Team bereits in der kleinen, luxuriös ausgestatteten Lounge. Er erfasste mit einem Blick, dass sie wohl schon eine Weile hier versammelt waren, wie man an den diversen ausgetrunkenen Gläsern und den dezimierten Resten verschiedener Snacks auf ihren Tellern sah. Sie waren sichtlich aufgekratzt in eine angeregte Diskussion vertieft und er musste schmunzeln, weil er sich sehr gut in ihre Lage versetzen konnte. Dreißig oder vierzig Jahre zuvor hätte er noch ähnlich empfunden und sich die Gelegenheit nicht entgehen lassen, in so exklusiver Atmosphäre die Vorfreude auf ein besonderes Erlebnis zu genießen.
Seine Mitarbeiter waren bis auf eine Ausnahme noch verhältnismäßig jung, jedenfalls im Vergleich zu ihm selbst und zum sonst üblichen Altersdurchschnitt auf dem UNTACH-Gelände. Aber jeder einzelne von ihnen besaß sehr spezielle Kompetenzen und Stärken, aufgrund derer er sie in dieser Konstellation ausgewählt hatte. Und vor allem: Sie harmonierten miteinander und ergänzten sich zu einem kreativen und leistungsfähigen Team.
Da war Doktor Frank Kramer, vierunddreißig Jahre alt, deutscher Kunsthistoriker mit Schwerpunkt Asiatika des achtzehnten Jahrhunderts, der sich nach seiner Magister-Arbeit auf japanische Volkskunst spezialisiert hatte. Er arbeitete neben seinen Studien seit fast zehn Jahren freiberuflich für verschiedene Auktionshäuser und Museen, sowie in letzter Zeit fallweise als Lektor für einen Fachverlag. Frank hatte erst vor einem Jahr an der Tongji Universität in Shanghai seine Promotionsarbeit über Handwerksgilden und Meisterschulen der Edo-Zeit abgeschlossen. Er verfügte über exzellentes Quellenwissen und ein feines Händchen, wenn es um das Auffinden und Auswerten sogenannter ›grauer Literatur‹ ging – also von Dokumenten, die nicht leicht oder gar nicht in den gängigen Datenbanken oder Bibliotheken zu finden waren. Da er seit seinem neunzehnten Lebensjahr in China gelebt hatte, sprach er ausgezeichnetes Mandarin-Chinesisch, besaß solide Kenntnisse in Japanisch und kam auch mit einigen veralteten ostasiatischen Schriftzeichen-Systemen zurecht. Frank war ein sehr zurückhaltender Typ,

eher wortkarg, der wenig Privates von sich preisgab. Der gebürtige Hamburger blieb gerne im Hintergrund, was rein physisch bei seinem massigen Körper und über zwei Meter Größe nicht immer einfach war, weil er optisch überall herausragte. Aber er war bei aller Zurückhaltung nicht ungesellig und verblüffte seine Umgebung oft mit einem originellen, erfrischenden Humor.

Ganz anders wirkte Rebecca El Rouni. Die zierliche siebenundzwanzigjährige Tunesierin mit zusätzlicher französischer Staatsbürgerschaft war verbal und mit ihrer ausdrucksstarken, manchmal fast theatralischen Gestik der Wirbelwind im Team. Dieses Energiebündel riss sie alle immer wieder mit, selbst bei Themen, die eigentlich eher trocken waren. Mit ihrer gazellenhaft schlanken und sportlichen Figur und dem ungebändigten schwarzen Lockenkopf, der ihr hübsches Gesicht umrahmte, war sie eine echte Schönheit. Sie hatte einen Bachelor-Abschluss als Bibliothekarin, erworben von der FernUniversität Hagen und einen Master der niederländischen *Open Universiteit Nederland* im Spezialgebiet Datenbankarchitektur. Rebecca war im Team außerdem die beste IT-Expertin, die mit Suchmaschinen, interaktiven Datenbank-Systemen und Recherche-Algorithmen so virtuos umging, dass es ihnen allen vom Zuhören und Zusehen fast schwindelig wurde. Sie sprach Arabisch, Deutsch, Französisch, Englisch und Spanisch, denn als Tochter eines EU-Diplomaten hatte sie trotz ihrer Jugend bereits in sechs Ländern gelebt. Mit ihrem angeborenen Enthusiasmus, gewinnenden Wesen und ihrer interkulturellen Kompetenz war sie zudem, wenn auch noch ohne jegliche praktische Berufserfahrung, die optimale Verbindungsperson zu anderen Arbeitsgruppen und Experten im Haus.

Das Team-Mitglied mit der längsten Berufserfahrung war die sechsundfünfzigjährige Claudia Mentrose, eine großgewachsene Amerikanerin mit deutsch-britischen Wurzeln. Mit ihrem ausdrucksstarken, markanten Gesicht, der rotblonden Mähne und ihrer muskulösen Statur wirkte sie auf manche wie eine nordische Kriegsgöttin. Sie hatte über dreißig Arbeitsjahre im Bereich Informationsbeschaffung und -archivierung einer der CIA zuzuordnenden Behörde an verschiedensten Standorten der Welt verbracht, unter anderem zehn Jahre lang in Berlin. Die letzten vier Jahre ihrer aktiven

Berufstätigkeit war sie in der Zentrale in Langley als zweite Referentin des stellvertretenden Direktors tätig. Nachdem sie vor drei Jahren ihre Stellung dort aufgrund einer Umstrukturierung verloren hatte, setzte sie sich zur Ruhe und lebte seither in der Schweiz im schönen Urlaubsort Davos. Finanziell unabhängig war sie aufgrund einer vorteilhaften Scheidung sowie einiger gewinnbringender Börsenanlagen schon lange. Eigentlich wollte sie diese Unabhängigkeit und die reichliche Freizeit nutzen, um einen Roman zu schreiben, in dem sie ihre schillernden Lebenserfahrungen gleichermaßen spannend wie amüsant aufbereitete. Dies stellte sich jedoch rasch bei Berücksichtigung ihrer lebenslang wirksamen Geheimhaltungsauflagen als unmöglich heraus und machte ihren schriftstellerischen Ambitionen ein Ende. Am Schreiben rein fiktiver Prosa hatte Claudia kein Interesse. Es sollte schon etwas Dokumentarisches sein, was mit ihrem Leben oder zumindest realen Hintergründen zu tun hatte. Also war sie seit zwei Jahren in gewisser Weise auf neuer Sinnsuche und das Angebot, bei Marcos Projekt einzusteigen, kam ihr gerade recht. Die ehemalige Geheimdienstlerin war der organisatorische Ruhepol und Kommunikationsangelpunkt im Team. Sie besaß bei ihren ›manchmal leicht verpeilten Wissenschaftler-Kreativen‹, wie sie es scherzhaft nannte, einen immer wieder hilfreichen ordnenden Einfluss und wurde von ihnen als Respektsperson geschätzt.

Tomomi Kasai schließlich komplettierte das Team als jüngste Mitarbeiterin. Die vierundzwanzigjährige Japanerin hatte gerade mit Auszeichnung an der Technischen Universität in München ihren Abschluss in Analytischer Chemie gemacht. Ihre Master-Arbeit war nicht experimenteller Natur, sondern stellte anhand einer prägnanten Zusammenstellung und Bewertung unterschiedlichster Analysemethoden eine wertvolle Entscheidungshilfe für die Bereiche Kulturgüterschutz und Museumstechnologie dar. Auf der Basis ihrer theoretischen Ausarbeitung hatten Konservatoren und Kustoden einen hervorragend strukturierten Leitfaden zur Hand, um für unterschiedlichste Materialien an Kunstgegenständen und Kulturgütern die optimalen Beprobungstechniken und Untersuchungsmethoden auszuwählen.

Das lebhafte Geplauder seiner Mitarbeiter ebbte sofort ab, als Marco Renke die Lounge betrat, und er hatte ihre volle Aufmerksamkeit.

»Okay, Leute! Dann ist jetzt der große Augenblick da. Hat jemand eine CD von Pink Floyd mitgebracht, damit wir uns drinnen angemessen einstimmen können?«
Nur Claudia antwortete mit einem herzhaften Lachen: »Hey, Boss, glaubst du wirklich, deinen Küken hier sagt die Rock-Musik der späten siebziger Jahre noch was? Eine CD haben wohl nur die wenigsten von ihnen in Realität gesehen, seit MP-3-Uraltzeiten läuft inzwischen alles auf Audio-Sticks.«
Ein Rundblick über die eher fragenden Gesichter der anderen ließ ihn schmunzeln. »Oh je, so wenig wirkliche Kultur-Kompetenz um mich herum, und das mitten im Herzen des Kulturgüter-Zentrums der Vereinten Nationen!«
Das legendäre Konzeptalbum ›The Wall‹ von 1979 enthielt einige seiner Lieblingstitel der Kultband Pink Floyd, unter anderem ›Another brick in the wall‹ und ›Wish you were here‹. Ihm war die Wortgleichheit mit dem Spitznamen des Tagungsraums, den die anderen gleich kennenlernen würden, sofort in den Sinn gekommen, als er vor zwei Monaten die Arbeit hier aufgenommen hatte. Marco nahm sich vor, in der nächsten Team-Besprechung als lockeren Einstieg einen Song aus dem Album einzuspielen.

Doch jetzt gab es Wichtigeres, worauf er sich konzentrieren musste. Er ging zum Netzhaut-Scanner neben der wuchtigen Tür zum angrenzenden Raum und identifizierte sich zusätzlich, indem er deutlich seine Berechtigungsnummer für diesen Raum und diese Uhrzeit aussprach. Augenblicklich schob sich die schwere Stahltür zur Seite auf und sie konnten in den kleinen, unmöblierten und steril wirkenden Schleusenraum treten. Vor sich sahen sie eine genauso breite, aus Sicherheitsglas bestehende weitere Tür, durch die sie in einen wie ein kleines Amphitheater wirkenden Raum hinabblickten. Die Tür glitt hinter ihnen geräuschlos zu und sie hatten einen Moment Zeit, die Szenerie auf sich wirken zu lassen.
Sofort war klar, wie dieser Raum zu seinem Synonym ›The Wall‹ gekommen war. Das kleine, maximal zwanzig Personen fassende Auditorium war frontal auf eine riesige Multimediawand ausgerichtet, stark gewölbt, etwa zehn Meter hoch und fünfundzwanzig Meter breit. Eine unübersehbare

Menge an Projektoren, Rechnern, Kabelbündeln, Steuerpulten und sonstiger Technik war im Halbdunkel seitlich und an der Decke zu erahnen. Hinter den Sitzplätzen ragte eine halbkugelförmige Kabine etwa zwei Meter nach oben, die einem Flugzeug-Cockpit alle Ehre gemacht hätte. Da sie aus ihrer momentanen Position von hinten eine gute Sicht in diesen gläsernen Steuerstand hatten, konnten sie dessen Ausstattung mit zahlreichen kleinen und großen Monitoren, Touchscreens, Tastaturen und Trackballs gut wahrnehmen.

In dem Steuersessel zwischen diesen Instrumenten saß ein weißhaariger Mann, der sich nun zu ihnen umdrehte und dessen Stimme aus einem Lautsprecher über ihnen erklang. Er sprach in akzentfreiem Englisch und seine Ausdrucksweise deutete darauf hin, dass er mit ihrem Chef schon viele Stunden verbracht hatte.

Marco antwortete auf seine übliche witzige und informelle Weise und in ebenfalls perfektem Englisch: »Ach, mein lieber Xiaoding, warum so förmlich? Ja, diesmal rücke ich dir mit meiner gesamten Crew auf die Pelle! Wenn ich kurz vorstellen darf: Der gute Geist dieses technischen Wunderwerks hier, Herr Professor Doktor Xiaoding Wang. Er hat dieses ganze Superkino übrigens selbst konzipiert und hier aus diversen verfeinerten und miteinander gekoppelten Techniken der virtuellen Realität und dreidimensionalen Datenvisualisierung eine weltweit einzigartige Diskussions- und Planungssituation geschaffen. Aber das wisst ihr natürlich sowieso alles schon und werdet es gleich hautnah erleben. Damit du, Xiaoding, meine jungen Stützen im Alter auch kennst: Das hier ist Claudia, das Rebecca, das Tomomi und das Frank. Aus den Dateien weißt du ja bereits vieles über ihre Arbeit, nun kannst du sie persönlich kennenlernen. Natürlich nur, wenn du uns mal langsam in dein Allerheiligstes hineinlässt, versteht sich.«

Während dieses kleinen Wortgeplänkels waren ihre Gesichter durch die Deckenkameras im Schleusenraum gescannt und die Funksignale ihrer ID-Armbänder vom Sicherheitssystem automatisch überprüft worden. Die Schiebetür öffnete sich und sie traten ein.

Professor Wang stieg nicht ganz ohne Mühe, da anscheinend etwas gehbehindert, aus seinem verglasten Steuerstand und begrüßte jeden einzelnen mit einem herzhaften Händedruck und einer leichten Verbeugung, die sie mit ehrlicher Bewunderung erwiderten. Natürlich hatten sie sich vor diesem Termin gut informiert. Wang galt als der Wegbereiter der Zusammenführung von Künstlicher Intelligenz und innovativen Visualisierungstechnologien und wurde vor einigen Jahren sogar für einen Nobelpreis nominiert. Das Team war ehrlich überrascht und sichtlich beeindruckt, nun persönlich diesem hoch dekorierten Wissenschaftler begegnen zu dürfen.

Nachdem auch Marco seinen chinesischen Freund herzlich begrüßt hatte, nahmen seine Leute ihre Plätze in den Sesseln im Auditorium ein, in deren Armlehnen diverse Steuerinstrumente eingelassen waren. Xiaoding begab sich mit einiger Mühe und etwas Unterstützung von Marco wieder in sein Cockpit und dieser stellte sich vor sein kleines Publikum, um einige einführende Worte zu sprechen.

»Liebe Kolleginnen, Frank, kurz zum Procedere, bevor wir in die eigentliche Arbeitssitzung einsteigen, die wohl etwa zwei Stunden dauern wird. Ich werde euch heute alle Hintergrund-Informationen zu unserem Projekt optisch attraktiv aufbereitet präsentieren. Aus diesem besonderen Anlass ist mein Freund Professor Wang persönlich bei uns, denn ich möchte ihn an unserer Sache teilhaben lassen. Daher wollen wir uns ausnahmsweise heute in englischer Sprache und nicht in Deutsch austauschen. Natürlich sitzt er üblicherweise nicht mehr selbst als Operator an diesem ›Mischpult‹, sondern einer seiner vielen Mitarbeiter unterstützt technisch den exklusiven Nutzerkreis dieser einzigartigen Einrichtung hier. Die Raummiete inklusive vollem Technik- und Personal-Backup kostet übrigens achtzehntausend Dollar pro Stunde. Genießt also dieses Privileg! Und nun wappnet euch bitte mit den vor euch liegenden Cyber-Brillen. Die diversen Manipulations-Tools für Sitzungsteilnehmer benötigen wir heute noch nicht, vergesst also den sonstigen Technikkram an euren Sitzen und konzentriert euch aufs Zuhören und auf die optische Präsentation.«

Er machte eine kleine Pause, bis alle ihre Brillen aufgesetzt hatten, nahm in dem zentral stehenden Sessel mit erhöhter Rückenlehne seine Rednerposition ein und nickte kurz zurück in Xiaodings Richtung. Sie hatten die heutige Choreographie der einzuspeisenden Dateien und Effekte genau

abgestimmt und am Vormittag in einem Schnelldurchgang optimiert, ergänzt durch die neuen Dateien aus Grenoble. Der überwiegende Teil der optischen Präsentation wurde automatisch über ein Audioerkennungsprogramm generiert und auf Wort- und Syntax-Signale hin durch das System von ›The Wall‹ gezielt aufgerufen und graphisch behandelt.
»Ihr alle kennt den exakten Text der Ausschreibung und das Bewilligungsschreiben samt Anhängen für das spezielle Forschungsprojekt, das wir in einem Zeitraum von einem Jahr bewältigen wollen. Es handelt sich um eine umfassende wissenschaftliche Untersuchung und Beschreibung des Adler-Netsuke. Einschließlich aller ermittelbarer Hintergrund- und Umfeld-Informationen historischer oder jedweder sonstiger Art, die Bezug zu diesem kleinen Kunstwerk haben. Ziel ist also eine Monographie zu diesem Netsuke in einem Umfang, wie sie noch nie zuvor für ein Objekt dieser Kunstgattung erstellt wurde. Aus dieser Aufgabenstellung heraus erklärt sich die Team-Zusammensetzung. Hier zur Erläuterung noch mal die Zuordnung eurer Kompetenzschwerpunkte zu den bei unserem Projekt gestellten Anforderungen.«
Während Marco sprach, erschienen im virtuellen Raum vor ihren Augen dreidimensional jeweils zu seinen Worten passend Fotographien, Texte, Filmszenen und Dokumente mit graphischen oder tabellarischen Details, wobei besonders wichtige Bildteile jeweils farblich hervorgehoben wurden. Alle Informationen, auch ihre eigenen Lebensläufe, deren Teile mit Einzelaufgaben des Projektauftrags durch virtuelle Einrahmungen verknüpft wurden, entwickelten so dargestellt ein seltsames Eigenleben. Elemente wuchsen aus dem Hintergrund hervor, wurden direkt vor den Augen des Teams mit eindringlichen optischen Effekten betont und hinterher wieder verkleinert im Datenraum-Hintergrund abgelegt, bis sie erneut für andere Verknüpfungen benötigt wurden. Neben vorher eingespeisten Dateien waren hierbei deutlich erkennbar Internet-Online-Informationen zu sehen, die das System in Nanosekunden selbständig recherchierte und an den richtigen Stellen einspeiste.

Das kombinierte Hör- und Seherlebnis hatte eine fast hypnotische Wirkung. Dies wurde vor allem im weiteren Verlauf seines Vortrags deutlich, als

Marco immer tiefer in die Materie um das Masanao-Netsuke einstieg. Alle erkannten Fakten wieder, die sie selbst in den letzten Tagen individuell erarbeitet hatten. Aber nun, in Kombination mit den Ergebnissen der anderen Team-Mitglieder, sowie mit schon vorher durch Marco ausgearbeitetem Material, entstand eine neue Dimension ihres Spezialwissens.

Ihr Chef führte sie in der virtuellen Realität, in der sie sich inzwischen fasziniert bewegten, elegant durch allgemeine Kenntnisse zum Leben Masanaos, zur Schnitztechnik und zu typischen Sujets seiner Wirkungszeit. Das System verknüpfte optisch die gesellschaftlichen Rahmenbedingungen im feudalen Japan jener Zeit mit den thematischen Vorlieben der damaligen Künstler. Bevorzugte Materialien in der Netsuke-Herstellung wurden vorgestellt, Arbeitstechniken, Bearbeitungstricks, um bestimmte Oberflächeneffekte zu erzielen, aber auch die Lebensbedingungen der Netsuke-Schnitzer selbst wurden skizziert.

Neben solchen kunsthistorischen Diskursen waren an geeigneten Stellen des Vortrags werkstoffkundliche, physikalische und chemische Aussagen über das Material Elfenbein eingestreut, zuerst allgemein und mit statistischen Erläuterungen. Schließlich kamen auch die vorliegenden Analyseergebnisse zu dem bei diesem Masanao-Netsuke speziell verwendeten Elfenbein zur Sprache. Als in diesem Kontext, verknüpft mit den neuen Ergebnissen aus Grenoble, Teile des Dokuments ›Tod in Afrika‹ eingespielt wurden, machte Marco eine kleine Denkpause und fixierte seine Mitarbeiter eindringlich.

»Und damit, liebe Kolleginnen und Kollegen, kommt etwas für die meisten von euch Neues ins Bild: In unserem Besitz befindet sich eine Schatulle mit verschiedenen Dokumenten und Objekten, die sich auf unser Netsuke zu beziehen scheinen. Der Text zum Ursprung des Elfenbeins, den ihr hier gerade in Auszügen gesehen habt, stammt aus dieser Quelle. Wie ich an diese Unterlagen kam, können wir ein anderes Mal besprechen, das muss nicht jetzt bei dieser teuren Session sein. Gerne heute Abend bei einem Abendessen im Science Club auf Ebene acht, den ihr vom Welcome Dinner ja schon kennt. Ihr seid meine Gäste und du, Xiaoding, bist ebenfalls herzlich willkommen, wenn es dir terminlich passt. Sagen wir um zwanzig Uhr?«

Der dann folgende Teil des Vortrags behandelte konkrete Hinweise auf ihr spezielles Netsuke sowie einige Informationen zu Dokumenten aus der Schatulle. Hierbei spielte das System im Falle von Kalligrafien gedruckte Reinschriften sowie Übersetzungen wichtiger Passagen ins Englische und Deutsche ein, wie auch bei automatisch hierzu zitierten Quellen, die ursprünglich nur in anderen Sprachen vorlagen.
Dann kam Marco zu einer Schlüsselstelle seiner Ausführungen.
»Ihr seht, wir verfügen bereits über einen erstaunlichen Fundus an Fakten, aber auch Spekulationen, die genug Nahrung für unseren Forscherhunger bieten sollten. Aber da ist noch etwas, was ihr wissen solltet: Ich habe Grund zur Annahme, dass sich auf oder in diesem Netsuke, in welcher Form auch immer, eine versteckte Information befindet, die sich auf die Vergangenheit dieses Kunstwerkes oder seiner zeitweiligen Besitzer bezieht. Dies könnte mit dem Zeitraum in Verbindung stehen, in welchem sich dieses Netsuke über mehrere Generationen im Eigentum einer Samurai-Familie befand, welche bis ins neunzehnte Jahrhundert eine wichtige Rolle in der politischen Entwicklung Japans spielte. Es betrifft das Ende des Tokugawa-Shogunats und die letzten Daimyos, also Provinzfürsten jener Zeit.«
Einige Vortragsteile hatten das Team bereits erstaunt, aber diese Aussage elektrisierte alle. Bei manchen von ihnen keimten Visionen einer Schatzsuche auf, bei anderen die einer historischen Sensation, die es zu entdecken galt, und wieder andere begannen zu verstehen, wieso vielleicht die erheblichen Forschungsmittel für ihr Vorhaben bereitgestellt wurden.
Marco erläuterte dann die gesellschaftlich und wirtschaftlich schwierige ›Bakumatsu‹ genannte Zeit zwischen 1853 und 1867. In dieser Übergangsperiode kündigten Aufstände und Kriegswirren das nahe Ende des Shogunats an, also der Jahrhunderte langen Herrschaft von Militärregenten mit der Machtfülle eines Königs. Schließlich ging er näher auf die Meiji-Restauration im Jahr 1867 ein, wie die Wiederherstellung der obersten Regierungsgewalt durch den Kaiser und der Anfang neuer politischer Strukturen genannt wurde. Jene Veränderungen schufen die entscheidende Grundlage für ein sich der Welt öffnendes, modernes Japan. Während noch die letzten Bilder und Daten zum Tokugawa-Shogunat und der darauf

folgenden politischen Umbildung im virtuellen Raum vor ihnen langsam aus dem Vordergrund in die weiter hinten liegenden Bereiche glitten, kam er zum Ende seines Vortrags. Der riesige Datenraum vor ihren Augen war gut gefüllt und dokumentierte eindrucksvoll, wie viele Informationen und Hinweise zu ihrem Untersuchungsobjekt vorlagen und es in den kommenden Monaten zu bearbeiten galt.

»Ihr seht, wir werden alle unsere Kompetenzen gemeinsam einsetzen müssen, um diese verwirrende Sachlage zu verstehen und die richtigen Schlussfolgerungen für unsere Monographie über das Masanao-Netsuke zu treffen. Ich habe volles Vertrauen in euch, dass wir diesem mysteriösen Netsuke seine Geheimnisse entreißen werden und bin davon überzeugt, dass wir am Ende für unsere Anstrengungen angemessen belohnt werden. Nicht nur in materieller Hinsicht, obwohl wir mit unserer finanziellen Ausstattung und Vergütung in diesem Projekt sehr zufrieden sein können – sondern vor allem ideell und was unseren Wissenszugewinn betrifft. Lasst uns an dieser Stelle nicht mehr groß diskutieren, ihr seid sicher etwas erschlagen von dieser Informationsflut. Wir können heute Abend in weniger technischer Atmosphäre und bei einem guten Essen den einen oder anderen Gedanken aufgreifen und morgen früh die nächsten Schritte vereinbaren. Danke für eure Aufmerksamkeit. Nicht zuletzt dir, Xiaoding, besonders herzlichen Dank für deine Unterstützung und deine geschätzte Anwesenheit.«

Die Mitglieder von Marcos Team klopften begeistert mit den Fingerknöcheln auf die Seitenlehnen ihrer Sitze und fühlten sich fast überwältigt von dem Berg an Wissen zu ihrem Studienobjekt. In dieser Ausführlichkeit hatte das keiner von ihnen zu so einem frühen Projektzeitpunkt erwartet. Natürlich waren sie auch etwas überfordert von dieser fast genau zweistündigen, alle Sinne und volle Konzentration erfordernden Präsentation.

Ihnen geisterten außerdem Ahnungen durch den Kopf, dass es neben den wissenschaftlichen Aspekten um dieses Netsuke auch manches Mystische zu geben schien. Vor allem Tomomi hatte wieder Gänsehautgefühle und wusste nicht so recht, ob das leichte Gruseln und die wohligen Schauer wegen dieser gespenstischen Verquickungen etwas Gutes waren. Auf wundersame Weise fühlte sie sich diesem Objekt plötzlich noch näher und geheimnisvoller verbunden als bisher.

Gemeinsam brachten sie nach kurzem Abschied von Professor Wang den obligatorischen Security Check im Schleusenraum hinter sich. Erschöpft und aufgekratzt zugleich ging man zurück in die Büros, jeder ganz in Gedanken versunken. Insbesondere die Jüngeren unter ihnen fieberten schon dem Abend entgegen, denn es waren so viele Fragen offen und das Dinner mit Marco versprach spannend zu werden.

Unerwartete Entwicklungen

Die Atmosphäre im Penthouse des Tamagi Tower war angespannt. Die Stimmung von Yamagata Aritomo hatte sich seit dem Morgen völlig verändert, zum Leidwesen der beiden Personen, die in devoter Haltung und respektvoller Entfernung vor ihm standen und sich seine Vorwürfe ohne ein Wort des Widerspruchs anhörten. Hinter Yamagata stand mit versteinertem Gesicht ein Hüne von Mann, sein persönlicher Leibwächter.

Die Stimme von Yamagata war anfangs beherrscht, dann schneidend und eindringlich und steigerte sich schließlich zu einem dröhnenden Stakkato. Er redete schon mehrere Minuten auf sie ein und ließ seinem Ärger freien Lauf.

»Wenn ich das alles zusammenfasse, muss ich konstatieren: Ihr haltet mich für einen verblödeten Narren, der seine Anweisungen unpräzise und unüberlegt erteilt. Ihr glaubt, bei einer derartigen Angelegenheit sei es euch erlaubt, nachlässig und unsauber vorzugehen. Was interessiert euch irgendein ausländischer Wissenschaftler in irgendeiner Behörde, die nichts mit unseren Geschäften zu tun hat! Und wieso zahle ich für meine Nachrichtendienste eigentlich fast eine Milliarde Dollar jedes Jahr, um dann Bildmaterial zu erhalten, auf dem nichts zu erkennen ist?«

Genau eine Stunde nachdem das Wissenschaftler-Team im UNTACH seine Sitzung an diesem Nachmittag beendet hatte, war Yamagatas persönliche Assistentin Naomi in sein Privatbüro getreten und hatte ihm mit sehr leiser Stimme mitgeteilt, dass es leider unangenehme Nachrichten gäbe. In Sachen Doktor Renke. Den Leiter des Tamagi-Sicherheitsdienstes und die Leiterin der IT-Abteilung hätte sie bereits herbeigerufen, Herr Abe Tomoji und Frau Michiko Keiko würden im Vorzimmer warten, für den Fall, dass er sie zu sprechen wünsche. Ein Briefing zu den unerquicklichen neuesten Entwicklungen sei auf seinem Wandbildschirm präsentationsbereit.

Auf sein Nicken hin startete sie eine kurze, nur drei Minuten dauernde Präsentation mit Audio-Ausschnitten des Vortrags von Doktor Renke und einigen völlig unscharfen Fotos, auf denen eine Projektionswand mit unzähligen kleinen Bild- und Textelementen zu erahnen war. Abschließend

wurden die zwei entscheidenden Aussagen nochmals als Text in japanischen Schriftzeichen wiedergegeben und gleichzeitig im englischen Originalton abgespielt. Es waren jene beiden Passagen, in denen auf die Schatulle eingegangen wurde und der Vortragende seine Vermutung äußerte, dass das Netsuke eine versteckte Botschaft enthalten könnte.
Yamagata sprach während der Ausführungen von Naomi kein Wort und blieb auch anschließend eine Weile still. Er fixierte die Texte auf dem Bildschirm und dachte nach. Dann blickte er seine Assistentin gefasst und nicht unfreundlich an und gab seine Anweisungen: »Danke, Naomi. Warum kann man sich eigentlich heutzutage nicht mehr auf seine Leute verlassen? Nun gut, bitte lass meine beiden so erfolgreichen Führungskräfte hereinkommen. Ich hätte gerne Masato dabei.«

Naomi zog sich dezent zurück, bat Abe Tomoji und Michiko Keiko ins Chefbüro und nickte dem Leibwächter Masato Saito kurz zu, so dass dieser ebenfalls eintrat und die Tür hinter sich schloss. Yamagata gab den beiden ›Versagern‹, wie er sich mehrfach ausdrückte, keine Gelegenheit zu antworten, bis er seine Verärgerung wieder unter Kontrolle hatte.
»Michiko, wie können Sie mir diese Schlamperei erklären?«
Weiterhin in einer ergebenen Verbeugung verharrend, versuchte die IT-Leiterin, die technologisch für alle Abhöraktivitäten verantwortlich war, ihrem Chef mit zitternder Stimme das Problem zu erläutern: »Verehrter Herr Yamagata, verzeihen Sie mir mein natürlich unentschuldbares Versagen, wir werden dieses Problem umgehend lösen und Ihre Vorgaben künftig zu Ihrer vollen Zufriedenheit erfüllen. Wir haben uns wie gewünscht in die Kommunikations- und Datennetze des UNTACH erfolgreich eingeklinkt. Wie Sie aus der Audio-Kopie des Vortrags von Doktor Renke wissen, auch in eigentlich unzugänglichen Sicherheitsbereichen wie dem mit sehr spezieller Technik ausgestatteten Sitzungsraum, in dem diese heutige Besprechung stattfand. Leider übersteigt die gigantische Datenmenge, mit der die von Professor Wang konzipierte Visualisierungstechnologie arbeitet, unsere technischen Möglichkeiten vor Ort. Rein elektronisch können wir die Inhalte der 3-D-Projektionen nicht anzapfen. Wir müssten also Zusatzinstallationen dort vornehmen, mit allen

in Anbetracht der außerordentlichen Sicherheitsstandards verbundenen Risiken.«

Yamagata antwortete mit einem höhnischen Lachen: »Ahhh, also zuerst versprechen Sie mir, dieses Problem zu lösen, und dann räumen Sie ein, dass dies technisch unmöglich sei ... das hebt mein Vertrauen in Ihre Kompetenz natürlich ganz ungemein! Doch nun zu den eigentlichen Kernpunkten dieses unsäglichen Versagens: Abe, wie konnte deinen Leuten entgehen, dass im UNTACH ein solcher Koffer mit Dokumenten über das Netsuke existiert? Wieso kenne ich dieses wichtige Quellenmaterial nicht, obwohl ich in den letzten Jahren eine Unsumme Geld eingesetzt habe, um an jede relevante Information zu diesem Netsuke zu gelangen? Woher stammt dieses Material, gibt es dort weitere wichtige Unterlagen? Und vor allem: Wo ist das Leck in unserem System, durch das Renke auf die Idee kam, dass das Netsuke Träger einer wichtigen Botschaft sein könnte und dass es einen Bezug zu meinen Vorfahren gibt? Ich bin sehr darauf gespannt, ob deine Ausrede genauso läppisch ist wie die unserer Frau Keiko!«

Der Sicherheitschef war an sich eine stattliche Erscheinung und überragte seinen Chef deutlich, machte aber im Moment eine erbarmungswürdige Figur. Er hatte eine lange, harte Zeit bei Tamagi hinter sich und sowohl seine Loyalität als auch seine Kompetenz über viele Jahre unter Beweis gestellt. Er genoss bislang volles Vertrauen und fühlte sich elend, derart in Ungnade zu fallen. Denn genau dies sah er als unausweichliche Konsequenz der heutigen Ereignisse. Ihm war die besondere, persönliche Bedeutung der Operation im UNTACH für den Konzern-Chef bewusst.

»Verehrter Herr Yamagata, ich würde mir meine rechte Hand abschneiden, wenn ich mein Versagen dadurch wiedergutmachen könnte«, fiel entsprechend verzweifelt die Antwort von Abe Tomoji aus. »Es ist mir unerklärlich, wie eine so wichtige Dokumentation im UNTACH existieren kann, ohne dass wir dies bei unseren umfassenden Recherchen erfahren hatten. Hinsichtlich einer undichten Stelle bei unseren Mitarbeitern bin ich fest davon überzeugt, dass es eine solche nicht gibt und dieser Wissenschaftler auf anderen Wegen zu seinen Spekulationen kam. Wenn Sie mich noch einmal mit Ihrem Vertrauen ehren, schwöre ich Ihnen, diese

Fragen zu klären oder nie wieder vor Ihre Augen zu treten, bei meinem Leben.«

Yamagata blickte eine kurze, den beiden Mitarbeitern endlos erscheinende Weile auf deren tief geneigte Köpfe, wandte sich ab und trat an die Fensterfront. Er sah in der Ferne das UNTACH-Gelände, diesmal ohne dass ein Lächeln aufkam. Seine Stimme klang sanft und dennoch einschüchternd: »Geht mir aus den Augen. Ich erwarte morgen eine befriedigende Auskunft über die offenen Punkte und einen Vorschlag, wie wir die bestehenden Hindernisse überwinden können. Masato, schick mir Naomi herein, wenn du die beiden hinausbegleitet hast.«

Leben im UNTACH

Claudia hatte am späteren Nachmittag dem ganzen Team eine Kurzmitteilung auf ihre Kommunikations-Armbänder geschickt. Sie enthielt Uhrzeit, Raumnummer und eine digitale Reservierungsbestätigung, ohne die ein Zugang zum Restaurantbereich des Science Club unmöglich gewesen wäre. Außerdem wurde auf diesen Gadgets automatisch eine Erinnerungs- sowie Navigationsfunktion aktiviert, die im labyrinthischen Wegesystem des riesigen Geländes für eine möglichst bequeme und pünktliche Ankunft sorgte.

Die Mehrzweckgeräte in der Größe einer Armbanduhr waren kleine Wunderwerke der Technik. In Anlehnung an eine klassische Schweizer Kult-Uhr nannten alle sie scherzhaft nur kurz ›Rolix‹. Jeder, der sich im UNTACH-Bereich aufhielt, wurde damit ausgestattet und man konnte sich außerhalb seines eigenen Wohnraums nur bewegen, wenn man sie trug. Sie vereinigten in sich die Funktionen eines Smartphone der neuesten Generation sowie das Zugangs- und Kostenbuchungs-System für alle individuell freigegebenen Türen, Einrichtungen, Geräte und Dienstleistungen im gesamten Komplex. Ein wichtiges weiteres Leistungsmerkmal waren unterschiedlichste Identifikationsfunktionen, welche für eine in jeder Hinsicht hohe Sicherheit sorgten, ohne dass der Träger hierüber Detailkenntnisse hatte.

Der hohe Überwachungsgrad bei UNTACH war für viele anfangs gewöhnungsbedürftig. Ein Großteil des täglichen Lebens spielte sich quasi unter vollständiger Beobachtung ab und man verbrachte nicht nur einige Stunden oder Tage, sondern in der Regel mehrere Wochen in dieser Situation.

Ausgenommen waren die Wohnareale, die nur an den äußeren Zugangstoren akribisch kontrolliert wurden, während innen die gemeinschaftlichen Bereiche und Wege nur mit herkömmlicher Videoüberwachung ausgestattet waren, so wie eben in den Straßen und öffentlichen Gebäuden in jeder Großstadt üblich. Die privaten Apartments waren frei von Überwachungstechnologie, zumindest war dies die offizielle Version.

Marco Renke und seine vier Mitarbeiter wohnten in jeweils unterschiedlichen Flügeln der überirdisch gelegenen Wohnbereiche. Er hatte in Anbetracht der langen Zeit, die man hier gemeinsam arbeiten würde, etwas räumliche Distanz zueinander als sinnvoll angesehen. Es existierten vier unterschiedliche Kategorien von Apartments und sie alle logierten in der besten, da dies das Projektbudget problemlos zuließ. Jeder in seinem Team verfügte über einen schön möblierten Wohnraum mit exzellenter Medienelektronik, Küchennische sowie Büroecke. Es gab ein separates Schlafzimmer, an das ein kleiner, aber gut gestalteter Wellness-Bereich angrenzte. Das Beste an diesen Apartments der obersten Klasse war jedoch, dass sie große Fenster zum parkähnlich angelegten Freigelände des UNTACH-Areals hatten. Die Apartments niedriger Kategorien, die sich fensterlos in den Untergeschossen oder im Kern der riesigen Gebäude befanden, wären deutlich kleiner und einfacher ausgestattet gewesen.
Für viele Wissenschaftler, die hier kürzere Zeit verbrachten, spielte dies allerdings keine Rolle, da sie sowieso die meiste Zeit in den Laboratorien, Büros, Archiven oder Sitzungsräumen verbrachten, also ihre Wohnräume nur zum Schlafen aufsuchten. Außerdem boten die allgemein zugänglichen Freizeit- und Sportanlagen jedem, egal wie er untergebracht war, genug Optionen zur Abwechslung vom ›Höhlendasein‹ während der Arbeitszeiten. Auch hinsichtlich der auf den Rolix gespeicherten Budgetgrenzen für Freizeitaktivitäten, Kantinen und Restaurants, Getränke- und Snackautomaten, Sportanlagen und vielem mehr, war Marco großzügig gewesen. Sie hatten praktisch unlimitierten Zugang zu allem, was die UNTACH-Infrastruktur hergab.
Weniger Spielräume und selbstbestimmte Wahlmöglichkeiten bestanden im Allgemeinen, was den Zugang zu den Archiven und Forschungseinrichtungen tief unten im Hochsicherheitsbereich betraf. Dort war durch die Klassifizierung der Untersuchungsobjekte und die Bewilligungsdokumente genau vorgegeben, zu welchen Bereichen die einzelnen Forscher jederzeit Zugang hatten und zu welchen nur nach vorheriger Anfrage und gegen zusätzliche Kostenbuchung. In dieser Hinsicht zählten Marco und sein Team ebenfalls zu den Privilegierten, wie sie bald nach Ankunft feststellen konnten. Ihre Projekteinstufung und Sicherheitsfreigabe

ließen kaum Wünsche offen und sie waren in der komfortablen Lage, sich in den unterirdischen Forschungssektionen des UNTACH recht frei bewegen zu können.

Doch im Moment lagen die Tiefen dieses Labyrinths mit seinen Kunst- und Kulturschätzen weit unter ihnen, denn gegen achtzehn Uhr waren sie bereits in den oberen Etagen unterwegs und freuten sich auf das Dinner mit ihrem Chef.
Es war Rebecca, die den anderen vorgeschlagen hatte, sich eine Stunde vor der vereinbarten Zeit auf einen Drink in der Bar ›Rick´s Cafe‹ in direkter Nachbarschaft des Science Club zu treffen. Es bestand bislang wenig Gelegenheit, sich näher kennenzulernen und daher stimmten die anderen sofort zu. Claudia buchte einen Tisch, vorsorglich für fünf Personen, schickte die obligatorischen Daten an die Rolix ihrer drei Kollegen und eine kleine Info an Marco, sodass dieser wusste, wo seine Mitarbeiter zu finden waren, falls er dazustoßen wollte.

Während Tomomi bereits vor sechs Wochen, also nur vierzehn Tage nach ihrem Chef in Peking angekommen war, hatten Rebecca, Claudia und Frank erst vor zwei Wochen ihre Arbeit bei UNTACH aufgenommen. Fast die gesamte erste Woche waren sie mit administrativen und organisatorischen Dingen beschäftigt, um sich und ihre Projektgruppe überall zu registrieren, mit den notwendigen Arbeitsmitteln auszustatten und die persönlichen Dinge zu regeln. Mit einem solchen Neustart in dieser, für sie alle noch ungewohnten Umgebung waren viele Umstellungen verbunden, für die ihnen Marco angemessen Zeit einräumte.
Gleich am ersten Abend gab er ein kurzes Welcome Dinner, bei dem er ihnen in groben Zügen den Ablauf der nächsten Wochen skizzierte. Marco verzichtete darauf, seine noch durch die weite Anreise und die langwierigen Sicherheitskontrollen beim Betreten des UNTACH sichtlich gezeichneten Mitarbeiter mit zu viel Fachlichem zu überhäufen. Stattdessen stimmte er sie mehr emotional auf die Arbeit in dieser speziellen Umgebung und insbesondere in ihrem Projekt ein und vermittelte ihnen seine Vorstellungen von guter Team-Arbeit und vom faszinierenden Potential

ihres Forschungsprojekts. Nach diesem von allen als sehr angenehm empfundenen Abend übergab er jedem einen Speicherchip, auf dem er individuell wichtige Hintergrunddaten zu den anstehenden Aufgaben sowie Projekt-Dokumente und Listen mit interessanten Internet-Links zusammengestellt hatte. Sie sollten sich bei Gelegenheit einlesen und erste eigene Gedanken machen. In etwa einer Woche würde man wieder zusammenkommen und die vor ihnen liegende Arbeit gemeinsam strukturieren.
Nach zehn Tagen berief er das erste echte Team Meeting ein und man ging die Projektarbeit an. Da sie es kaum noch erwarten konnten, richtig loszulegen, begann ab diesem Tag die spannende gemeinsame Forschungsarbeit in einer Intensität, die wenig Zeit und Gedanken für private Treffen bot.
Aber diese Situation musste und sollte sich natürlich normalisieren, schließlich hatte man ein ganzes Jahr vor sich, das es nicht nur abzuarbeiten, sondern als wertvolle Lebenszeit angenehm zu gestalten galt. Das heutige Treffen vor dem Dinner könnte hierzu vielleicht ein guter Beginn sein, so empfand es das Team – und so war es auch.

Sie trafen alle vier fast gleichzeitig vor Rick´s Cafe ein, obwohl aus völlig unterschiedlichen und weit entfernten Wohnbereichen kommend – das Leitsystem ihrer Rolix funktionierte ausgezeichnet. Als sie die Tür öffneten, brandete ihnen ein lebendiges, vielsprachiges Stimmenwirrwarr entgegen, das die Musik fast völlig übertönte. Die Bar war krachvoll, wie an jedem Abend.
Frank ging voraus und bahnte ihnen trotz der Enge problemlos den Weg zum reservierten Tisch, seine drei Begleiterinnen im Schlepptau, die etliche Blicke auf sich zogen. Gut aussehende Frauen waren im UNTACH keineswegs selten, aber manche stachen eben doch aus der Menge heraus. Für den heutigen Abend hatten sich Claudia und Rebecca elegant gekleidet und wirkten noch attraktiver als sonst in ihren eher legeren, sportlichen Outfits, und die schrille Tomomi war sowieso überall ein Hingucker, wo sie auftauchte.
Ihr Tisch lag in einer Nische im hinteren Teil der Bar und war von der allgemeinen Lärmkulisse nicht zu sehr betroffen. Man konnte sich tatsächlich unterhalten, ohne zu schreien. Als sie ihre Drinks vor sich

hatten, ergriff nach einigem Small Talk und dem ersten Zuprosten Claudia das Wort, um die Sache in Schwung zu bringen: »Also, ihr Lieben, nun arbeiten wir schon zwei volle Wochen an unserem Projekt, Tomomi sogar viel länger, aber irgendwie jeder für sich alleine und ohne dass wir bisher etwas gemeinsam unternommen haben, von den paar Kantinenbesuchen mal abgesehen. Klar, mehr war die erste Zeit gar nicht machbar, da wir bis über die Ohren damit beschäftigt waren, uns hier erstmal zurechtzufinden und das ganze Material durchzuarbeiten, mit dem uns Marco versorgt hatte. Inzwischen steckt jeder von uns außerdem bereits tief in der Facharbeit auf seinem Spezialgebiet. Ich sehe dies ja an der Informationsflut, die ihr täglich über mir ausschüttet, damit ich alles in unsere Projekt-Datenbank entsprechend einspeisen kann. Ihr seid echt produktiv! Aber nun lasst uns mal für ein Stündchen den ollen Masanao vergessen und über uns selbst reden - ich denke, das hast auch du, Rebecca, im Sinn gehabt, als du diese kleine ›Warming-up-Party‹ vor dem Dinner vorgeschlagen hast.«
Dem stimmten die anderen aus vollem Herzen zu. Nach einer halben Stunde und einem weiteren Drink war aus dem bisherigen Nebeneinander der Grundstein für ein Miteinander gelegt. Sie erzählten sich, wie jeder von ihnen durch Marco angeworben worden war, was sie an der Aufgabe besonders begeisterte und wie sie die Atmosphäre in dieser fremdartigen UNTACH-Umgebung jeweils empfanden. Das angenehm vertraut wirkende Gespräch brachte die vier näher zueinander, als es die ganzen Tage zuvor noch der Fall war. Sie spürten, dass jeder von ihnen trotz der so unterschiedlichen Temperamente, Fachgebiete und Erfahrungen in der Runde gleichermaßen willkommen, beteiligt und geschätzt war.
Als bei dem munteren Miteinander Tomomi plötzlich auffallend ruhig wurde und Rebekka nachhakte, ob etwas nicht in Ordnung sei, druckste die junge Japanerin nur kurz herum und antwortete dann offen: »Sorry, aber mir ist gerade bewusst geworden, wie locker und entspannt ihr über unser Projekt und das Netsuke sprechen und auch scherzen könnt. Mir fällt das seit vorhin etwas schwerer …« Auf Nachfragen rückte sie damit heraus, was sie gerade bedrückte: »Bitte haltet mich jetzt nicht für verrückt – aber ich glaube, die intensive Beschäftigung mit diesem kleinen Adler über die letzten Wochen hat etwas mit mir gemacht …«

Mit einem verunsicherten Augenaufschlag und Rundumblick fuhr sie etwas leiser fort: »Irgend etwas ist da von dem Netsuke auf mich übergesprungen. Also, ich meine – das Ding trägt etwas in sich, irgendetwas Magisches, und das hat sich in meinem Kopf festgesetzt. Als hätte es einen Zauber ausgestrahlt. Ich fühle mich fast wie fixiert auf diese Schnitzerei. Als Marco in seinem Vortrag auf die mysteriösen Zusammenhänge und ›eine geheime Botschaft‹ zu sprechen kam, hat das entsprechend starke Wirkung bei mir gehabt. Das ist mir gerade wieder klar geworden. Okay – nun haltet ihr mich definitiv für einen durchgeknallten Freak, stimmt´s?«

Nach kurzem, überraschtem Schweigen bemühten sich alle, Tomomi zu beruhigen. Schließlich sei sie diejenige unter ihnen, von Marco abgesehen, die bisher am längsten und intensivsten Kontakt mit dem Netsuke hatte. Da sei es nachvollziehbar, dass sie eine besondere, warum nicht quasi ›spirituelle‹ Beziehung zu dem kleinen Adler empfinde. Ein wenig gespenstisch käme es inzwischen allen vor, was sich da um dieses Objekt zu ranken schien.

Claudia fasste nach einer Weile lächelnd zusammen: »Also mach dir keinen Kopf, Tomomi – ein bisschen Magie kann uns überhaupt nicht schaden bei diesem Projekt. Ohne werden wir uns an so manchen Fragen die Zähne ausbeißen, so habe zumindest ich das Gefühl. Allerdings würde ich dir empfehlen, gegenüber Marco nicht von deinen seltsamen Empfindungen zu sprechen: Gegen Esoterisches ist unser Superforscher etwas allergisch!«

Tomomi lächelte dankbar zurück und machte deutlich, dass sie wirklich dankbar war für die nette Art, wie die anderen ihre Gefühle ernst nahmen und nicht ins Lächerliche zogen. Die Unterhaltung wanderte schließlich zu anderen Themen weiter und die Harmonie im Team wurde von Minute zu Minute intensiver.

Frank brachte es auf den Punkt: »Also Ladies, langsam wird mir der gute Marco etwas unheimlich. Nein, keine Angst, ich komme euch jetzt nicht mit seiner einfach unglaublich tollen Präsentation heute oder seiner mysteriösen Schatulle. Ich meine sein Gespür bei der Personalauswahl! Ihr wisst inzwischen, ich bin eher der reservierte Typ. Aber kann euch versichern, dass ich noch nie so ein gutes Gefühl hatte, was die zukünftige Zusammenarbeit mit meinen direkten Kolleginnen angeht! Ich glaube, das passt einfach super. Wir werden dieses Jahr in den Katakomben dieser

Kunstwelt im UNTACH sicher nicht nur gut aushalten, sondern uns dabei als Clique ganz bestimmt sauwohl fühlen!«

In dieser guten Stimmung ging die Unterhaltung weiter, bis plötzlich ein freundschaftlicher Klaps auf der Schulter von Frank landete.

»Nur gut, dass ich einen wahren Riesen im Team habe – so findet man euch immer leicht, sogar in diesem Chaos hier! Hallo zusammen. Wie ich sehe, habt ihr euch schon eingestimmt auf den gemeinsamen Abend, das freut mich. Sorry, dass ich erst jetzt kommen konnte, aber ich bin aufgehalten worden. Übrigens hat sich Professor Wang entschuldigt, er kann wegen eines anderen Termins nicht teilnehmen – wir sind also unter uns. Wenn es euch recht ist, ziehen wir gleich eine Tür weiter. Es ist kurz vor acht und ich kann meinen Aperitif auch im Restaurant nehmen – und ich gehe davon aus, ihr werdet mir dabei gerne Gesellschaft leisten. Die leeren Gläser vor euch geben zumindest zu dieser Vermutung Anlass.«

Sie begrüßten Marco herzlich und folgten seinem Vorschlag umgehend, erhoben sich und nahmen eine ausgesprochen vergnügte Stimmung mit in den weiteren Abend.

Rebecca lachte kurz laut auf und erheiterte sie mit ihrer Erklärung: »Jetzt wollte ich fast schon wieder den Kellner um die Rechnung bitten, ich bin das hier noch immer nicht gewohnt!«

Wie überall im UNTACH entfiel das Bezahlen, da alles bargeldlos gebucht wurde. Die Bedienungen mussten ihre kleinen Service-Geräte beim Servieren nur in die Nähe der Rolix des jeweiligen Gastes halten und die Kunden die Zahlung durch einen Fingerabdruck bestätigen, schon war alles erledigt. Ein ausgesprochen einfaches System, das nicht nur für beide Seiten angenehm und schnell war, sondern auch den Umsatz entsprechend ankurbelte. Nicht wenige UNTACH-Bewohner fielen regelmäßig aus allen Wolken, wenn sie von Zeit zu Zeit ihren Kontostand online abfragten, denn diese bequeme Regelung verleitete so manchen zu eher großzügigen Bestellungen.

Eine Trennung zwischen dienstlichen oder privaten Zahlungen erfolgte automatisch, jeweils nach der persönlichen Konfiguration der Rolix. So gaben die Buchungsparameter im Team von Marco Renke vor, dass alkoholfreie Getränke sowie Speisen in den normalen Restaurants und Kantinen bis zu einer gewissen monatlichen Obergrenze aufs Projektkonto gebucht wurden, wie auch fast alle Freizeitangebote. Nur alkoholische Getränke und Rechnungen in den Restaurants der Spitzengastronomie sowie Einkäufe in den Geschäften der großen Shopping Mall und andere private Ausgaben wurden den Privatkonten seiner Mitarbeiter belastet.

Beim fröhlichen Verlassen der Bar ging Frank wieder voraus und die anderen folgten in der breiten Schneise, die er sanft, aber doch recht ungebremst in die dichtgedrängt stehenden Barbesucher bis zum Ausgang pflügte. Wenige Minuten später betraten sie den Eingangsbereich des elitären Science Club, wo sie eine ganz andere, gediegene und durch leise Piano-Musik untermalte Atmosphäre erwartete.

Ein langes Dinner

Der Empfangschef, der Marco wie einen Stammgast begrüßte, geleitete sie zu einem kleinen, runden Nebenraum, den Claudia vorsorglich gebucht hatte. So waren sie ungestört für die Gespräche, die an diesem Abend anstanden. Als sich wenig später der Kellner nach Aushändigung der großformatigen Menükarte und Servieren des Begrüßungs-Champagners zurückzog, übernahm Marco routiniert seine Rolle als Gastgeber.

»Also, liebe Freunde – wenn ihr mir gestattet, das so zu sagen – ich freue mich wirklich, mit euch heute Abend zusammen zu sein! Ich finde, wir sind ein tolles Team! Darauf möchte ich mit euch anstoßen – auf uns und unsere gemeinsame Arbeit!«

Es ging in der harmonischen, euphorischen Stimmung weiter, deren Grundstein bereits in Rick´s Cafe gelegt worden war.

»Aber ›first things first‹! Ich möchte euer Augenmerk auf das Degustationsmenü auf der ersten Seite lenken. Gerne mit den korrespondierenden Weinen, denn der Sommelier hier im Club ist ähnlich begnadet wie der Küchenchef. Wenn ihr einverstanden seid, wäre das eine passende Begleitung für die Informationen, die ich euch gerne mitteilen möchte. Sicher habt ihr viele Fragen an mich, die euch seit dem Meeting heute Nachmittag auf der Seele brennen. Aber jetzt studieren wir erst mal angemessen die Karte!«

Alle schmunzelten vergnügt vor sich hin, während sie lebhaft mögliche Alternativen zu manchen Gängen diskutierten. Die Heiterkeit bezog sich nicht nur auf die Aussicht auf ein göttliches Abendessen: Grund waren auch die Erinnerungen, die jeder einzelne von ihnen an frühere Treffen mit Marco hatte, bei den Bewerbungsgesprächen und anderen Anlässen vor ihrem Arbeitsbeginn in Peking. Seine Begeisterung, aber auch Fachkenntnis hinsichtlich exzellenter Speisen und Getränke war beeindruckend, und qualitätsvoll zu essen und zu trinken war ihm wichtig. Dass ihr Chef sie in diese genussreiche Facette seiner Lebensart so herzlich einschloss, machte ihn neben anderen Wesenszügen einfach liebenswert.

Natürlich nahmen sie seinen Vorschlag sehr gerne an und als der Kellner zurückkam, wurde durch Marco das teilweise individuell leicht abgeänderte

große Abendmenü bestellt. Wobei er einen zusätzlichen Hinweis gab: »Ach, Vincent, und lassen Sie uns bitte zwischen den einzelnen Gängen jeweils etwa eine Viertelstunde Verschnaufpause. Wir haben verschiedene Dinge zu besprechen und obwohl ich diese für recht interessant halte, soll unser Arbeitsgespräch auf keinen Fall unsere Konzentration auf die Köstlichkeiten des Menüs beeinträchtigen. Was nicht heißen soll, dass wir beim Sprechen nicht an gefüllten Gläsern nippen könnten. Also gerne nachschenken!«
Es versprach also nicht nur ein schöner, spannender Abend zu werden, sondern auch ein sehr langer, beschwingter. Das war seinen Mitarbeitern nun klar, aber keineswegs unangenehm.

Nach dem Amuse Gueule startete Marco sofort mit jenem Thema, das er ihnen am Nachmittag versprochen hatte: die Herkunft der Schatulle und ihren Inhalt.
»Ihr seid vermutlich davon ausgegangen, auch du, Tomomi, dass dieses ominöse Konvolut zusammen mit dem Netsuke im UNTACH-Archiv vorhanden war. Das ist nicht der Fall. Ich habe diese Schatulle vor drei Monaten in London privat erworben und – als Arbeitsunterlagen deklariert – mit meinem persönlichen Umzugsgut mitgebracht, ohne es dezidiert als Dokumentation zum Masanao-Netsuke anzugeben. Der Inhalt ist weder inventarisiert noch in der Dokumentendatenbank des UNTACH erfasst. Später werdet ihr verstehen, warum.«
Er beobachtete die Reaktionen auf diese Mitteilung genau und insbesondere bei Frank entging ihm die kleine Verstimmung in dessen Zügen nicht. »Frank, wir beide hatten uns in Shanghai vor meinem Umzug nach Peking getroffen, also nachdem ich die Schatulle schon hatte. Ich kann gut verstehen, wenn du dich etwas wunderst, ja vielleicht sogar ärgerst, weil ich diese Sache damals nicht erwähnte. Der Grund hierfür war, dass ich die Dokumente vor dem Kauf nur flüchtig in Augenschein nehmen konnte. Ich war mir nicht sicher, ob eine Verbindung zu unserem Netsuke besteht oder das ein dummer Zufall war. Deshalb wollte ich gesicherte Ergebnisse abwarten und hatte später Tomomi gebeten, dies vertraulich zu behandeln. Aber der Reihe nach: Im Jahr 2015, also vor wirklich langer Zeit, arbeitete

ich vier Monate lang im Mainfränkischen Museum in Würzburg an einem Projekt. Nebenbei nahm ich von einem Auktionshaus dort einen Beratungsauftrag an. Inhalt war die Bewertung eines Nachlasses, zu dem eine Sammlung afrikanischer und asiatischer Elfenbeinobjekte gehörte. Das war damals rasch erledigt. Aber als ich schon fast auf dem Sprung nach draußen war, bat man mich, mir noch kurz etwas anderes anzusehen. Da das Honorar ganz gut war, sagte ich gerne zu. Kurz danach stellte man genau jene Schatulle vor mir auf den Tisch, über die wir nun sprechen. Vor einundzwanzig Jahren in Würzburg sah ich sie also zum ersten Mal.

Das Stück stammte aus einer anderen Nachlassauktion. Im Katalog stand ›Konvolut aus einer reich beschnitzten Edelholzschatulle mit Bein- und Perlmutt-Intarsien, siebzehn kleinen Sammlungsobjekten sowie vierundzwanzig Dokumenten unbekannter Provenienz‹. Da das Objekt keinen Interessenten gefunden hatte, war es im Fundus des Auktionshauses verschwunden, sollte aber neu angeboten werden.

Ich klappte damals das Behältnis eher uninteressiert auf, blätterte einige der Dokumente durch und fand nichts, was meine Aufmerksamkeit erregte. Da war eine, wie ich meinte, mehrseitige Abschrift aus einem Abenteuerroman, der in der Südsee spielte und mich an Robinson Crusoe erinnerte. Dann gab es ein paar Seiten über eine Elefantenjagd in Afrika, ein paar Tabellen und Aufzählungen in chinesischen und japanischen Schriftzeichen sowie kürzere Texte und Listen in arabischer Schrift. Ich fand ein Blatt, das wie eine Kopie aus dem japanischen Nachschlagewerk *Soken Kisho* aussah, aber stark vergilbt war. Nur den Namen Masanao konnte ich entziffern, er fiel mir ins Auge, weil er unterstrichen war. Im mittleren Fach war ein durchsichtiges Kunststoffkästchen integriert, das man aufklappen konnte und in dem sich die Hohlform einer kleinen Figur erkennen ließ, die aber fehlte. Die Rückseite dieser Hohlform hatte eine Oberflächenstruktur wie ein Federkleid, also war vielleicht dort einmal ein kleiner Vogelbalg oder eine Vogelfigur aufbewahrt worden. Mein Eindruck damals war, dass hier eine an sich recht schöne Holzschatulle von irgendjemand benutzt worden war, um einige persönliche Reisesouvenirs oder Jugenderinnerungen aufzubewahren. Nach den Gebrauchsspuren zu urteilen, war das Behältnis etwa fünfzig Jahre alt und Materialien und Ausführung deuteten auf

Südostasien als Ursprung hin, vielleicht Indonesien. Den Inhalt vergaß ich sofort wieder, er erschien mir nur für den früheren Besitzer von ideellem Wert gewesen zu sein. Die Schatulle selbst hatte ich damals mit etwa fünfhundert Euro taxiert. Die Intarsien waren kein Elfenbein, wie der Auktionator durch mich bestätigt haben wollte, sondern Bein, also Knochen, vielleicht von einem Rind oder Kamel. Seine Bezeichnung im Auktionskatalog war also absolut korrekt. Das war es damals für mich. Ich wünschte noch viel Erfolg für die Auktion und vergaß diese ganze Sache – bis letztes Jahr, wie ihr euch vorstellen könnt!«

Marco machte an dieser Stelle eine Pause, um Raum für Rückfragen und Diskussionen zu lassen und die kamen natürlich prompt. Seine Kollegen hatten am Nachmittag bereits viele Details zu einzelnen Inhalten der Schatulle aus seinem Vortrag erfahren und kannten die erstaunlichen Übereinstimmungen bisheriger Analysedaten mit einzelnen Texten. Frank hätte gerne mehr über gesicherte Altersbestimmungen zu den Papieren gewusst. Rebecca sprudelte gleich mehrere Fragen heraus zu vorhandenen Archivhinweisen auf diese Schatulle in den Büchern des Würzburger Auktionshauses. Tomomi, die schon länger eingeweiht war, hob nochmals die gute Übereinstimmung der neuen Messergebnisse mit der Afrika-Geschichte hervor. Sie wies zudem darauf hin, dass bereits weitere Analysen hier im UNTACH, aber auch extern in Speziallaboratorien in Auftrag gegeben worden seien. In den nächsten Tagen erwarte sie weitere Informationen zu den alten Dokumenten. Was alle gleichermaßen bewegte, war dieser unglaubliche Zufall, dass Marco früher auf eine vielleicht sensationell hilfreiche Dokumentensammlung zu ihrem Untersuchungsobjekt gestoßen war und dass diese zu ihrer Verfügung stand.

Beim nun servierten zweiten Gang ihres Menüs, begleitet von einem ausgezeichneten Glas Pouilly Fumé, wurde es wieder stiller. Sie genossen konzentriert die Jakobsmuscheln mit einer raffinierten Chili-Ingwer-Soße und nutzten die kleine Pause zum Reflektieren der gerade gehörten Erzählung.

Als die Teller abgeräumt und die Gläser erneut aufgefüllt waren, schwärmte Marco: »Ahh, zu Meeresfrüchten passt dieser Weiße von der

Loire einfach perfekt!«, um danach seine Geschichte fortzusetzen: »Zurück zu unserem Thema. Ihr könnt bestimmt nachvollziehen, dass ich im März 2035, also im letzten Frühjahr, beim Lesen des Ausschreibungstextes für unser Projekt zunächst keinerlei Erinnerung an jenen Vorgang vor zwanzig Jahren hatte. Als ich mir im Rahmen der Antragsausarbeitung in den folgenden Wochen jedoch detailliertere Fotos des zu studierenden Netsuke besorgt hatte, fiel mir die Federstruktur auf der hinteren Hälfte des Kunststoffkästchen aus jener Holzschatulle plötzlich wieder ein. Die Ähnlichkeit mit der Rückseite des Netsuke war augenfällig, zumal mir der damalige Hinweis auf Masanao ins Gedächtnis kam.
Als Wissenschaftler denkt man üblicherweise nicht in Kategorien wie ›Zufall‹ oder ›Schicksal‹ sondern eher in solchen wie ›Logik‹ oder ›Wahrscheinlichkeit‹. Es erschien mir völlig absurd, dass ich ausgerechnet zu diesem Netsuke, auf dessen Monografie-Forschungsprojekt ich mich gerade bei UNTACH in China bewarb, vor zwanzig Jahren in Würzburg das dazu gehörende Behältnis samt zahlreicher Unterlagen gesehen haben sollte. So etwas passiert nicht, so viel Glück kann man gar nicht haben! Dennoch: Einfach ignorieren ging natürlich nicht und ich bekam diese verrückte Idee sowieso nicht mehr aus meinem Kopf. Ich fing also an, neben der Weiterarbeit am Antragstext ein paar Erkundigungen einzuziehen. Dieses Auktionshaus in Würzburg gab es nicht mehr, das war schnell recherchiert. In meiner alten Kontaktdatenbank fand ich den Namen meines damaligen Gesprächspartners, der inzwischen als Rentner am Gardasee lebte. Da er gelegentlich freiberuflich kleinere Aufträge übernahm, war er via Social Network sowie Mitgliederliste des Deutschen Dachverbandes der Auktionatoren auffindbar.
Als ich ihn kontaktierte, erinnerte er sich nicht mehr an mich, verwies mich aber immerhin an die Witwe des früheren Inhabers des Auktionshauses. Aus Pietät hätte sie die alten Geschäftsunterlagen angeblich nicht vernichtet. Die Bibliothek in ihrer Villa in Volkach, einem kleinen Weinort nicht weit von Würzburg, existiere noch unverändert, einschließlich der alten Einlieferungs- und Versteigerungslisten. Der Pensionär hatte in den vergangenen Jahren diesen Fundus mehrmals mit Erlaubnis seiner früheren

Chefin benutzt und war sich sicher, dass man mir gerne Einsicht geben würde – was auch der Fall war.
Wie ihr wisst, war ich das ganze letzte Jahr im Getty Conservation Institute in Los Angeles beschäftigt. Ich bat daher einen befreundeten Professor an der Goethe-Universität Frankfurt, ob er eine seiner studentischen Hilfskräfte vielleicht für zwei oder drei Tage entbehren könnte, um für mich eine kleine Recherche in Franken durchzuführen. Spesenersatz und Honorarzahlung wären selbstverständlich. Unkompliziert brachte der Kollege mich in Kontakt zu einem seiner Studenten, der sich der Aufgabe annahm. Wie ihr sicher schon vermutet, fand er diese Eintragungen. Ich hatte nun Namen und Kontaktdaten, sowohl zur Einlieferung als auch zu der Person, die das Objekt ersteigert hatte.«

Während Marco erzählte, wurde er mehrfach unterbrochen und musste etliche Fragen beantworten. Gerne schmückte er dies mit amüsanten Anekdoten aus seiner damaligen Zusammenarbeit mit der Universität in Frankfurt aus. So verging die Zeit und bald kam der Kellner zurück. Man legte wieder eine kleine Pause ein und widmete die volle Aufmerksamkeit dem dritten Gang, einer Rehterrine mit Preiselbeeren und einem kleinen Sellerietatar, dazu ein kleines Glas trockenen Sauternes. Genüsslich und schweigend wurde weiter gespeist.
Marco ließ hierbei seine Erinnerungen zum Ergebnis der Recherche Revue passieren: *Die erhoffte Eintragung zur nächsten Station der Schatulle hatte sich in der Versteigerungsliste einer Auktion vom 06.06.2016 befunden: Zuschlag bei 630 Euro, Telefonbieter R 743-A, postalisch geliefert an Prof. Dr. Norbert Heffner, Hansastraße 35, 81373 München. Zahlung per Einzugsermächtigung.* Unwillkürlich musste er über seinen damaligen Optimismus schmunzeln. Als ihm die Informationen zugingen – also im April 2035 – hatte Marco wirklich gehofft, den Aufenthaltsort der Schatulle rasch klären und diese erwerben zu können. Es wäre toll gewesen, seinen Antrag mit solchen Informationen anzureichern. Als Abgabetermin war der einunddreißigste Mai 2035 vorgegeben. Es wurde jedoch alles andere als einfach, an dieses Objekt heranzukommen, das vielleicht ein Schlüssel zur langen Historie des Masanao-Netsuke sein könnte.

»Liebe Kolleginnen und lieber Frank«, wandte sich Marco nach dem Abräumen des Geschirrs wieder an sein Team, »es würde heute Abend zu weit führen, die nächsten Schritte und Komplikationen ausführlich zu erzählen, die dann folgten. Ich will mich bei diesem Teil der Geschichte kurzfassen. Meine eigenen Versuche, anhand der in Volkach gewonnenen Erkenntnisse der Schatulle auf die Spur zu kommen, scheiterten leider kläglich. Name und Adresse der Person in München, die das Konvolut ersteigert hatte, erwiesen sich als Sackgasse. Ich beauftragte daher im September letzten Jahres eine auf das Auffinden von Kunst und Antiquitäten spezialisierte Detektei in Berlin, den aktuellen Aufenthaltsort zu recherchieren. Dieser Detektei gegenüber erklärte ich mein Interesse an dieser Schatulle und den enormen Mitteleinsatz damit, dass es sich um ein verschollenes Familienerbstück von höchstem, ideellem Wert für mich handelte. Wie ihr aus den offiziellen Projektunterlagen wisst, lag mir zu diesem Zeitpunkt erfreulicherweise die vorläufige Mitteilung aus Peking bereits vor, dass man mir die Leitung dieses Forschungsprojekts zu übertragen gedachte. Die endgültige Beauftragung und Mittelfreigabe kamen bereits drei Wochen später.

Meine Investition lohnte sich, obwohl die Beauftragung der Detektei ein gewisses persönliches Risiko in sich trug, da ich dies aus meinen Privatmitteln vorfinanzieren musste. Projektstart war der erste April 2036 und vorher hatte ich noch keinen Zugriff auf das Projekt-Budget. Glaubt mir, mehrere Wochen Detekteikosten samt Spesen ergab ein hübsches Sümmchen Geld! Aber wie so oft: Mut macht sich bezahlt!

Nach etlichen Verwicklungen und Umwegen konnte mir die Detektei Ende Februar den Aufenthaltsort der Schatulle mitteilen. Sie sollte sich im Besitz eines Privatmannes in London befinden, der sie in einem Trödelgeschäft in der Portobello Road für zweihundert Pfund erworben hatte. Die diversen Zwischenstationen von München bis London, die die Detektei ermittelt hatte und mir der Vollständigkeit halber ebenfalls detailliert mitteilte, will ich hier überspringen. Nach einem Telefonat mit dieser Person, einem sehr netten älteren Inder, war klar, dass er sich in Anbetracht der für mich persönlichen Bedeutung dieses Objekts gerne wieder davon trennen wolle.

Ich hatte wieder die rührende Geschichte meines angeblichen Familienerbstücks erzählt – schamlos, ich weiß. Nach Zusendung mehrerer Fotos, die belegten, dass dies wirklich die ›Würzburger Schatulle‹ war, wurden wir uns über einen Preis von neunhundertfünfzig Pfund zuzüglich Versand- und Versicherungskosten einig. Ich überwies ihm den Gesamtbetrag und er schickte mir das Objekt Mitte April per Kurier nach Los Angeles, wo es unbeschadet ankam und ich es endlich genauer in Augenschein nehmen konnte, nun natürlich mit viel größerer Aufmerksamkeit als vor zwanzig Jahren. Wie bereits aus den Fotos zu sehen, war ein Teil des Inhalts nicht mehr vorhanden, sondern irgendwo auf den vielen Stationen zwischen Würzburg und London verschwunden. Ich werde euch morgen im Büro direkt am Original einen Einblick geben, das geht besser als jetzt hier beim Abendessen – zumal erfreulicherweise der nächste Gang anrückt, wie ich gerade sehe.«

Sie genossen eine delikate Steinpilzsuppe mit Croutons, dazu ein kleines Glas Gewürztraminer aus dem Elsass. Nachdem dieser vierte Gang genüsslich verspeist war, erzählte Marco weiter: »Leider blieben mir nur wenige Tage, bis die Spedition in Los Angeles mein Umzugsgut samt Schatulle abholte, um alles per Luftfracht nach Peking zu schicken. Gerade in dieser Zeit hatte ich sehr viele andere Verpflichtungen im Zusammenhang mit dem Abschluss meiner Forschungsarbeit bei Getty sowie diverse organisatorische Dinge mit dem UNTACH zu regeln. Deshalb konnte ich mich nicht so intensiv mit dieser Sache beschäftigen, wie ich es mir gewünscht hätte. Die erste Sichtung der Dokumente bestärkte mich jedoch in meiner Vermutung, dass hier tatsächlich eine Verbindung zum Masanao-Adler vorhanden sein könnte. Aber es blieben starke Zweifel, wie viele dieser Informationen einer wissenschaftlichen Betrachtung standhalten würden und ob ich mich nicht gedanklich verrannte. Vielleicht, weil ich inzwischen – nach doch erheblichem Aufwand – unbedingt an eine solche glückliche Fügung wider alle Vernunft glauben wollte!
Also, ihr Lieben, nun kennt ihr die illustre Geschichte um diese seltsame Schatulle, und morgen werden wir uns direkt am Objekt näher damit beschäftigen.«

Nach einem kräftigen Schluck vom gerade nachgeschenkten Elsässer Weißwein und der Beantwortung einiger weiterer Fragen aus der Runde seiner Mitarbeiter, ging Marco den letzten noch offenen Punkt seiner Ausführungen an und zog hierzu ein zusammengefaltetes Blatt Papier aus seiner Jackentasche.

»So, ich bin euch noch die Erklärung schuldig, wieso an diesem Netsuke irgendeine Botschaft versteckt sein könnte. Auch das ist eine geheimnisvolle Angelegenheit, denn die Detektei in Berlin war auf einen weiteren Hinweis gestoßen. Als professionelle Kunstfahnder verließen die sich nicht auf die Kurzrecherche eines Studenten, sondern statteten der Witwe in Volkach einen persönlichen Besuch ab. Hierbei fanden sie einen Vermerk, der sich ins Jahrbuch 2017 verirrt hatte. Ich habe hier eine Kopie dieser Seite und will sie euch wortwörtlich vorlesen: *Nachtrag zur Versteigerungsliste der Auktion vom 09.12.2016, Katalognummer 1659A, aufgeführt unter der Rubrik ›Drucke, Kalligraphie‹: Japanischer Surimono-Farbholzdruck, unsigniert, im Shikishiban-Format 19 x 20 cm, aus dem Besitz eines Daimyo der Tokugawa-Zeit, um 1830, Inhalt übersetzt durch Dr. Heinrich Forberg, Japanologe, Übersetzung ins Deutsche beigefügt. Der Text des Gedichts in diesem Surimono handelt von einem Adler, der über das jadene Wildpferd wacht und den listigen Affen besiegt. Sehr schöne Kalligraphie mit zentralem, kleinem Farbholzdruckbild im Format 6x8 cm, das einen sitzenden Adler mit seiner Beute darstellt. Auf der Brust des Adlers in einer Kartusche in japanischen Schriftzeichen: ›Ich behüte deinen Ort‹. Aufrufpreis 1400 Euro. Zuschlag an Bieter mit Bieternummer 28 für 1400 Euro. Handschriftlicher Vermerk des Auktionshauses: Das Blatt gehörte ursprünglich zu einem Konvolut aus einer beschnitzten Holzschatulle sowie diversen Dokumenten, welche unter Katalognummer 1659 am 06.06.2016 versteigert wurde.*

Ihr könnt euch vorstellen, dass ich genauso konsterniert war, wie ihr jetzt, als ich diese Information erhielt. Ein Surimono, also ein Gedichtkunstdruck, war damals 2015 nicht enthalten, als ich die Schatulle in Würzburg durchsah. Der wäre mir in diesem Format sicher aufgefallen, zumal ich japanische Farbholzdrucke sehr schätze. Das wurde alles immer mysteriöser und zwar schon bevor wir mit der eigentlichen Forschungsarbeit losgelegt hatten! Natürlich kontaktierte ich sofort wieder die Detektei und wollte hinsichtlich dieser Druckschrift einen weiteren Suchauftrag erteilen, erhielt aber umgehend eine frustrierende Antwort. Man teilte mir mit, dass entsprechende Recherchen bereits unternommen worden waren. Mit dem Ergebnis, dass der Druck am Tag der Auktion gegen Barzahlung einer nicht mehr zu ermittelnden Person mit der Bieternummer achtundzwanzig ausgehändigt wurde und sich von diesem Moment an seine Spur verlor. Die Adressdatei zur Bieternummernvergabe von damals lag im Archiv des Auktionshauses nicht mehr vor. Einen Einlieferungsvermerk zu einem solchen Surimono gab es nicht in den Unterlagen, wie zu erwarten, da er wohl dem genannten Konvolut entnommen worden war. Keine Datenbank- und Archiv-Abfrage zu einem solchen Surimono hatte etwas ergeben. Die Suche nach dem damaligen Übersetzer führte zu nichts, da ein Japanologe dieses Namens nicht zu identifizieren war. Eine fotographische Dokumentation des Surimono war weder im Auktionskatalog noch in den Unterlagen des Auktionshauses vorhanden. Vom erheblichen Aufwand einer weiteren, intensiven Suche rate man ab, da die Erfolgsaussichten bei derartigen Objekten und dem gegebenen Faktenstand als sehr gering einzustufen seien.

Damit ließ ich es bewenden, schließlich waren bereits viele Ansatzpunkte für die Untersuchung unseres Objekts vorhanden. Derart schwer deutbare zusätzliche Spuren konnten gerne etwas warten, bis ich später Verstärkung durch euch bekommen würde, und das ist nun erfreulicherweise ja der Fall. Außerdem: Wir haben Zugriff auf das Netsuke und wenn es an diesem eine verborgene Botschaft gibt, dann werden wir sie finden! Frank, wie ist denn deine erste Einschätzung zu diesem Texthinweis? Du bist definitiv unser Experte auf diesem Gebiet!«

Frank nippte an seinem Wein und rekapitulierte lächelnd: »Vielleicht hättest du mir diese Denksportaufgabe zwei Gläser früher stellen sollen, nicht erst jetzt, Chef. Aber in Ordnung, einige erste Gedanken kann ich schon mit euch teilen, obwohl es natürlich besser wäre, ich würde den ganzen Text kennen, nicht nur diese bruchstückhafte Kurzfassung aus einem halbprofessionellen Auktionskatalog. Legt das, was ich jetzt sage, bloß nicht auf die Goldwaage, das ist recht unausgegoren und aus dem ersten, zugegebenermaßen gerade sehr wohligen Bauchgefühl heraus.

Also, Surimono waren grundsätzlich nicht für den Verkauf gedacht, sondern wurden im privaten Umfeld an Freunde verschenkt, innerhalb der

Familie zu besonderen Anlässen verschickt oder in Poetenkreisen ausgetauscht. Solche Gedichte enthielten häufig persönliche Anspielungen, oft scherzhafte Doppeldeutigkeiten, die nur Eingeweihte verstehen konnten. Das vorweg, denn ein allgemeiner Ansatz wird uns nicht sehr weit bringen. So ist der Adler in der japanischen Heraldik von keinerlei Bedeutung, im Gegensatz zu vielen anderen Kulturkreisen wie zum Beispiel in Europa. Auch auf japanischen Kriegszeichen, sogenannten *Mon*, treten Adler meines Wissens nicht auf, wir werden also keine Symbolik für eine bestimmte Samurai-Familie ableiten können. Allerdings gilt der Adler auch in Japan als ein mächtiges, mutiges Tier – aber eben nicht mit mythologischem Bezug. Im Vergleich zu vielen anderen Vögeln, wie beispielsweise Spatz, Wachtel oder Hahn, spielt der Adler eine wenig auffällige Rolle als Kunstmotiv.

Das Wildpferd sagt mir in diesem Zusammenhang absolut gar nichts, dieser Ausdruck ist in Japan nicht üblich, wie Tomomi sicher bestätigen wird. Es gab keine Wildpferde dort, im Gegensatz zu China oder der Mongolei. Der Hinweis auf das Material Jade bedeutet, wie in ganz Asien, dass es sich um etwas sehr Wertvolles handelt – und natürlich gibt es in China etliche Pferdedarstellungen aus diesem Material. Im Japan der Tokugawa-Zeit dagegen bin ich nie auf diese Kombination gestoßen. Ganz anders sieht es mit dem Affen aus, der in Japan in tausendfacher Form in Mythen und Volkssagen vorkommt und ein beliebtes Netsuke-Motiv ist. Man sollte gezielt eine Recherche starten, in welcher historischen Geschichte oder volkstümlichen Erzählung sich alle drei genannten Tiere und das Material Jade gemeinsam finden lassen – mir fällt spontan keine Quelle ein, wo dies der Fall ist.

Am eindeutigsten ist für mich die angebliche Inschrift auf der Adlerbrust im Surimono, denn der Ausdruck ›Ich behüte deinen Ort‹ ist ein gebräuchlicher Spruch im feudalen Japan. Aber weniger spektakulär, als ihr wahrscheinlich denkt. Es ist ein feststehender Ausdruck aus einem einfachen Kinderspiel jener Zeit, etwa vergleichbar mit dem noch im zwanzigsten Jahrhundert auch in Deutschland beliebten ›Versteckspiel‹ kleiner Kinder. Im übertragenen Sinn allerdings, und nun wird es wieder spannend, war damals dieser Spruch gerne zur Kennzeichnung von Schlüsseln oder Schlüsselinformationen benutzt worden. Er war durchaus

üblich als Hinweis auf geheime Botschaften oder auf den Aufbewahrungsort von Wertgegenständen. Ich nehme an, Marco, genau dieser Aspekt schwebt dir vor bei unserem Masanao-Netsuke?«
Marco nickte zustimmend und freute sich über die Bestätigung seiner Überlegungen, aber auch darüber, dass er am Ende der Geschichte zu dieser Schatulle war. So konnten sie den weiteren Abend und vor allem das vorzügliche Essen entspannter und mit einem gleichmäßiger auf alle Anwesenden verteilten Gespräch fortführen.
»Genauso ist es, Frank! Damit seid ihr im Großen und Ganzen auf dem gleichen Wissensstand wie ich. Nun habt *ihr* vor allem das Wort, ich habe ja die ganze Zeit wie ein Wasserfall auf euch eingeredet und freue mich ehrlich gesagt auf eine kleine Pause. Wir haben noch gar nicht über eure Erfahrung heute Nachmittag mit ›The Wall‹ sprechen können. Na, was haltet ihr von diesem famosen High Tech Virtual Reality System und seinem Visualisierungspotential?«
Es entwickelte sich eine muntere und begeisterte Diskussion über diese Einrichtung. Jeder am Tisch brachte sich engagiert ein und aus dem bisherigen Monolog wurde ein facettenreicher Dialog, der die weiteren Gänge des Menüs begleitete und den restlichen Abend wie im Fluge vergehen ließ. Als weit nach Mitternacht ein Espresso das Dinner beendete, war das Team trotz der intensiven Informationsflut und des langen Abends noch immer aufgekratzt und munter. Sie empfanden diesen Tag als einen entscheidenden Schritt mitten hinein ins Abenteuer ihrer Forschungsarbeit, die noch viel spannender zu werden versprach, als es die rein fachliche Beschreibung des Projekts ursprünglich vermuten ließ.
Nach einem herzlichen Abschied vor dem Restaurant zerstreute sich die Gruppe in Richtung der verschiedenen Wohntrakte und jeder war noch recht lange in Gedanken bei dem, was sie von Marco erfahren hatten und was an Ideen zum weiteren Vorgehen ausgetauscht worden war. Sie brannten darauf, am kommenden Morgen die nächsten Schritte anzugehen und dem Rätsel dieses Netsuke auf die Spur zu kommen.

Zur gleichen Zeit wurden in dem kleinen Nebenzimmer, in dem sie diesen Abend genossen hatten, die letzten Geschirre und Gläser abgeräumt sowie die Dekoration entfernt, unter anderem ein großes, flaches Blumenbouquet, das die Mitte des runden Tisches geziert hatte. Wer dies aufmerksam beobachtet hätte, dem wäre nicht entgangen, dass einer der Hilfskellner ein winziges Kästchen aus dem Steckschwamm in der Mitte des Bouquets entfernte und in seiner Jackentasche verschwinden ließ. Dieses Hochleistungs-Aufnahmegerät wurde wenige Minuten später in der Personaltoilette an einen Mitarbeiter des UNTACH-Sicherheitsdienstes übergeben. Bereits nach einer weiteren Viertelstunde war die vollständige Audioaufzeichnung der abendlichen Unterhaltung über eine verschlüsselte Leitung an einen Empfänger im Tamagi Tower überspielt. Dort wartete seit Stunden jemand auf diesen Gesprächsmitschnitt, als würde sein Leben davon abhängen.

Nächtliche Schatten

Neben Abe Tomoji und zwei IT-Experten aus dem Team von Michiko Keiko war eine jüngere Frau anwesend. Diese stand sichtlich unter Stress und war konzentriert mit der Übersetzung einer langen Tonaufzeichnung beschäftigt.

Sobald die Gesprächsaufzeichnung aus dem Science Club bei Abe eingegangen war, hatte dieser laut geflucht und mit hochrotem Kopf nach Susanne Toshiko schicken lassen, der hauseigenen Dolmetscherin für Deutsch/Japanisch. Im Abhörtext vom Nachmittag war Professor Wang als Teilnehmer des Dinners angekündigt und sie hatten keine Absage von diesem über das Rolix von Claudia Mentrose abgefangen. Deshalb war Abe davon ausgegangen, dass die Konversation beim Abendessen in englischer Sprache ablaufen würde, wie zuvor an diesem Tag. Das war eine fatale Fehleinschätzung! Während des langen Wartens, bis Susanne gegen drei Uhr nachts endlich eintraf, ging ihm vieles durch den Kopf – und nichts hiervon war angenehm für ihn.

Nach dem Abhörfiasko am Nachmittag und dem entsetzlichen Meeting bei Yamagata Aritomo war auch hinterher wenig glatt verlaufen. Aus der Kurznachricht innerhalb des Teams von Doktor Renke wusste er gegen achtzehn Uhr, dass das Dinner zwei Stunden später in einem der exklusiven Nebenzimmer des Science Club stattfinden würde, was die nächste Hiobsbotschaft für ihn bedeutete. Im Gegensatz zu normalen Restaurantbereichen waren diese kleineren, oft von UN-Offiziellen für vertrauliche Gespräche benutzten Separees abhörsicher und wurden regelmäßig auf Wanzen überprüft. Abe musste unter erheblichem Zeitdruck improvisieren, wenn er nicht einen weiteren Tobsuchtsanfall seines Chefs riskieren wollte. Über seinen vor drei Jahren in den Sicherheitsdienst des UNTACH eingeschleusten Mitarbeiter Jimmi Lin ließ er in einer hektischen Aktion eine Hilfskraft des Clubs anheuern, die für diesen Abend und für diesen bestimmten Restaurantbereich eingeteilt war. Es klappte gerade noch rechtzeitig mit der Platzierung des strahlungsgekapselten, vollständig aus Spezialkunststoff bestehenden Aufzeichnungsgeräts – keine halbe Stunde bevor die Wissenschaftler den Raum betraten.

So konnte er nicht weiterarbeiten. Es war ihm klar, dass es nur eine Frage der Zeit war, bis so eine kurzfristige Notlösung mangels sorgfältiger Planung und Absicherung irgendwann schiefging und die Konsequenzen kannte er. Yamagata verzieh selten Fehler, schon gar nicht in dieser für ihn so wichtigen Angelegenheit. Abe musste jemanden näher bei Renke positionieren, um einen direkten Zugang zu nicht über das Kommunikationssystem laufenden Informationen zu gewinnen. Eine andere Option sah er nicht. Das Problem mit ›The Wall‹ war vorerst Sache von Michiko, die mit ihren Leuten an einer Lösung arbeitete, aber die generelle Observierung dieser Wissenschaftler im UNTACH-Hochsicherheitsbereich unterstand seiner Verantwortung und er musste das rasch in den Griff bekommen.
Das ganze Chaos um diese kleine Elfenbeinschnitzerei hatte vor vier Jahren in Tokyo begonnen, als Yamagata ihn beauftragt hatte herauszufinden, wo sich ein exakt beschriebenes Masanao-Netsuke in Form eines Adlers mit einem Affen in den Fängen befand. Eine entsprechende Zeichnung lag vor. Bis zu jenem Tag hatte Abe weder von Netsuke noch von Masanao je etwas gehört. Seine Stärken und Erfahrungen lagen weniger im kulturellen Bereich als in den Grauzonen der Geschäfte des Tamagi-Konzerns. Aber die Angelegenheit war für seinen Boss bedeutend, also sorgte er für eine umgehende Lösung. Er startete eine weltweite Suchaktion über diverse Agenturen und Nachrichtendienste, setzte eine Prämie für hilfreiche Hinweise aus und mobilisierte mit erheblichem Mitteleinsatz zahllose Informanten. Nur drei Wochen später lag ihm die gewünschte Information vor: Dieses spezielle Netsuke befand sich seit 2031 im Fundus des UNTACH in Peking. Damit begann es richtig schwierig zu werden.
Yamagata Aritomo wies ihn an, ihm dieses Netsuke zu besorgen. Nach der Sondierung möglicher Optionen für diesen Auftrag musste er Aritomo eine Antwort geben, die dieser noch nie von ihm gehört hatte: Dass das unmöglich sei, außer man würde eine militärische Aktion durchführen, mit unabsehbaren Risiken nicht nur für Tamagi, sondern auch für das Objekt. Das Netsuke war an seinem Aufbewahrungsort absolut sicher und nur Wissenschaftlern zugänglich, und dies nur innerhalb des Sicherheitsbereichs. Alle befragten Insider hatten versichert, dass es keinen realistischen Weg gäbe, das Objekt aus dem UNTACH herauszubekommen.

Damals fand der erste Wutausbruch seines Chefs in dieser Sache statt und es bedurfte langer Erläuterungen durch angesehene Spezialisten, bis Yamagata die Situation endlich akzeptierte und ein anderes Vorgehen befahl.

An sich war nicht der Besitz der kleinen Schnitzerei sein Hauptanliegen, sondern dessen genaue Untersuchung und der Zugang zu allen Informationen, die daraus abzuleiten waren. Wenn man das nicht außerhalb des UNTACH durchführen konnte, nun gut, dann musste es eben da drinnen stattfinden. Je länger Yamagata dies überdachte, umso mehr freundete er sich mit der Idee an. Nirgendwo sonst hätte man bessere Speziallabore und Fachleute der benötigten Disziplinen zur Verfügung als genau dort, wo sich das Netsuke jetzt befand. Außerdem war die Kontrolle über die Ergebnisse in so einer hermetisch abgeriegelten Umgebung gut gewährleistet. Aber die Untersuchung im UNTACH stellte sich als ein sehr komplizierter Vorgang heraus. Die strengen organisatorischen Richtlinien waren massive Hemmnisse, die es mit viel Geduld zu überwinden galt.

Inzwischen lagen diverse Dokumente zu diesem Netsuke vor, auch Expertisen und Auszüge aus Fachbüchern. Einen Kunstgegenstand aus dem UNTACH zu entwenden mochte ein Ding der Unmöglichkeit sein, aber dort archivierte Informationen anzuzapfen und zu kopieren, war eine ganz andere, für sie durchaus machbare Angelegenheit. Yamagata wusste bald, dass keiner der Experten, die dieses Netsuke in der jüngeren Vergangenheit intensiv begutachteten und dokumentierten, irgendeine Aufschrift oder eine versteckte Botschaft entdeckt hatte. Es musste eine umfassendere, noch fachkundigere Untersuchung veranlasst werden. Dies ging am besten über einen entsprechenden Forschungsauftrag, wie ihm Kontaktleute aus dem UNTACH-Umfeld versicherten.

Der richtige Ansatz wurde nach zwei fehlgeschlagenen Versuchen aufgrund der hieraus abgeleiteten Erfahrungen gefunden.

Der Tamagi-Konzern unterhielt eine Stiftung, über die zur Imagepflege des Unternehmens zahlreiche kulturelle und soziale Aktivitäten gefördert wurden. Schwerpunkte waren neben humanitären Projekten in Entwicklungsländern, im Umweltschutz und bei Kinderheimen vor allem Sportsponsoring und Stipendien für Nachwuchskünstler. Es wäre somit ein

unauffälliger Schritt, ein Projekt der Kulturgüterforschung zu finanzieren, zum Beispiel an etwas typisch Japanischem mit einem gewissen Bezug zu Tamagi – etwa an einem Netsuke, das früher im Familienbesitz des Konzerngründers war.
Über einen dem Unternehmen verpflichteten Professor an der Tokyo Universität wurden ein entsprechend fachlich fundierter Ausschreibungstext entworfen, eine passende Hintergrundgeschichte erfunden und die notwendigen Kontakte zu den zuständigen Entscheidungsträgern hergestellt. Nach über einem Jahr weiterer Vorbereitungen kam man Ende 2034 dem Ziel näher und hatte die Freigabe durch die UNTACH-Gremien. Die Bereitstellung eines sensationell großzügigen Förderbudgets von über zehn Millionen Dollar aus dem Tamagi-Stiftungsfond ergänzte man mit einigen Gefälligkeiten an den richtigen Stellen in der Behördenmaschinerie. Im März 2035 war eine offizielle UNTACH-Projektausschreibung platziert und international in den einschlägigen Fachmedien und Wissenschaftskreisen angemessen publik gemacht. Diese Ausschreibung ging anschließend den ganz normalen Weg der Entscheidungsprozesse in der UN-Behörde, absolut korrekt und dem Wissenschaftsethos entsprechend. Allerdings mit elegant arrangierten Nebenaspekten wie dem Mitspracherecht des Förderfonds bei der Auswahl des Projektleiters, natürlich auf Vorschlag der wissenschaftlichen Beratergremien. Dem Projektteam wurde strikte Vertraulichkeit für die Projektlaufzeit auferlegt, also vor der Veröffentlichung dieser Monographie über das Masanao-Netsuke.
Auf dieses thematisch einzigartige und finanziell attraktiv ausgestattete Projekt bewarben sich Forschungseinrichtungen und Experten aus aller Welt. Die externen Gutachter empfahlen nach sorgfältiger Prüfung der eingereichten Projekt-Exposés den international renommierten deutschen Elfenbeinspezialisten Doktor Marco Renke und vier von ihm ausgewählte Spezialisten für das Forschungsvorhaben. Im Oktober 2035 stand fest, dass die UNTACH Gremien nach kurzer Abstimmung mit der Tamagi-Stiftung diesem Gutachtervotum folgen würden. Yamagata gab seinem Sicherheitschef die klare Vorgabe, dass er über jeden noch so kleinen Schritt im Bilde sein wollte, sobald dieses Team im Mai 2036 mit seinen Untersuchungen im UNTACH startete.

Als Abe Tomoji fortan mehr in Peking als in Tokyo war um entsprechende Vorkehrungen zu treffen, wurde ihm bald bewusst, wie schwer diese Aufgabe war. Die Sicherheitssysteme im UNTACH waren so weit entwickelt, dass sie keine normalen Überwachungsmethoden einsetzen konnten. Diese hätten ständig einen Alarm ausgelöst. Zwar hatte das frühzeitige Einschleusen seines Abhörexperten Jimmi in den UNTACH-Sicherheitsdienst die Möglichkeit eröffnet, die Rolix- sowie sonstige elektronische Kommunikation des Teams anzuzapfen und auch einzelne Raumabhörinstallationen vorzunehmen, aber nur punktuell. Diese Wissenschaftler wuselten in unterschiedlichsten Bereichen des UNTACH herum und in vielen hiervon hatte Jimmi keinen Zugang. Abe war in einer wirklich schwierigen Situation.
Dass er für diese Nacht den falschen Dolmetscher einbestellt hatte, nämlich für Englisch, ärgerte ihn furchtbar, denn dies war natürlich sein persönlicher Fehler! Aber er hatte bereits eine Idee zur Lösung seiner Probleme und am nächsten Tag würde er die geeignete Person hierfür treffen.

Zeitgleich mit der nächtlichen Szene im Tamagi Tower spielte sich in den Tiefen des UNTACH Ungewöhnliches ab, im Raum von ›The Wall‹. Nachdem der Sicherheitsdienst einen stillen Alarm an der Zugangstür festgestellt hatte, sondierte ein Team von vier bewaffneten Sicherheitsleuten den Raum zusammen mit einem aus dem Schlaf gerissenen Mitarbeiter der Visualisierungsabteilung, der in dieser Nacht Notdienst hatte. Während die Sicherheitsleute ausschwärmten und den gesamten Raum nach Verdächtigem absuchten, checkte der Informatik-Experte aus dem Team von Professor Wang die Systeme auf Manipulationen oder Fehlfunktionen, ohne Befund. Nach etwa einer Stunde sorgfältiger Überprüfung verließ man wieder den Raum. Zurück blieb allerdings eine unauffällige Manschette an einem der Datenkabel zwischen dem VR-Computersystem und dem Hauptrechner in der Operatorkabine, die vorher noch nicht dort zu finden war. Außerdem befand sich nun in einem der Projektorgehäuse eine winzige Speichereinheit, die in der Lage war, die durch die Manschette angezapften und übertragenen Eingabedateien aufzuzeichnen, bevor sie in die hochkomplexe Visualisierungstechnologie eingespeist wurden.

Wenig später ging eine verschlüsselte Nachricht von Jimmi Lin an Michiko Keiko, die sich daraufhin etwas entspannen konnte und völlig übermüdet gegen fünf Uhr auf ein Sofa in ihrem Büro sinken ließ. Zwar konnte man die hochkomplexen 3-D-Bilder noch immer nicht erfassen, aber Kopien einzelner Bilddateien vor der Umwandlung in die Virtuelle Realität waren möglich und so zumindest eine kleine Verbesserung erreicht. Während Michiko erschöpft nach diesem unangenehmen Tag und einer nicht minder stressigen Nacht einschlief, jagten ihr albtraumhafte Gedanken an einen Adler und einen Affen durchs Unterbewusstsein. So wie es auch anderen schon gegangen war.

Verpasste Chancen

Fast genau vier Jahre vor dieser für Abe und Michiko so schwierigen Situation in Peking hatte in Aschaffenburg jemand eine ähnlich schlaflose Nacht, und die Ursache stand in engem Zusammenhang mit den späteren Vorgängen im UNTACH. Thomas Bauer, ein in fünfunddreißig Dienstjahren ergrauter Gymnasiallehrer für Mathematik und Physik, wälzte sich damals mit wirren Gedanken an eine kleine Adler-Schnitzerei in seinen von fiebrigem Nachtschweiß feuchten Laken.

Seit einer Woche litt er unter einer starken Bronchitis und war krankgeschrieben. An diesem Abend hatte der Bettlägerige aus Langeweile einen dicken Stapel Zeitschriften durchgeblättert, mit dem ihn ein manchmal etwas zu fürsorglicher Kollege samt noch unreifem Obst und diversen sinnlosen Hausmittel-Empfehlungen versorgt hatte. Für Fachartikel oder ein Buch hatte Bauer in seinem Zustand keinen Kopf, aber ständig nur Fernsehen nervte ebenfalls. Also waren die bunt gemischten Zeitschriften eine willkommene Abwechslung, auch wenn ihn die meisten Themen wenig interessierten. Da gab es jede Menge Yellow Press, ein paar Motorsport-Journale, diverse Hi-Fi-Fachzeitschriften, zwei Fitness-Illustrierte und ein Antiquitäten-Magazin.

Von letzterem hatte er sich etwas mehr fesseln lassen, denn es erinnerte ihn an seinen Onkel Helmut Bauer, der ein fast schon fanatischer Trödel- und Antiquitätensammler gewesen war. Als Kind war Thomas mit seinen Eltern regelmäßig bei ihm in dem kleinen Weinort Randersacker bei Würzburg zu Besuch. Damals fand er es toll, in dem mit allen möglichen Kuriositäten vollgerümpelten Fachwerkhaus am Mainufer herumzustöbern. Später, als er in Berlin studierte – und vor allem nach dem Tod seiner Eltern, war der Kontakt zu dem eigensinnigen und zunehmend verwirrten Onkel allmählich abgebrochen. Von gelegentlichen Telefonaten zu Feiertagen und einem einzigen Kurzbesuch abgesehen, als er auf der Durchreise zu einer Weiterbildung in Bamberg bei ihm auf ein Glas Wein vorbeischaute. Er hatte dieses Wiedersehen in unangenehmer Erinnerung. Der stark gealterte und etwas senil wirkende Verwandte interessierte sich überhaupt nicht für ihn, sondern brabbelte die ganze Zeit von irgendwelchen geheimnisvollen

Abenteuern in Afrika, Asien und auf einsamen Inseln. Thomas Bauer war damals froh, nach einer Stunde das miefige, verkommene Haus endlich wieder verlassen zu können.
Mit Gewissensbissen dachte er daran zurück, dass er den einzigen verbliebenen Verwandten in dessen letzten Jahren nicht mehr besucht hatte. In seiner Kindheit genoss er viele schöne und die Fantasie anregende Stunden in dessen verwinkeltem und gespenstischem Haus. Thomas musste sich sogar eingestehen, dass er nicht mehr wusste, welchem Beruf der Alte nachgegangen war. Er kannte ihn nur als den ›Trödler‹, wie sein Vater den Bruder immer genannt hatte, der sein Leben in diesem alten Haus oder auf Flohmarkt-Reisen verbrachte.
Schon als im Jahr 2015 die amtliche Nachricht vom Tod seines Onkels im Briefkasten lag, hatte er sich im Stillen für seinen Egoismus und seine sogar innerhalb der eigenen Familie geringe Empathie zutiefst geschämt. Aber es war zu spät und nicht mehr zu ändern. Alles, was er noch tun konnte, war sich um die Bestattung und den Nachlass zu kümmern und dies tat er mit nach seiner Meinung angemessener Pietät und nachträglicher Wertschätzung.
Das Amtsgericht hatte ihn als einzigen Erben ermittelt und so war er der Besitzer des alten Hauses am Main geworden. Thomas Bauer hatte zu jener Zeit gerade in seiner Geburtsstadt Aschaffenburg wieder Fuß gefasst. Hinter ihm lagen eine zerrüttete und geschiedene Ehe, mehrere gescheiterte Beziehungen und zehn zermürbende und frustrierende Jahre in einer der sogenannten ›sozialen Brennpunktschulen‹ in Berlin. Er befand sich mitten in der Neuordnung seines Lebens, privat wie beruflich, als ihm diese Erbschaft so unerwartet zufiel.
Als er nun, über fünfzehn Jahre später, mit fiebrigen Augen in der Zeitschrift weiterblätterte, ohne den Inhalt richtig wahrzunehmen, dachte er an jene Zeit zurück. Er war öfters nach Randersacker gefahren, hatte die erforderlichen Behördendinge erledigt. Mit Hilfe einer Nachbarin seines Onkels, die sich anscheinend in dessen letzten Jahren ein wenig um ihn gekümmert hatte, betrat er damals mit sehr gemischten Gefühlen das Haus.
Noch immer waren die engen, altertümlichen Räumlichkeiten mit unzähligen Sammlungsstücken, alten Büchern und Stapeln von Papieren und Kartons vollgepackt. Muffiger Staub sowie der Geruch nach altem, teilweise sicher

bereits schimmelndem Hausrat und Müll machten einem das Atmen schwer. Er ließ den teils unangenehmen, teils nostalgischen Gedanken wie auch seinem immer stärker werdenden schlechten Gewissen keinen Raum. Er wollte nach vorne, nicht zurück blicken und deshalb dies alles möglichst schnell erledigen.
Es gab einige wenige Lieblingsgegenstände in diesem Haus, an denen er schon als Kind hing und die im Nachlass noch vorhanden waren. Diese packte er als persönliche Erinnerungsstücke zusammen und würde sie behalten. Dazu gehörten ein Sammelalbum mit Briefmarken aus aller Welt, einige alte Landkarten und ein mit Samt ausgepolsterter Setzkasten voller kleiner Figuren. Da er als Kind diese Dinge nur unter Aufsicht und ganz vorsichtig anfassen durfte, ging er davon aus, dass sie einen gewissen Wert darstellen mussten. Einige weitere Objekte, die ihm, dem absoluten Laien, als vielleicht wertvoll erschienen, lieferte er zur Versteigerung in ein Auktionshaus in Würzburg ein. Alles andere überließ er einem auf Haushaltsauflösungen spezialisierten Unternehmen mit Sitz in Frankfurt, das er im Internet recherchiert und kontaktiert hatte.
Man machte ihm nach Begehung des Hauses wenige Tage später ein akzeptables Angebot und nach Abzug aller Entrümpelungs- und Entsorgungskosten verblieb sogar ein kleiner Betrag für ihn. Das alte Fachwerkhaus war über einen Makler bereits sieben Monate später verkauft, wenn auch aufgrund des sehr renovierungsbedürftigen Zustands und eines deutlichen Hausschwammbefalles nur zum Grundstückswert. Dies alles eröffnete Thomas damals einen weiterhin bescheidenen, aber merklich verbesserten finanziellen Freiraum, wie er es so vorher nie nicht gekannt hatte.
Eine erfreuliche Rolle spielte der Inhalt jenes Setzkastens, die ›Miniatur-Menagerie‹, von der er früher ganz fasziniert gewesen war. Es waren etwa vierzig kleine Tierfiguren, überwiegend aus Holz oder Hirschhorn und wie er allerdings erst viel später herausfand einige aus Elfenbein. Ähnliche Figuren waren ihm manchmal in den Auslagen von Antiquitätengeschäften aufgefallen, solche alte Spielsachen schienen einiges wert zu sein.
Als er einige Wochen später in Wien eine Bekannte besuchte, nahm er die kleinen Schnitzereien mit, da dort sicher ein besserer Markt für so etwas

bestand als in Unterfranken. Die Figuren erwiesen sich als eine Sammlung von echten asiatischen Schnitzereien, die nach Auskunft des Inhabers eines Antiquitätengeschäftes jeweils zwischen einhundert und fünfhundert Euro wert seien. Der Händler machte Thomas Bauer auf der Stelle ein Angebot: Achttausendfünfhundert Euro pauschal für alle zweiundvierzig Schnitzereien. Dies war für Thomas damals eine erhebliche Summe Geld und er zögerte nicht. Ihm persönlich fehlte jeglicher Bezug zu solchen Dingen, außer dass er eben mit diesen Tierfigürchen als Kind früher gerne gespielt hatte. Er wollte sich mit derartigem Nippes nicht belasten und beglückwünschte sich selbst zu der klugen Entscheidung, diesen Kitsch dem allgemeinen Nachlass entnommen und in Wien nun so vorteilhaft in gutes Geld verwandelt zu haben.

All das ging Thomas Bauer an diesem Juliabend im Jahr 2032, schweißgebadet in seinem Bett in Aschaffenburg liegend, wieder durch den Kopf. Schon wenige Jahre nach der damaligen Kurzschlusshandlung wurde ihm bewusst, dass er weit unter Wert verkauft hatte. Er stieß im Internet zufällig auf einen Artikel, in dem Abbildungen von ähnlichen Objekten zu sehen waren, mit Preisen, die ein Vielfaches dessen ausmachten, was er in Wien dafür erhalten hatte. Aber das war eben eine andere Zeit gewesen, er befand sich damals in einer schwierigen Lebensphase und es half nichts, verpassten Chancen nachzutrauern.

Dann elektrisierte ihn schlagartig eine Zeichnung auf der Seite der Antiquitätenzeitschrift, zu der er gerade umgeblättert hatte. Dort war tatsächlich eine kleine Elfenbeinschnitzerei abgebildet, die einen Adler mit einem Affen in den Klauen darstellte. In der Annonce, in der dieses Bild zu sehen war, bat eine Kunstagentur um sachdienliche Hinweise zum Aufenthaltsort dieses Objekts. Es handele sich um ein altes Familienerbstück, an dessen Wiedererwerb ein Klient der Agentur großes Interesse habe und ein erhebliches Honorar für solche Hinweise auslobe. Als ideellen Wert, den man für den Erwerb der Schnitzerei bereit sei zu zahlen, waren bei unversehrtem Zustand bis zu dreißigtausend Euro angegeben.

Thomas Bauer starrte lange auf das Bild – und er war sich fast sicher, dass in dem Setzkasten damals auch so ein kleiner Adler mit einem Affen in den

Fängen vorhanden war. Diese Figur sah genau so aus wie jene in der Annonce hier. Ihm wurde noch schlechter, als ihm sowieso schon war. Dann redete er sich mit aller Macht ein, dass es solche Zufälle nicht geben konnte, dass sein Onkel eine solche Kostbarkeit bestimmt nicht besessen und er selbst sie nicht verschleudert hatte. Es folgte eine Nacht voller wilder Albträume, in denen er sich in der Rolle eines hilflosen Affen sah, dessen Schicksal ein mächtiger Adler gnadenlos besiegelte. Am nächsten Morgen wachte er mit heftigen Brustschmerzen auf und es ging ihm schlechter denn je.

Zwei zufriedene Chefs

Im Gegensatz zu seinen Leuten hatte Yamagata Aritomo eine ausgesprochen angenehme Nacht hinter sich, in den Armen seiner momentanen Geliebten. Er kam gerade aus seinem Ankleideraum zurück ins Schlafzimmer und sah bewundernd auf die wohlgeformte Silhouette von Elsa vor der breiten Fensterfront. Der vom ewigen Großstadtsmog getrübte Himmel war am Horizont mit einem blutfarbenen Morgenrot überzogen und die großgewachsene Frau mit ihrer wallenden tizianroten Löwenmähne sah in dem hauchdünnen Negligé vor dieser Kulisse atemberaubend aus.

Er hatte Elsa vor einem halben Jahr in einem Spielkasino in Macao kennengelernt und genoss seither ihre ausgesprochen unterhaltsame Gesellschaft. Sie war die Tochter eines schwedischen Bankdirektors und dessen spanischer Frau, gebildet, attraktiv und lebensfroh. Nach ihrem Abschluss an der Kunstakademie in Stockholm hatte sie vor zehn Jahren als selbständige Grafikdesignerin kleinere Aufträge für verschiedene internationale Medienkonzerne übernommen, die sie rund um die Welt führten.

Elsa verabscheute eine geregelte Arbeitszeit und jegliche Vereinnahmung durch irgendwelche Auftraggeber. Sie verbrachte phasenweise mehr Zeit in den Luxushotels und Spielcasinos dieser Welt als in ihrem vor zwei Jahren eröffneten eigenen Studio in New York. Dort kümmerte sich ein Stab ebenfalls noch junger und erfolgshungriger Mitarbeiter um das Routinegeschäft. Elsa als kreativer Kopf des Teams war bekannt für ihre genialen, innovativen Ideen und brillante, den Zeitgeist treffende Einfälle zur grafischen Umsetzung. Ihre Kunden vergüteten dies entsprechend, sodass sie schon bald ein elitäres Leben im Kreise des globalen Jetsets führte.

Yamagata hatte seine obligatorische tägliche Stunde im Gym nebenan bereits hinter sich, als er frisch geduscht und mit einem Glas Sojamilch in der Hand das Schlafzimmer betrat.

Elsa war erst vor wenigen Minuten aufgewacht, hielt aber schon ein Glas Champagner in der Hand und warf ihrem augenscheinlich dynamischen Liebhaber einen beinahe vorwurfsvollen Blick zu.

»Ahh, mein Engel«, seufzte sie, »musst du mir jeden Morgen so ein schlechtes Gewissen machen? Du hast doch kaum vier Stunden geschlafen.

Das ist unmenschlich, schon wieder so fit zu sein – und so unverschämt gut auszusehen um diese Zeit!«
Sie umarmten sich und genossen die körperliche Nähe zueinander, als hätten sie sich seit Wochen nicht mehr gesehen. Für beide war diese Vertrautheit ausgesprochen ungewöhnlich. Frühere Beziehungen waren eher oberflächlich verlaufen und selbst die fast zwanzigjährige erste und einzige Ehe von Yamagata hatte ihm nicht diese tiefe Verbundenheit und Erfüllung vermittelt, die er mit Elsa teilte. Nachdem seine Frau vor zehn Jahren bei einem Helikopterunfall ums Leben gekommen war, hatten zwar viele Frauen sein Bett geteilt, aber ihn keine wirklich interessiert. Mit Elsa war das etwas völlig anderes.
Wenngleich sie es – wie eben jetzt – liebte, ihn zu necken, denn seine oft unverhohlene Eifersucht war leicht zu wecken und das Spiel mit dem Feuer lag ihr im Blut. »Wer ist übrigens der attraktive Mann dort auf dem Foto – du musst ihn mir unbedingt einmal vorstellen, er sieht so ganz anders aus als dein üblicher Umgang.«
Elsa hatte einen flüchtigen Blick auf den Stapel Papiere auf dem Couchtisch geworfen, als sie sich dort den Champagner einschenkte. Es war anscheinend eine Akte über einen Geschäftspartner von Aritomo. Inzwischen wusste sie, dass er nichts dem Zufall überließ, sondern vor allen Gesprächen oder Verhandlungen der wahrscheinlich am besten informierte Mensch war, den sie je getroffen hatte. Ein riesiger, perfekt von Naomi Saito organisierter Stab von Assistenten und Managern sorgte dafür, dass der Konzernchef alle wichtigen Informationen exakt zum richtigen Zeitpunkt und in der exakt richtigen Dosierung zur Verfügung hatte.
Yamagata lachte gut gelaunt kurz auf, griff sich das Dossier über Marco Renke, drückte es Elsa in die Hand und verriet: »Du wirst ihn vielleicht wirklich einmal kennenlernen, es könnte jedoch noch recht lange dauern – er jagt in einer anderen Welt einen Adler für mich. Ihr habt übrigens einiges gemeinsam: Auch dieser Mann hasst Hierarchien, hat seinen eigenen Kopf und ist beeindruckend gut bei allem was er tut. Er ist ein Forscher, für den der ›Elfenbeinturm der Wissenschaft‹ mehr als eine Floskel ist. Elfenbein ist sein Leben! Ich muss los, Honey, bis heute Abend, ich melde mich zwischendurch. Genieße den Tag!«

Das hatte nun ihre Neugier wirklich geweckt und während Yamagata den Raum verließ, warf Elsa nochmals einen interessierten Blick auf das Foto, das ein markant geschnittenes, sympathisch lächelndes Gesicht eines Manns um die fünfzig mit einem fülligen grauen Haarschopf und ebenfalls grauem Dreitagebart zeigte. Auf der nächsten Seite kam eine tabellarische Vita. Sie entnahm dem Geburtsdatum, dass dieser Herr schon deutlich über sechzig war. Da sein dort skizzierter Lebenslauf schon auf den ersten Blick interessant wirkte, setzte sie sich in einen Sessel und begann weiter in den Unterlagen zu lesen.

Marco Renke war 1970 in dem kleinen Ort Stockelsdorf bei Lübeck als einziger Sohn eines Buchhändlers und einer Verwaltungsangestellten der Stadtwerke geboren worden. Er war der erste in der ganzen Familie, der Abitur machte, nahm später ein Studium auf und schlug eine akademische Karriere ein. In dem Dossier wurde erwähnt, dass er als Kind und Jugendlicher eher das Gegenteil eines Strebers war. Dennoch zählte Renke in fast allen Fächern am Gymnasium zu den Besten, obwohl er mehr Zeit mit seinen Freunden auf dem Sportplatz oder an der Ostsee verbrachte als vor seinen Büchern.

So ging es im Studium weiter, wo er zunächst in Hamburg und dann in Darmstadt Werkstoffwissenschaften studierte und in Rekordzeit und mit Bestnoten sein Diplom und später die Promotion ablegte. Er hatte vielseitige private Interessen, wusste angeblich dennoch das Leben alterstypisch zu genießen. Seine Dissertation hatte die umfassende Charakterisierung von historischen Elfenbein-Objekten zum Thema und er entwickelte neue Untersuchungsmethoden für dieses Material, welche die Einordnung prähistorischer Funde wesentlich verbesserten.

Nach Studienabschluss mit ›summa cum laude‹ schlug er zahlreiche attraktive Stellenangebote aus der Industrie aus. Stattdessen nahm er 1996 ein eher schlecht bezahltes, einjähriges Forschungsstipendium in Erbach im Odenwald an, das die materialwissenschaftliche Unterstützung bei der Neugestaltung des Deutschen Elfenbeinmuseums zum Inhalt hatte. Nach Abschluss dieses Projekts publizierte er, gefördert durch die Deutsche Forschungsgemeinschaft, auf der Basis seiner Promotionsarbeit und der neuen Erkenntnisse aus Erbach ein richtungweisendes Standardwerk über

Elfenbein, das fast alle Facetten dieses Materials behandelte. In mehr als zehn Sprachen übersetzt, positionierte ihn dies binnen kurzer Zeit als einen weltweit gefragten Sachverständigen.
Mit dreißig hatte er einen herausragenden Ruf in Fachkreisen, der in keiner Relation zu seinem jugendlichen Aussehen und seiner ausgesprochenen genussreichen Lebensart stand. Die folgenden Jahre von 2000 bis 2010 verbrachte er mit diversen Forschungsarbeiten an Universitäten und Instituten in Boston, New York, Peking, Tokyo, Johannesburg, Prag, München, Berlin und London und wirkte praktisch bei fast allen internationalen Großprojekten jener Zeit mit, bei denen Elfenbein eine Rolle spielte. Hierbei erweiterte Doktor Renke seine Kompetenzen auf viele kunsthistorische Bereiche und baute so sein Alleinstellungsmerkmal in der Fachszene weiter aus. Es gab bald kaum einen Aspekt zum Thema Elfenbein, mit dem er sich nicht selbst intensiv wissenschaftlich bei den besten Institutionen beschäftigt hatte.

Renke war ein Weltreisender mit ständig wechselnden Arbeitgebern und überbrückte kleinere, ihm sehr willkommene Lücken in seiner dichtgedrängten Agenda durch erholsame Aufenthalte auf den Malediven und in der Karibik. In diesen Auszeiten blendete er sein ansonsten sehr fokussiertes Arbeitsleben komplett aus und genoss das Leben in vollen Zügen.
Das Jahr 2011 brachte eine Wende. Er ging auf das sehr attraktive Angebot der Nanyang Universität in Singapur ein, die Leitung der neu aufzubauenden Elfenbeinsammlung im Nationalmuseum samt hieran angeschlossenem Forschungslabor zu übernehmen. Die fachliche Perspektive und das Projektvolumen waren ebenso beeindruckend wie sein Honorar, woraufhin er den auf fünf Jahre ausgelegten Auftrag übernahm. So lange war er noch nie an einer Stelle geblieben. Aber sein Vertrag ließ ihm erhebliche Spielräume, auch was Abwesenheitszeiten und Reisebudgets betraf, sodass er weiterhin seine internationalen Beziehungen und Studien intensiv pflegen konnte.
Die Jahre in Singapur waren für ihn sehr lehrreich – denn ihm wurde bewusst, dass ein solcher an sich ja typischer Karriereweg, hin zu mehr

Management und weniger eigener Forschungsarbeit, absolut nichts für ihn war. Bereits nach drei Jahren verlagerte er seine Prioritäten wieder zu mehr Kurzzeiteinsätzen, parallel zu seiner Hauptarbeit in Singapur, und unterstützte zahlreiche kleinere, aber inhaltlich interessante Forschungsarbeiten in Deutschland, Frankreich und Indien.

Das war das Leben, das Marco Renke sich vorstellte, mit ständig neuen Impulsen und auch kultureller und privater Abwechslung, in kleinen Teams und mit spannenden Aufgaben. Nach Ende der Vertragslaufzeit zog er die persönlichen Konsequenzen und lehnte ein sehr attraktives Angebot ab: In Singapur als Professor und Dekan nicht nur den speziellen Lehrstuhl und das Labor im Nationalmuseum, sondern den ganzen Fachbereich Materialwissenschaften an der Nanyang zu leiten. Finanziell war er inzwischen, obwohl erst Mitte vierzig, recht unabhängig und seine Rücklagen wuchsen kontinuierlich, auch durch die Einnahmen aus Buchtantiemen und Vortragshonoraren. Er widmete sich also stattdessen wieder seinem wissenschaftlichen Globetrotter-Leben und genoss dies über die folgenden zwanzig Jahre, ohne der ständigen Veränderungen und Reisebelastungen müde zu werden.

Mit zahlreichen Wissenschaftsauszeichnungen geehrt, als Gastdozent an diversen Hochschulen und nachgefragter Gastredner und Gutachter bei Museen, Ausgrabungen und im Antiquitätengewerbe entwickelte sich Renke zu einer festen, sehr geschätzten Größe im internationalen Wissenschaftsbetrieb. Als letzte Position in der langen Aufzählung seiner Tätigkeiten las Elsa, dass er bis März dieses Jahres ein Forschungsprojekt über Inuit-Kunst aus Walrosselfenbein in einem Institut in Kalifornien geleitet hatte.

Das Dossier, das Elsa bei einem zweiten Glas Champagner interessiert bis zum Ende durchblätterte, enthielt erschreckend detaillierte intime Informationen über diesen Doktor Marco Renke. Im Kontext eines umfangreichen psychologischen Profils waren seine sexuelle Orientierung als heterosexuell-promiskuitiv, seine soziale Grundhaltung als empathisch und seine politische Haltung als sozial-liberal dargestellt. Es folgten unzählige Detailaussagen zu einzelnen Charaktereigenschaften und Interpretationen seiner Handlungsweisen und Motivationen. Elsa fragte sich mehrfach, wie es von außen ohne Wissen des Betroffenen möglich sein konnte, das ganze Leben eines

Menschen so zu durchleuchten und seine Persönlichkeit so umfassend zu charakterisieren. Sie empfand dies als wirklich beunruhigend und nahm sich vor, Aritomo bei nächster Gelegenheit zu fragen, ob er auch über sie ein solches Dossier hätte!

Sehr angenehm und befriedigend war für Elsa das Fazit, das am Ende des Dossiers gezogen wurde. Renke wurde, wie sie die ausführlichen psychologischen Ausführungen für sich selbst kurz zusammenfasste, als ein rundum glücklicher, in sich ruhender und sehr zuverlässiger Mensch dargestellt. Nicht nur aufgrund seiner fachlichen Qualifikation, sondern auch aufgrund seines Persönlichkeitsprofils bewertete man ihn als optimale Besetzung für die ausgeschriebene Position. Dieser Mensch schien absolut im Reinen mit sich, seinem Leben, seiner Umgebung und seiner beruflichen Karriere zu sein.

Obwohl Elsa keine Ahnung hatte, was er genau für Aritomo tat oder tun sollte, machte sie der Gedanke an einen so zufriedenen Menschen irgendwie selbst noch ein wenig glücklicher als sie sowieso schon war. Sie legte die Unterlagen zur Seite, trank ihren Champagner aus und machte sich auf den Weg ins Bad und in einen sicher sehr angenehmen Tag.

Ein Adler stellt sich vor

Wie abends verabredet, saß das gesamte Team um zehn Uhr vormittags wieder zusammen, diesmal an dem runden Besprechungstisch in Marcos Büro. Jeder hatte sich mit einem Humpen Kaffee oder Tee versorgt, sein Smartpad vor sich und den Kopf voller Ideen.

»Prima, dann können wir ja loslegen«, eröffnete Marco die Runde. »Wie gerade beim Kaffeeautomat besprochen, werden wir die gemeinsame Begutachtung der Schatulle auf den Nachmittag verschieben. Lasst uns heute Vormittag eine Tour-de-Table machen, bei der jeder zusammenfasst, wo er bei seiner individuellen Recherche zu unserem Masanao-Netsuke steht. In einer zweiten Runde können wir hinterher über die nächsten Schritte diskutieren. Einverstanden?«

Das war allen recht. Claudia schaltete das Mikrofon für die Aufzeichnung der Besprechung ein und auf Marcos Aufforderung hin, begann Frank mit seinem Vortrag.

»Wie ihr wisst, war es mein Job während der letzten Tage, eine erste kunsthistorische Einordnung dieses Netsuke vorzunehmen, als Einstieg in sorgfältigere Recherchen zum Schnitzer Masanao und diesem speziellen Thema ›Adler und Affe‹. Ich habe die Erkenntnisse daraus in einem vierunddreißigseitigen Exposé ausführlich formuliert, das im gemeinsamen Projektordner unter ›Masanao und der Adler‹ abgelegt ist. Dort könnt ihr alle Details nachlesen, einschließlich Quellenangaben, Fotodokumentation und Hinweisen auf einschlägige Hintergrundliteratur. Vorweg noch mal zur Erinnerung: Wir haben es hier mit jenem Künstler Masanao zu tun, der im achtzehnten Jahrhundert in Kyoto gewirkt hat. Er ist bereits im Schnitzer-Verzeichnis ›Soken Kisho‹ von Inaba Tsuryu aus dem Jahr 1781 aufgeführt, dem ersten Buch überhaupt, in dem auf Netsuke näher eingegangen wurde. Es gibt noch eine ganze Reihe anderer, ebenfalls mit dem Namen Masanao signierender Netsuke-Schnitzer. Die sind jedoch alle zeitlich später einzuordnen und lebten in der historischen Provinz Ise, welche in der heutigen Präfektur Mie lag, also südlich von Nagoya. Diese Ise-Masanao arbeiteten im Gegensatz zu ihrem Namensvorgänger aus Kyoto bevorzugt in Holz und seltener in Elfenbein und widmeten sich deutlich anderen

Themen und Darstellungen als die Werkstätten in Kyoto. Auch die Signaturen unterscheiden sich, vor allem durch eine andere Schreibweise der Silbe ›nao‹. Sie setzten nur zwei horizontale Linien ein, während der Kyoto-Masanao stets drei Linien benutzte. Eine Unterscheidung ist somit sowohl anhand der Signatur als auch des Schnitzstils, der Themen und der Gestaltung möglich.

Doch nun zu unserem Masanao aus Kyoto, über den leider praktisch keine biographischen Daten vorliegen. In seinem Werk dominieren Tierdarstellungen, und zwar überwiegend Tiere des Zodiakus, also der zwölf chinesischen Tierkreiszeichen. Das entsprach dem damaligen Zeitgeist in der Kaiserstadt und war nach Meinung vieler Kunsthistoriker stark durch Maruyama Okyo beeinflusst. Dieser Maler wurde in jenen Tagen vor allem für seine auf genauem Naturstudium beruhenden Tierbilder geschätzt. Im Gegensatz zu mehr am allgemeinen Modetrend orientierten Schnitzern, die zu jener Zeit in Kyoto arbeiteten, beispielsweise dem berühmten Tomotada, kann man Masanao in mancher Hinsicht als Außenseiter bezeichnen. Er wagte sich an eigenwillige und im Ausdruck einzigartige Darstellungen, ohne dass sich andere durch seinen Stil nachhaltig beeinflussen ließen. Während diese eher naturalistisch arbeiteten, liebte Masanao es, etwas zu überzeichnen, also zu einer gewissen Übertreibung.

Seine Tiere wirken deutlich robuster, sind individueller gestaltet und haben einige typische Merkmale. So weisen sie große, lebendig leuchtende Augen auf, die zumeist aus schwarzer Koralle oder schwarzem Horn eingelegt sind. Sie haben in der Regel große Ohren, einen mächtig gewölbten Brustkorb und kräftige Gliedmaßen und Tatzen. Es gelang ihm, eine lebendige Dynamik und Bewegung auszudrücken, seine Netsuke wirken nie starr oder statisch. Was das Thema und die Form angeht, stimmt unser Adler gut mit dem für ihn typischen Stil und Sujet überein. Dass er das Zodiakus-Tier in diesem Kunstwerk, den Affen, als unterlegenes Opfer des eher profanen Adlers darstellt, ist ganz typisch für seinen speziellen Humor. Auch die Signatur auf unserem Netsuke ist sehr authentisch. Wie fast immer bei Masanao steht sie in einer prägnanten ovalen Kartusche. Sie hat die bereits angesprochenen drei waagrechten Linien im ›nao‹ und ist dezent, nämlich an der Unterseite der Figur, platziert. Genauso charakteristisch für

Masanao ist die Anordnung der beiden Himotoshi, also der Schnurlöcher. Normalerweise führte er eines der Löcher oval aus, um dort Raum für die Knotenaufnahme zu bieten, dies allerdings nur bei solchen Netsuke, bei denen beide Himotoshi gut sichtbar angebracht sind. In unserem Fall, und es gibt ähnliche Belegstücke hierfür, hat er nur eines der Löcher sichtbar am Adlerrücken angebracht. Die andere Öffnung ist elegant unter den Schwanzfedern an der Unterseite positioniert, wodurch sie optisch nicht stört. Wenn man das Netsuke also am Obi getragen hat, war keines der Löcher zu sehen und die Figur aufrecht und gut fixiert präsentiert. Wollte man die Figur aufstellen, war das ebenfalls möglich, denn die – wenn auch kleine, aber gut ausbalancierte – Grundfläche ist optimal gestaltet, indem die Federspitzen des Schweifs und die Signaturkartusche zum Stand beitragen. Dies ist gleichfalls eine für Masanao typische, sowohl kreative, eigenwillige wie auch funktionale Lösung.
Was den Adler als Kunstmotiv in Japan generell anbelangt, hatte ich ja gestern schon gesagt, dass dieser Vogel bei Netsuke keine große Rolle spielt. Das Motiv unseres Netsuke, ein Adler, der einen Affen gepackt hat, ist folgerichtig eines der noch selteneren Themen in dieser Kunstgattung. In der einschlägigen Literatur und den Listen von Museen und Auktionshäusern wurden bis zum heutigen Tag nur etwa dreißig solche Netsuke beschrieben. Fast alle ordnet man dem neunzehnten Jahrhundert zu. Vom Schnitzer Masatsugu gibt es ein Netsuke im Bestand des British Museum, ursprünglich aus der Hull Grundy Collection, das unserem Masanao-Adler recht nahe kommt. Auch von Hidechika sind ähnliche Darstellungen bekannt. Interessant könnte außerdem noch ein Netsuke sein, das in einem Ausstellungskatalog aus Paris im Jahr 1994 abgebildet ist. Dieses unsignierte Netsuke stellt ebenfalls einen Adler dar, der einen kleinen Affen in den Fängen hält, und wird dort en-suite mit einem Inro sowie passender Ojime gezeigt.«
An dieser Stelle bemerkte Frank bei Claudia und Rebecca einen fragenden Augenaufschlag und schob eine Erklärung ein: »Entschuldigt, so was passiert mir immer wieder! Ein Inro war damals ein am Gürtel getragenes Kästchen, meistens aus mehreren übereinander gestapelten Abteilen, in dem der gebildete Japaner seine Petschaft, also sein Siegel samt Siegelwachs,

sowie Pillen, Pülverchen und anderen Kleinkram mit sich führte. Das Inro wurde mittels einer Seidenkordel oder Schnur und eines Netsuke am Gürtel befestigt. Damit sich das Kästchen nicht versehentlich öffnen konnte und das ganze Ensemble fest an seinem Platz blieb, war an der Kordel eine durchbohrte, verschiebbare ›Perle‹ angebracht, mit der man die beidseitig durch Löcher im Inro verlaufende Kordel festziehen konnte. Dieser perlenförmige kleine Gegenstand, Ojime genannt, diente also zur Bündelung der Führungsschnüre und war meistens aus dem gleichen Material gefertigt wie das dazu passende Netsuke. Oft wurden Inro, Netsuke und Ojime im gleichen Design gefertigt, bildeten also ›en-suite‹ thematisch eine Einheit.«

Seine Kolleginnen signalisierten durch ein Lächeln und Kopfnicken, dass sie für die Erläuterungen zu diesen japanischen Fachausdrücken dankbar waren.

»Also, weiter im Text«, verkündete Frank. »Auf dieser bewussten Pillendose in Paris war in Lackmalerei ein Adler dargestellt, der den jungen Mönch Roben – manchmal als Ryoben bezeichnet – davonträgt, den späteren Abt des berühmten buddhistischen Tempels Todaiji in Nara. Das ist vielleicht ein hilfreicher Interpretationsansatz für unser Netsuke.

Was einen Adler als Objekt bei Masanao angeht, so sind in der Literatur bisher, von unserem abgesehen, meines Wissens nur vier weitere aufgeführt. Allerdings ist bei keinem ein Affe die Beute, sondern in drei Fällen ein kleiner Hund. Bei einem sitzt der Adler ohne Beute auf einem Baumstamm. In zwei Fällen bestehen erhebliche Zweifel an der Authentizität. Bei jenem Adler-Netsuke, das Fachleute stilistisch schon eher dem Kyoto-Masanao zuweisen, sind die Flügel weiter geöffnet als bei unserem. Es stellt einen Adler dar, der gerade mit seiner Beute in die Luft aufsteigt. Der auf einem Ast sitzende Adler tauchte nur einmal vor zwanzig Jahren in einer Verkaufsannonce eines Asiatika-Händlers auf und gilt inzwischen als verschollen.

Der kleine Affe, den unser Adler in den Fängen hält, weist ebenfalls die für Masanao typischen Merkmale auf und ähnelt einigen größeren ihm zugesprochenen Affendarstellungen. Er wirkt, selbst noch als Beute im festen Griff des Adlers, drall und kräftig und man glaubt fast, das laute Todesgeschrei aus dem weit aufgerissenen Maul zu hören.

Was die Ausgestaltung der Affenfells und des Adlergefieders angeht, stimmt alles mit dem bei Masanao typischen sorgfältigen, nuancenreichen und originellen Typus überein. Selbst kleinste Details sind gekonnt herausgearbeitet, wie zum Beispiel die Ohren des Affen. Die kontrastreiche Variation zwischen polierten Flächen, wie beispielsweise am Schnabel des Adlers oder im Gesicht des Affen, sowie den fell- und federbedeckten Bereichen wirkt gekonnt und lebendig. Als Kurzfazit kann man also sagen: Dieser Adler mit seiner Beute passt perfekt ins Sujet des Masanao von Kyoto und ich persönlich würde dieses Kunstwerk sogar als eines seiner Meisterwerke bezeichnen!«

Das war ein guter Start ins Thema, wie alle am Tisch sofort bestätigten, denn nicht jeder in der Runde war mit der Spezialthematik bereits näher vertraut. Die Worte von Frank setzten ihr Untersuchungsobjekt prominent in Szene und schürten die Begeisterung für das Projekt. Der kleine Adler bekam für sie langsam ein Gesicht und eine Persönlichkeit.

Marco dankte Frank für die gelungene Zusammenfassung und gab das Wort an Rebecca.

»Also nun werdet ihr wahrscheinlich gleich etwas enttäuscht sein«, schickte diese voraus, »denn im Vergleich zu Franks Darstellung kann ich noch nicht mit wirklichen Beiträgen zu unserem Netsuke dienen!

Ich sollte mich seit voriger Woche mit den Archivstrukturen innerhalb des UNTACH vertraut machen und über geeignete Datenbanken anderer Arbeitsgruppen informieren. Darauf aufbauend galt es, ein Recherche-Instrument für uns zu entwickeln, also eine maßgeschneiderte Suchmaschine, mit der wir künftig gezielt nach aktuellen, aber bislang noch nicht publizierten Fakten und Verknüpfungen fahnden können. Ich will jetzt nicht mit zu vielen technischen Details kommen, aber bei Claudia – die mir übrigens super geholfen hat die letzten Tage – ist auf unserem Team-Server unter ›Datenbanksystem‹ alles in Form von Organigrammen und Flussdiagrammen strukturiert dargestellt, was ich bislang hinbekommen habe. Dort könnt ihr euch eine erste Testversion und eine Bedienungsanleitung meines neuen Programms herunterladen und auf euren Smartpads installieren. Ich habe unsere neue Suchmaschine ›SEMEN‹ genannt, nach

›Search Engine Masanao Eagle Netsuke‹, denn sie soll für unsere Arbeit ja fruchtbar sein!« Sie lachte schelmisch. Eine Suchmaschine in Englisch ›semen‹, also zu Deutsch ›Samen oder Sperma‹ zu nennen, hatte ihr bereits einige lustige und frivole Diskussionen mit Claudia und den Datenbankexperten anderer Teams beschert.

»Um es kurz zu machen», fuhr Rebecca fort. »Nun habt ihr Spezialisten ein neues Instrument, das uns gezielt in üblicherweise nicht zugängliche Datenbankbereiche hineinsehen lässt, selbst in jene der über zwanzig Forschungsgruppen, die momentan hier im UNTACH über Ostasiatika arbeiten. Auch mit einigen, Japan ab dem Jahr 1700 betreffenden, Datenbanken zu geschichtlichen Entwicklungen und Hintergründen sind wir jetzt verlinkt. Was noch fehlt, ist der Zugang zu Spezialdatenbanken über japanische Sagen, Mythen und Erzählungen. Meines Wissens wird zurzeit in Abteilung achtzehn etwas Neues durch ein kanadisches Team aufgebaut und ich bin da schon dran.«

Sie sah rundum lächelnde Gesichter ihrer Kollegen, von denen manche ungläubig den Kopf schüttelten.

Marco brachte es auf den Punkt: »Ähh, Rebecca, worüber du da gerade so trocken und mit Understatement berichtet hast, ist eine tolle Leistung. Ich weiß wirklich nicht, wie du das innerhalb von wenigen Arbeitstagen hinbekommen hast – das ist einfach grandios! Ich war mit einigen dieser Gruppenleiter selbst im Dialog, aber mir hatte man bei aller Kollegialität eher die kalte Schulter gezeigt und auf spätere Publikationen verwiesen. Hast du dich da wirklich nicht eingehackt, sondern die Zugangsdaten freiwillig bekommen?«

Jetzt war es an Rebecca, süffisant lächelnd zu antworten: »Manchmal ist etwas weiblicher Charme recht hilfreich, und meine Zielgruppe waren weniger die Chefs der Teams, sondern die Informatiker. Mit NERDs, wie man das soviel ich weiß früher genannt hat, konnte ich schon immer gut. Also keine Angst, ist alles ganz korrekt, wenn auch auf dem kleinen Dienstweg.«

Als nächste war Claudia an der Reihe mit ihrem ersten Zwischenbericht. »Wie Rebecca gerade erwähnt hat, war ich ihr bei den Datenbankverknüpfungen

und der Kopplung von SEMEN mit unserer eigenen IT-Struktur behilflich. Außerdem habe ich inzwischen alle Daten, Quellenangaben und Zwischenberichte, die ihr mir bisher geliefert habt, in ein möglichst übersichtlich aufgebautes elektronisches Ablagesystem eingebunden. So werden wir uns zurechtfinden und alles leicht wiederfinden, wenn bald die Fakten- und Informationsfülle im Projekt zunimmt. Marco hatte mir aus einem seiner früheren Großprojekte eine gute Strukturvorlage gegeben, die ich mit einem bei meinem früheren Arbeitgeber eingesetzten Programm kombiniert habe. Ihr könnt von euren Smartpads auf diese gemeinsame Ablage zugreifen, allerdings vorerst nichts selbst reinschreiben oder ändern. Wir hatten das ja schon besprochen und es bewährt sich, alles über mich einzupflegen, bis wir gleichermaßen vertraut mit dem System sind.
Außerdem sollte ich mich noch um ein Kalenderprogramm kümmern, in das wir alle zeitlichen Informationen zu unserem Netsuke eintragen können und das automatisch interessante Verknüpfungen und Hinweise auf externe Ereignisse zu diesen Daten liefert. Da bin ich zusammen mit Rebecca bei der Überprüfung von verschiedener Standard-Software, die so etwas leistet. Beim nächsten Meeting können wir sicher eine Empfehlung aussprechen, welche die geeignetste ist. Seit vorgestern bin ich außerdem dran, den Weg unseres Netsuke zurückzuverfolgen. Vor der Einlieferung ins UNTACH aufgrund einer testamentarischen Verfügung war unser Prachtstück in einer Privatsammlung in Michigan, mindestens seit 2018. Dreißig Jahre vorher, in den späten achtziger Jahren, einmal in deutschem Sammlerbesitz, aber bei diesem Thema bin ich noch ganz am Anfang. Ja, und das war es meinerseits.«

Von allen Seiten kam positives Feedback zu Claudias neuer Datenablage, die das Team schon in der Startphase begeisterte. Jedem von ihnen war aus Studium und Projektarbeiten bewusst, dass ein von Anfang an gut organisiertes Ablagekonzept ein wichtiger Aspekt bei einer derart komplexen und umfangreichen Aufgabenstellung war. So ging im Team kein Zwischenergebnis verloren, jeder blieb aktuell informiert, was bei den anderen an neuen Erkenntnissen vorlag und für alle entstand ein guter Überblick zum gemeinsamen Forschungsfortschritt.

»Also ich kann nur zustimmen«, knüpfte Tomomi gleich an. »Das System von Claudia ist exzellent! Nun zu dem, was ich unter Anleitung von Marco bisher zu den Materialien veranlasst habe, die an unserem Netsuke vorkommen. Zunächst zum Elfenbein selbst: Ich hatte aus dem Innern des Schnurkanals unseres Netsuke durch die Experten im Präparationslabor auf Ebene U-19 eine winzige Bohrprobe entnehmen lassen, natürlich ohne äußerlich sichtbare Spuren am Objekt. An diesem Material erfolgten die Untersuchungen in Grenoble. Die biologische Herkunft von einem Waldelefanten ist erwiesen, wie auch dessen Anomalitäten, die ihr vom Vortrag gestern kennt. Dieser mutierte Albino-Elefant muss tatsächlich von Westafrika quer durch den ganzen Kontinent gewandert sein. Wie die Spurenelementanalysen zeigen, bis nach Ostafrika, wo er dann Mitte des vierzehnten Jahrhunderts verstarb.

Aus der Mikrostrukturuntersuchung wissen wir außerdem, dass das Netsuke aus der Stoßzahn-Spitze gefertigt wurde, aber das hatte Marco schon vorher durch seine Beurteilung der rautenförmigen Wachstumsstrukturen, den sogenannten ›Schregerschen Linien‹ gewusst. Spektakulär ist das Ergebnis der Härtemessung: Mit 4,8 liegt sie weit über den für Elefantenelfenbein üblichen Werten. Ähnlich ungewöhnlich ist die hohe Dichte, die mit zwei Gramm pro Kubikzentimeter mehr dem Wert von Mammutelfenbein als jenem von Elefanten gleicht. Die optischen Eigenschaften sind verwirrend: Die leichte Transluzenz, wie beim ›Glasbein‹ von Waldelefanten üblich, ist bei unserem Material kombiniert mit einem Refraktionsindex, der eher dem typischen ›Milchbein‹ von großen Steppenelefanten entspricht. Diese Befunde bestätigen, so unglaublich es erscheint, die im Dokument ›Tod in Afrika‹ beschriebenen Eigenheiten dieses Elefanten. Ach ja, und ein totales Rätsel bleibt der extrem hohe Gehalt am Element Holmium in unserer Elfenbeinprobe. Über solch eine Anreicherung wurde in der Literatur noch zu keinem biologischen Material berichtet. Das sieht eher nach einem Messfehler aus, ohne unseren französischen Kollegen zu nahe treten zu wollen.

Nach diesen Befunden zur Elfenbein-Substanz steht noch die Analyse der Oberflächen an, sowohl an den bearbeiteten Flächen als auch an der im Schnurkanal liegenden, dort normalerweise nicht weiter vergüteten

Oberfläche. Bisher haben wir hierzu leider nur erste mikroskopische Untersuchungen machen können, da die Wartezeiten an den Großgeräten im UNTACH ziemlich lang sind. Für die Computertomographie stehen wir übrigens auf der Warteliste für Mitte August. Möglicherweise bringt das Informationen zu Intarsien oder Hohlräumen, ihr wisst schon, wegen der ›versteckten Botschaft‹, die es vielleicht irgendwo gibt. Für die Rasterelektronenmikroskopie könnte es länger dauern, aber übernächste Woche kommen wir zumindest an die verschiedenen Spektralanalysegeräte ran.
Außerdem warte ich auf zwei extern beauftragte Analysen, für die ich einige Reste der Bohrprobe ans Massachusetts Institute of Technology in Boston und an die Universität von Perugia eingeschickt hatte. Das ist der momentane analytische Stand, wir stehen mit unseren materialtechnischen Untersuchungen somit recht am Anfang.«

Als die Runde damit an Marco kam, schüttelte dieser erst einmal leicht den Kopf, ehe er lobend erwähnte: »Liebe Tomomi, ganz unkommentiert kann ich das so nicht stehen lassen. Also, nur damit es allen klar ist: Der grandiose Vorschlag zu Grenoble kam von Tomomi, nicht von mir, wie auch einige der anderen methodischen Ideen, die gerade genannt wurden. Ich hatte gedacht, ich kenne so ziemlich jede Aktivität im Zusammenhang mit Elfenbein-Analytik, aber Tomomi hat mich auf einige gerade erst dem Teststadium entwachsene Methoden für zoologisches Dentalmaterial hingewiesen, von denen ich noch keine Ahnung hatte. Ehre wem Ehre gebührt!
Nun zu dem Wenigen, was ich selbst bisher inhaltlich zu unserem Netsuke beitragen kann. Tomomi hat meine Mikroskopie-Arbeit zu der Schregerschen Lamellenstruktur angesprochen, die aus der dreidimensionalen Anordnung der Kanäle in der Dentinmasse des Zahns entsteht. Der Winkel zwischen diesen Kreuzlamellen bietet eine Möglichkeit, das Material gewissen Elefantenarten zuzuordnen. Bei unserem Netsuke habe ich den mittleren Winkel mit 126 Grad gemessen, was gut zu Waldelefanten passt. Bei denen wird der statistische Mittelwert mit 123 Grad angegeben, im Gegensatz zu afrikanischen Savannenelefanten mit 118 Grad sowie asiatischen Elefanten mit 112 Grad. Ich hatte mich zusätzlich mit der Oberflächenstruktur

beschäftigt, soweit man dies lichtmikroskopisch machen kann. Meine bisherigen Befunde untermauern die Ausführungen von Frank, denn die Politurtechniken, die Schnittführung beim Gravieren der Pelz- und Federstrukturen und die Farbtönungen der gebeizten Flächen sprechen für eine Zuordnung ins achtzehnte Jahrhundert und zu einer Kyoto-Schule. Rechnet man die als natürliche Patina-Effekte hinzugekommenen Verfärbungen mit ein, so spricht vieles dafür, dass dieses Netsuke ein sehr wechselhaftes Leben führte. Es gibt Verfärbungen und Abriebspuren, die nicht nur auf eine typische japanische Tragweise an der Hüfte schließen lassen. Einige Befunde deuten an, dass es über längere Zeit direkt auf der Haut getragen wurde, also vielleicht als Amulett an Hals oder Brust. Während eines anderen langen Zeitraums war es vermutlich in einem Lederbeutel verpackt. Aber das sind momentan Spekulationen, die es gilt mittels der ausstehenden Elektronenmikroskopie und Mikroanalytik abzusichern.

Leider liegen zu eindeutig Masanao zugewiesenen anderen Netsuke keine ausführlichen Untersuchungen vor, sodass Vergleichsdaten bislang fehlen. Übrigens nicht nur zu Masanao-Netsuke, sondern zu Netsuke generell: Wir betreten wirklich Neuland, vor allem aufgrund der erheblichen Projektmittel, die uns zur Verfügung stehen. Niemand hat bislang einen solchen analytischen Aufwand für ein Netsuke betreiben können, denn die Untersuchungskosten betragen das Hundertfache des Marktwertes des gegenständlichen Objekts – was wir uns immer wieder ins Gedächtnis rufen sollten.

Von diesen Mikroskopie-Arbeiten abgesehen, lag mein Schwerpunkt in den letzten Wochen auf der Anpassung und Aufbereitung unserer Datenbasis für eine Benutzung bei Professor Wangs Visualisierungstechnik. Die technische Umsetzung hatten hierbei zwei Assistenten von Xiaoding übernommen, mein Part waren die richtige Verschlagwortung und Indexierung, Vorschläge für die thematischen und zeitlichen Verknüpfungen und taktische Vorgaben bei den Recherche-Hierarchien. Übrigens müssen wir diese recht zeitaufwändigen Vorarbeiten nicht aus unserem Budget zahlen. Mein Freund hat ein kleines Eigenforschungsprojekt aus seinem persönlichen UNTACH-Haushalt eröffnet, auf das dieser ganze Teil gebucht wird. Wir zahlen nur die reinen

Arbeitssitzungen in ›The Wall‹, nicht aber die vielen Vorbereitungsstunden. Nach Einschätzung von Xiaoding ist unsere Monographie über dieses Netsuke ein perfektes Vorzeigeprojekt, um das gesamte Potential seiner Technologie zu demonstrieren. Daher sein Eigeninteresse, uns optimal zu unterstützen.

Bleibt mir noch zu berichten, dass ich etliche Gespräche mit anderen Wissenschaftlern sowie Abteilungsleitern hier im Hause geführt habe, um uns auf Leitungsebene gut zu vernetzen. Irgendwann werden diese Beziehungen sicher hilfreich sein. Und *last but not least* sollte ich noch sagen, dass wir nächste Woche unten im Hauptarchiv eine Einführung in den gesamten Netsuke-Bestand bekommen. Ken Watamote, der im UNTACH zuständige Kustos, nimmt sich selbst die Zeit hierfür. Wir werden bei dieser Gelegenheit viele Objekte genau in Augenschein nehmen können, obwohl dies eigentlich nicht üblich ist. Aber Ken und ich kennen uns schon seit einer Ewigkeit und deshalb macht er da gerne eine Ausnahme.«

Diese Mitteilung begeisterte alle und insbesondere für Frank war das so, als würde ihm jemand die Pforte in den siebten Himmel öffnen. Der Sammlungsbestand im UNTACH galt nach Einlieferung mehrerer großer Privatsammlungen vor etwa zehn Jahren als der weltweit größte Fundus zu dieser Kunstgattung. Nach seinen Informationen sollten etwa vierzehntausend Netsuke hier lagern, von denen ein Großteil nie wissenschaftlich bearbeitet oder öffentlich zugänglich war, von der Expertise bei der UNTACH-Einlieferung abgesehen. Eine wahre Schatzkammer für einen auf japanisches Kunsthandwerk spezialisierten Wissenschaftler!

Damit war die erste Runde ihrer Besprechung beendet und Marco schlug eine halbe Stunde Pause vor. Er hätte gleich noch einen kurzen Telefontermin, danach würde man die Sitzung mit der Planungsrunde wieder fortsetzen.

Rückenwind

Ungefähr um die gleiche Zeit lehnte sich Yamagata zufrieden in dem bequemen Schreibtischsessel in seinem Büro im Penthouse zurück und dankte Naomi für ihren Bericht. Sie hatte ihm soeben in ihrem prägnanten, aufs Wesentliche konzentrierten Stil die Abhörergebnisse des Dinners vorgetragen. Zuvor hatten Mitarbeiter von Abe Tomoji sehr routiniert aus der Übersetzung von Susanne das für ihren Chef Wichtige herausgefiltert und präsentationsfertig aufbereitet.

Was Naomi gerade berichtet hatte, empfand Yamagata als höchst befriedigend. Alles entwickelte sich ganz nach seinem Geschmack. Erstaunlich, diese Geschichte über die Holzschatulle, und natürlich sehr vorteilhaft für ihre Pläne. Aber er spürte irgendwie dennoch ein gewisses Unbehagen, da er an solche Zufälle genauso wenig glaubte wie Doktor Renke. Ähnlich dubios war diese Sache mit dem Surimono. Was sollte der Hinweis ›der Adler, der über das jadene Wildpferd wacht und den listigen Affen besiegt‹? Selbst ihm mit seinem Hintergrundwissen um die Geschichte dieses Netsuke fiel hierzu keine sinnvolle Erklärung ein. Aber vorerst war das Entscheidende, dass dieses Forscherteam Blut geleckt hatte hinsichtlich einer ›geheimen Botschaft‹ und gezielt hier ansetzen würde. Heute konnte er nicht mehr nachvollziehen, warum er sich gestern so darüber aufregte, dass Renke diesen Verdacht geäußert hatte. Eigentlich machte die unerwartete neue Entwicklung alles einfacher. Jetzt, nach einer traumhaften Nacht, konnte er das emotionsloser bewerten und war rundum zufrieden mit der neuen Situation.

»Ausgezeichnet, Naomi, ganz ausgezeichnet! Wer hätte gedacht, dass dieser Renke so ein Glücksgriff für uns ist, nachdem gestern noch alles nach unerwünschten Komplikationen aussah. Hör zu: Abe und Michiko sollen mir heute Nachmittag um sechs Uhr ihre Vorschläge zu den nächsten Schritten vorlegen. Gib ihnen ruhig ein kleines Signal, dass ich mit ihrer Arbeit heute Nacht zufrieden war. Ich erwarte aber ein in Zukunft fehlerfreies Vorgehen. Die Ergebnisse von Renke scheinen schneller den für uns wichtigen Kern der Sache zu erreichen als erwartet. Uns darf nichts mehr an Informationen entgehen. Sie sollen sich etwas einfallen lassen, was mich überzeugt. Kümmere dich außerdem bitte darum, dass die Wartezeiten für Renke im Analytik-Bereich drastisch verkürzt werden. Ich habe keine Lust, unnötige Zeit zu verlieren. Haben wir dort den nötigen Einfluss sichergestellt?«

Naomi versicherte ihrem Chef, dass dies kein Problem sein sollte. Abe hatte durch seinen in den Sicherheitsdienst eingeschleusten Mann bereits kompromittierende Informationen über etliche wichtige Leute im UNTACH zusammengetragen. Eine kleine Gefälligkeit wie Manipulationen an Wartelisten und Prioritätsvergaben könne sehr einfach arrangiert werden. Dann erinnerte sie ihn noch an die anstehende Verabredung mit den Hatashis.

Yamagata nickte zufrieden. »Sehr gut, ruf sie an und buche, falls sie heute Abend frei sind, gleich für acht Uhr einen Tisch für vier Personen im ›Chez nous‹. Du weißt, Elsa muss kurzfristig für zwei Tage nach New York, heute wäre also eine passende Gelegenheit für dieses Treffen. Sag Nagisa Kinoshita, ich hätte ihn gerne dabei. Außer Masato brauche ich sonst keine Begleitung. Du kannst dir also einmal einen freien Abend gönnen!«

Während Naomi beim Hinausgehen schon Ideen für die Nacht abwog, trat Yamagata ans Fenster und blickte wieder einmal in Richtung UNTACH. Würde er endlich einen entscheidenden Schritt vorankommen? Wäre bald das Ziel erreicht, die Ehre seiner Vorfahren wiederherzustellen und ihrer aller Name für immer in die Chronik ihres Landes einzuschreiben?

Zwei Etagen tiefer hatte sich drei Stunden zuvor Abe Tomoji von einer attraktiven Frau verabschiedet, die sich perfekt für seine Pläne eignete. Sie war fachlich qualifiziert, im richtigen Themenbereich tätig und vor allem sich dem Tamagi Konzern gegenüber verpflichtet fühlend! Er war sich vollkommen sicher, dass diese Frau nahe an Renke herankommen würde, denn er hatte dessen Dossier ausgiebig studiert und kannte seine Schwächen. Abe würde ihr morgen telefonisch die besprochene Zusammenarbeit verbindlich zusagen, wenn er heute Nachmittag die Zustimmung seines Chefs für das Vorhaben bekäme, wovon er ausging. Ein weiteres persönliches Treffen war leider nicht mehr möglich, denn seine neue Spionin würde dann bereits in das UNTACH-Universum eingetaucht sein. Aber alle Details waren besprochen, auch zum Kommunikationsweg, und die exakte Aufgabenstellung war klar. Nachdem ihm später Naomi ein positives Feedback zur Reaktion von Yamagata auf die neuen Erkenntnisse aus der abendlichen Abhöraktion gegeben hatte, fühlte sich Abe deutlich erleichtert. Plötzlich schien sich alles zügig in die richtige Richtung zu bewegen.

Die Schatulle

Das Team hatte sich wieder zusammengefunden und Marco stieg sofort in die geplante Agenda ein, die Arbeitsplanungen für die nächsten Tage. Bei der anschließenden Diskussion wurde ersichtlich, dass einige dem Schatullen-Thema fast mehr Aufmerksamkeit widmen wollten als dem Netsuke, ihrem eigentlichen Untersuchungsobjekt.

Daher gab Marco nach einer Weile zu bedenken: »Okay, das klingt alles vernünftig. Aber erlaubt mir, euch eine kleine Warnung mit auf den Weg zu geben: Ich habe an mir selbst erlebt, wie sehr einen diese spannende Geschichte um die Schatulle und diesen Surimono fesseln kann. Man tendiert leicht dazu, Arbeiten am Netsuke etwas zurückzustellen und sich mit voller Begeisterung an den anderen Objekten festzubeißen! Das sollten wir vermeiden, denn noch bin ich mir nicht sicher, ob wir nicht auf irgendeinen dubiosen Irrweg geleitet werden. Absolute Priorität sollte für uns in den kommenden Wochen die solide Forschungsarbeit am Netsuke sein. Wenn uns nebenbei etwas Detektivarbeit anhand dieser Zusatzhinweise reizt, gerne, aber bitte mit gemindertem Zeit- und Energieeinsatz. Einverstanden?«

Sein Team reagierte etwas zögerlich und Claudia sprach schließlich aus, was auch manch anderer unter ihnen dachte: »Schon klar, Chef, und ich denke uns ist die Wertigkeit dieser verschiedenen Ansätze bewusst. Aber glaubt mir, ich habe während meiner dreißig Jahre im Bereich ›Intelligence‹, wie man so harmlos die Geheimdienstarbeit nennt, ein gutes Gespür für heiße Spuren bekommen. Irgendwas an diesen Dokumenten und Hinweisen aus der Schatulle erscheint mir so vielversprechend, dass wir es nicht zweitrangig angehen sollten. Wenn uns die wissenschaftliche Überprüfung der nächsten zwei oder drei Hinweise enttäuscht, dann plädiere ich auch dafür, uns wieder ganz aufs Netsuke selbst zu konzentrieren. Wenn sich aber, wie ja schon bei dieser Afrika-Geschichte, diese Dokumente als brauchbare Informationen zu unserem Untersuchungsobjekt erweisen, sollten wir weitermachen. Wir könnten uns viel Zeit ersparen, wenn wir den Inhalt der Schatulle frühzeitig ernst nehmen und gleichrangig, wenn nicht sogar vorrangig behandeln. Außerdem, seid mal ehrlich: Eine Monographie über ein Netsuke, und sei dieses noch so interessant, würde doch eine ganz andere Dimension und Qualität bekommen, wenn wir tatsächlich so etwas machen könnten wie den wirklichen Lebensweg dieses Kunstwerks in allen Details zu rekonstruieren. Ich hielte das für eine echte Sensation, nicht nur im wissenschaftlichen Sinne, sondern auch, was das spätere Öffentlichkeitsinteresse betrifft. Für mich liest sich der Ausschreibungstext unseres Projekts durchaus in diesem erweiterten Sinn! Also wenn du einverstanden bist, Marco, würde zumindest ich mich gerne neben meiner Routinearbeit mit der Team-Ablage und den anderen besprochenen Arbeiten genau dieser Sache widmen.«

Marco empfand, wie er sich eingestand, eigentlich genau so wie Claudia es gerade pointiert ausgedrückt hatte. Auch er hätte am liebsten dieser seltsamen Schatulle seine volle Aufmerksamkeit gewidmet. Aber als Projektleiter trug er die Verantwortung für ein definiertes Arbeitsprogramm und das hierfür bereitgestellte Millionenbudget gegenüber dem Zuwendungsgeber. Er hatte in seinem Projektantrag sehr genau die wissenschaftlichen Schritte auf dem Weg zu dieser Monographie vorgezeichnet und hierbei spielten die Schatulle und deren Inhalt keine Rolle. Natürlich besaß er als leitender Wissenschaftler die Entscheidungskompetenz, jederzeit vom ursprünglichen Plan abzuweichen, aber er scheute das Risiko, dies aufgrund einer vielleicht fehlleitenden Vermutung bereits kurz nach Projektstart zu tun. So etwas widerstrebte seinem gradlinigen korrekten Arbeitsethos.
Andererseits war er wie Claudia geneigt, diesen Hinweisen mit angemessener Aufmerksamkeit nachzugehen. Deshalb stimmte er zu: »Claudia, ich kann gut nachempfinden, was dir dein Gefühl da sagt und bin gerne einverstanden, wie bei Rebecca und ihrer Idee einer vertieften Surimono-Recherche. Ich schlage vor, dass wir später bei der gemeinsamen Begutachtung der Schatulle zwei oder drei besonders interessant erscheinende Hinweise auswählen und neben unserer Arbeit am Netsuke diesen Dingen mit gleicher Priorität nachgehen, sagen wir maximal einen Monat lang? Je nachdem wie das Ergebnis dieser Detektivarbeit aussieht, entscheiden wir danach weiter. Danke, dass du mich gerade daran gehindert hast, zu restriktiv und risikoscheu zu werden. Ich denke auch, für uns wird der Spaßfaktor bei unserem Projekt durch solche Ausflüge in andere Richtungen definitiv steigen!«

Inzwischen war es kurz vor zwölf Uhr und da noch keiner hungrig war, einigten sie sich darauf, gleich mit der Schatulle weiterzumachen. Man war gerade so schön im Thema.
Marco öffnete mittels Rolix, Augenscan und Handsensor die schwere Tresortür zum Nebenraum.
»Kommt mit herein, wir erledigen das am besten drinnen, so können wir unser Netsuke gleich mit einbeziehen.«

Der Raum war etwa fünf auf fünf Meter groß, an einer Seite mit Edelstahlregalen bis zur Decke ausgerüstet und ansonsten nur mit einem rechteckigen Edelstahltisch und sechs Edelstahlstühlen möbliert. Seitlich von der schweren Stahlschiebetür, durch die sie eintraten und die sich automatisch hinter ihnen wieder schloss, befand sich die nach außen zum Büro mit Panzerglas versehene kleine Wandvitrine mit dem Netsuke. Diese konnte man nur von innen mittels einer hermetisch abgedichteten Edelstahltür öffnen. Der Tresorraum wurde wie alle Büros über ein Filtersystem mit Frischluft von definierter Temperatur und Luftfeuchte versorgt. Die Vitrinen-Belüftung war separat geregelt, je nachdem, welches Objekt oder Material dort unter seinen optimalen Umgebungsbedingungen aufbewahrt werden musste.

Marco entnahm dem mit diversen Kartons und einigen Aktenordnern etwa halb gefüllten Regal die Holzschatulle sowie einen kleinen Karton mit Museumshandschuhen Er stellte beides auf den Tisch und klappte die Schatulle vollständig auseinander.
Die Stühle räumten sie aus dem Weg, im Stehen hatten sie einen besseren Einblick in die vier flachen Kastenabteile des nun breit geöffneten Koffers.
»So, hier haben wir also unser geheimnisvolles Behältnis, dann gehen wir die Fakten hierzu und zu dem bunten Inhalt mal der Reihe nach durch.«
Doch bevor er fortfahren konnte unterbrach ihn Frank mit einem für ihn ungewöhnlich lauten Ausruf: »Das gibt´s doch gar nicht, Leute! Ich hab so einen Koffer schon einmal gesehen, und zwar einen fast identischen! Entschuldige, Marco, aber das muss ich gleich rauslassen, sonst platze ich: Bei einem Praktikum während meines Studiums war ich mal für einige

Wochen im Nationalmuseum in Leiden in den Niederlanden, um dort als Hilfskraft bei der Neuarchivierung von japanischen Sammlungsbeständen aus Zeiten der Holländischen Ostindien Handelsgesellschaft zu helfen. Der Großteil dieser Objekte stammte aus der früheren Faktorei auf der künstlichen Insel Deshima in der Bucht vor Nagasaki und war aus dem siebzehnten und achtzehnten Jahrhundert. Außerdem gab es noch einige Dinge, die der in holländischen Diensten stehende deutsche Arzt Philipp Franz von Siebold im neunzehnten Jahrhundert von seinen beiden Aufenthalten in Japan mitgebracht hatte. Eine genau solche Reiseschatulle war darunter, ich hatte sie damals selbst gereinigt und fotografiert! Sie war im Archiv von Leiden als ›persönliches Dokumenten- und Siegelbehältnis des Opperhoofd‹, also des obersten holländischen Handelschefs in Deshima, aus dem Jahr 1860 ausgewiesen. Der Name dieses Niederlassungsleiters war mit Curtius angegeben. Ich weiß das noch so genau, weil er der letzte Leiter des holländischen Handelspostens auf Deshima war, bevor dieser dann im Zuge der internationalen Öffnung Japans verlegt wurde.

Das damalige Exemplar bestand allerdings aus unlackiertem Kampferholz und war stark beschädigt. Das Äußere der Kiste sah etwas anders aus als diese hier, ohne Kalligraphie und Intarsien, sondern mit eher einfachen, floralen Schnitzmustern. Aber die Scharniere waren genauso angeordnet und die Griffe aus Messing hatten eine sehr ähnliche Form und Größe. Auch die Länge und Breite waren vergleichbar, vielleicht etwas größer. Innen hatten die vier Teilkästen fast die gleiche Aufteilung wie bei dieser Schatulle hier, aber die Rahmenhölzer waren nicht so filigran, sondern eher dick und robust.

Also mir läuft es jetzt heiß und kalt über den Rücken – zuerst Marcos zufällige Begegnung mit diesem Objekt vor zwanzig Jahren und jetzt meine Begegnung mit einem fast identischen Exemplar vor etwa zehn Jahren, und das alles mit einem klaren Bezug zu unserem Untersuchungsobjekt.«

Das verschlug ihnen erst einmal die Sprache, denn langsam begann diese ganze Sache etwas unheimlich zu werden. Sie sahen sich gegenseitig betroffen an, jedem spukten eigene Gedanken durch den Kopf und schließlich ergriff Marco nach einer Weile wieder das Wort, mit für ihn ungewohnt ernster Stimme: »Also langsam wird mir diese ganze Sache immer suspekter. Ich bin kein religiöser Mensch, aber in diesem Fall kommt einem ungewollt der Begriff ›höherer Wille‹ oder ›göttliche Fügung‹ in den Sinn! Okay, lasst uns sachlich bleiben. Frank, was kannst du uns noch zu der Schatulle in Holland sagen?«

»Tut mir leid«, bedauerte der Angesprochene. »Aber mehr als das, was ich gerade so hektisch heruntergerasselt habe, weiß ich leider nicht.« Ihm war anzumerken, dass er sich vergeblich um weitere Details bemühte. »Ich war damals nur Hilfskraft im Rahmen eines von der EU geförderten studentischen Austauschprogramms zwischen Universitäten in Shanghai und Leiden. Deshalb hatte ich keinen Einblick in zusätzliche Dokumente. Zu der Schatulle bekam ich nur zufällig das eben Gesagte mit. Aber natürlich kann ich mich umgehend um weitere hierzu in Leiden verfügbaren Informationen kümmern, ich habe privat noch Kontakt zu ein paar Leuten dort.«

Marco zögerte kurz. Er selbst kannte den Museumsleiter in Leiden aus früheren Kooperationen gut, sicher hätte eine Rückfrage durch ihn selbst auf Leitungsebene zu einer schnellen Antwort geführt. Aber er war erfahren genug, sich nicht ständig in die Arbeit seiner qualifizierten Mitarbeiter einzumischen, so etwas könnte demotivierend wirken, deshalb entschied er sich für diese Lösung: »Danke Frank, das wäre prima. Falls es Komplikationen dort gibt oder deine Ansprechpartner nicht reagieren, sag mir einfach Bescheid, vielleicht kann ich etwas unterstützen, ich habe da ein paar Kontakte. Aber das ist bei dir in besten Händen, halt uns einfach auf dem Laufenden zu diesem interessanten Vergleichsobjekt.

Dann will ich euch jetzt mal sagen, was ich über unser Objekt hier weiß. Vieles spricht dafür, dass dieser Koffer keine hundert Jahre alt ist. Das Holz dürfte Meranti sein, wohl die Variante ›Dark Red Meranti‹, also botanisch der tropischen Baumgattung Shorea zuzuordnen. Ich hatte die Schatulle im Getty-Labor einem Holzspezialisten gezeigt. In Malaysia und Indonesien fertigt man hieraus gerne Möbel und Truhen, dieses Holz ist recht widerstandsfähig gegen Pilz- und Insektenbefall. Außerdem lässt es sich gut bearbeiten und entwickelt nach dem Polieren eine sehr schöne Oberflächenwirkung, wie man sieht.

Die äußere Dekoration mit Intarsien und Schnitzereien ist nicht sonderlich bemerkenswert, wenn auch handwerklich ganz gut gemacht, wie überhaupt die ganze Schatulle mit solider Fügetechnik gefertigt wurde. Ihr seht hier an den Kanten die sehr schöne Schwalbenschwanz-Zinkung. Die verschiedenen Bein- und Perlmuttintarsien entsprechen den Qualitätsmerkmalen normaler Möbelschreiner in Südostasien, das ist also quasi Standardware. Das Muster ist nicht eindeutig einer bestimmten Lokalität zuzuordnen, es passt allerdings gut zu auf Java verbreiteten Traditionen.
Aber jetzt passt auf, das wird eurer Fantasie noch mehr Flügel verleihen: Die arabische Kalligrafie auf der Vorderseite ist Teil der ›Al-Fil‹ genannten einhundertfünften Sure des Koran, Verse drei und vier. Der Text lautet: ›Hat er nicht ihre verbrecherische List irregeleitet und einen Schwarm Vögel gegen sie gesandt …‹. Rebecca wird euch gerne bestätigen, dass ›Al-Fil‹ ›Elefant‹ bedeutet!
Ich fasse das alles einfach noch einmal zusammen: Irgendjemand hat im zwanzigsten Jahrhundert in Indonesien die Kopie einer im Japan-Handel der Holländer im neunzehnten Jahrhundert verwendeten Holzschatulle anfertigen lassen. Beschnitzt wurde die Schatulle mit arabischen, kalligrafischen Hinweisen aus dem Koran auf einen Elefanten und die Verhinderung eines listigen Verbrechens durch kämpferische Vögel. In diesem Behältnis bewahrte dann jemand ein Netsuke in Form eines Adlers auf, der einen Affen schlägt, und das der Schnitzmeister Masanao im achtzehnten Jahrhundert aus dem sehr speziellen Elfenbein eines Albino-Elefanten aus dem vierzehnten Jahrhundert schuf. Diese Schatulle enthält außerdem einige Dokumente in unterschiedlichsten Sprachen und diverse, seltsame Gegenstände, die in einem uns noch nicht bekannten Zusammenhang stehen, aber vielleicht Auskunft über die Herkunft dieser Schnitzerei geben. Unter diesen Dingen befand sich noch vor einundzwanzig Jahren ein japanischer Surimono, auf dem ein kleiner Farbholzdruck zu sehen ist, der einen Adler zeigt, welcher einen Affen schlägt. Dieser Adler trägt auf der Brust den Kurztext ›Ich behüte Deinen Ort‹. Der Surimono soll außerdem im Haupttext von einem Adler handeln, der ›über das jadene Wildpferd wacht und den listigen Affen besiegt‹. In einem auf 1986 datierten Dokument aus dieser Schatulle werden das ungewöhnliche Aussehen und

Leben jenes afrikanischen Elefanten im vierzehnten Jahrhundert exakt dargestellt, aus dessen Stoßzahnspitze vierhundert Jahre später Masanao in Kyoto dieses Netsuke schuf. Alle unsere bisherigen Analyseergebnisse sprechen für die Authentizität dieser Geschichte.
So, und jetzt im einundzwanzigsten Jahrhundert wurde mit einem außergewöhnlich hohen Förderbudget eine genaue Untersuchung zu diesem Netsuke ausgeschrieben, wie sie in der einschlägigen Forschungslandschaft noch nie dagewesen war. Und wir haben die Ehre, diese Untersuchung durchzuführen. Na, was meint ihr dazu, Freunde?«

Dazu äußerten sie sich zunächst einmal nicht, sondern überdachten, schweigend auf die Schatulle starrend, was Marco gerade zusammengefasst hatte.
»Also hoffentlich haltet ihr mich nicht für total fantasielos, aber ehrlich gesagt bereiten mir diese Zufälle, was die Schatulle betrifft, keine Kopfschmerzen«, wagte Claudia als erste eine Antwort. »Marco, du bist schon so lange und intensiv in diesem Themenkomplex tätig, dass es mich fast mehr gewundert hätte, wenn du nicht irgendwann auf dieses zu unserem Netsuke gehörende Behältnis gestoßen wärst, und nicht umgekehrt. Auch du, Frank, bewegst dich seit vielen Jahren in diesem speziellen Metier japanischer Gegenstände aus jener Zeit. Deshalb ist es für mich keine große Überraschung, dass du so eine Schatulle schon einmal gesehen hast. Vielleicht bin ich ja zu einfach gestrickt, aber passieren solche zufälligen Begebenheiten nicht uns allen von Zeit zu Zeit?
Was die für euch Wissenschaftler anscheinend schwer begreiflichen Übereinstimmungen zwischen der alten Afrika-Geschichte und den neuen Analyse-Ergebnissen angeht: Klar klingt das erst einmal unerklärlich – aber das liegt vielleicht nur daran, dass wir so wenig über die wirkliche Geschichte dieses Netsuke wissen. Eventuell gab oder gibt es Aufzeichnungen über den Ursprung und Weg dieses kleinen Objekts, notiert von den jeweiligen Besitzern des Elfenbeins und später der Schnitzerei? Der Autor dieser Elefanten-Geschichte von 1986 hat das, was er durch ältere Informationen erfahren hatte, vielleicht einfach nur zum Spaß wie eine Erzählung zusammengefasst. Auch der Verfasser dieses Surimono und der Auftraggeber

dieser Schatulle könnten auf der Basis älterer Dokumente das Thema aufgegriffen haben. Bleibt die Frage, wie diese über lange Zeiträume verstreuten Informationen gerade zu diesen Personen gelangt sein sollen und wieso diese Personen sich so intensiv damit beschäftigten.

Die verschlüsselten Hinweise und Analogien zwischen den Motiven des Netsuke, der Schatulle und dieses Surimono lassen mich persönlich langsam vermuten, dass wir hier was ganz Großem auf der Spur sind. Etwas, was anscheinend jemandem unglaublich viel Geld wert ist. Zehn Millionen Dollar für eine Monographie über ein kleines Netsuke klangen für mich ehrlich gesagt von Anfang an recht surreal. Aber zehn Millionen Dollar für das Auffinden einer geheimen Botschaft, die zu einer Sensation von öffentlichem oder politischem Interesse oder zu gigantischem Reichtum führt, das klingt nach einer guten Investition. Ich frage mich deshalb, wo das Geld für unser Projekt eigentlich herkommt!«

Mit diesen mutigen Äußerungen verblüffte Claudia ihre Kollegen weniger als sie dachte. Ganz im Stillen waren auch den anderen bereits ähnliche Gedanken gekommen. Sie wollten sich solche wilden Spekulationen nur nicht eingestehen oder dies gar offen aussprechen. Das erschien ihnen zu ›unwissenschaftlich‹ und widerstrebte den in ihnen verwurzelten akademischen Handlungsweisen.

Vor allem Rebecca und Tomomi waren durch ihre noch frischen, intensiven Fachstudien und die dort systematisch entwickelten Denkprozesse und Routinen manchmal so in festen Bahnen eingefahren, dass völliges Querdenken erst aktiv geübt werden musste. Deshalb bewunderten vor allem diese beiden Kolleginnen die Schlussfolgerungen von Claudia und blickten sie mit unverhohlener Begeisterung an.

»Also Claudia, ich glaube, du sprichst berechtigte Überlegungen aus, die auch mir durch den Kopf spukten«, bestätigte Frank anerkennend. »Du bist nur mutiger als ich, denn bei mir verhinderten bislang die eher geringe ›Wahrscheinlichkeit‹ und die fehlenden ›Beweise‹, dass ich es ausgesprochen hätte.

Eigentlich hast du recht – wir müssen unbedingt das Unwahrscheinliche bei unseren Erklärungsversuchen zulassen, sonst denken wir vielleicht in die falsche Richtung. Dennoch nehme ich Marcos Warnung sehr ernst: Primär sollten wie uns auf das Netsuke selbst konzentrieren und nicht bereits in der Frühphase unserer Untersuchungen durch mysteriöse Hinweise ablenken lassen.«

Claudia freute sich über die zumindest teilweise Zustimmung, zumal Rebecca und Tomomi bestätigten, dass sie ihnen aus der Seele gesprochen hätte und sie gerne eher früher als später solchen Sekundärquellen nachgehen würden.

Marco verfolgte diesen Dialog nachdenklich und es dauerte eine Weile bis er wieder das Wort ergriff. »Ich glaube, ihr habt gerade den Kern der Sache herausgearbeitet und besser in Worte gefasst, als ich es gekonnt hätte. Mir war die ganze Zeit irgendwie selbst unwohl bei dieser verzwickten Faktenlage – vielleicht sind ja manche Mosaiksteinchen in unserem Puzzle gar keine ›facts‹, sondern ›fakes‹, also nur vorgespiegelte Tatsachen. Aber wer täuscht hier wen und mit welcher Motivation? Was steckt wirklich hinter unserem riesigen Forschungsbudget? Gibt es eventuell Mächte im Hintergrund mit eigenen Plänen, in deren Maschinerie wir nur ein Rädchen sind? Claudia, du hast uns gerade in eine ganz wichtige Richtung sensibilisiert.«

Dann kam von ihm mit einem vergnüglichen Augenzwinkern: »Also wenn wir heute Nachmittag nicht noch einige Arbeit vor uns hätten, dann würde ich euch jetzt glatt zu einem Glas Champagner einladen, das wäre diesem wie ich denke wirklich bedeutsamen Moment sehr angemessen!«

Mit dieser kleinen, aber der ganzen Situation die Schwere nehmenden Bemerkung lenkte er die Aufmerksamkeit seines Teams zurück auf die Realität, nämlich die vor ihnen liegende Schatulle: »Ich glaube das geschärfte Bewusstsein, das wir gerade hinsichtlich des Inhalts dieses Koffers haben, wird uns helfen, heute einen Schnelldurchgang durch diesen zu machen. Vielleicht sollten wir wie schon am Vormittag den Gesamtüberblick in den Vordergrund stellen, ohne uns in zu viele Details zu verbeißen.

Zieht euch bitte Handschuhe hier aus dieser Schachtel an, dann können wir einige Objekte und Dokumente von Hand zu Hand gehen lassen. Und jetzt werde ich unsere Hauptperson dazu holen, um die sich das alles dreht.«

Er hatte sich während dieser Worte schon ein Paar hauchdünne, reinweiße Baumwollhandschuhe übergezogen. Während alle anderen dies auch taten, ging er zur Wandvitrine, öffnete sie und entnahm ihr vorsichtig das Netsuke. Zurück am Tisch klappte er den Kunststoff-Würfel im Mittelfach der Schatulle auf und legte den kleinen Elfenbein-Adler in die perfekt passende Hohlform. Hierbei fragte sich so mancher in der Runde, wann wohl der Adler das letzte Mal diesen speziellen, maßgefertigten Platz inmitten seiner kleinen Welt eingenommen hatte!

Tomomi empfand in diesem Moment eine ganz besondere Rührung. Es kam ihr fast vor, als wäre da ein kleines, lebendiges Wesen in sein Zuhause zurückgekehrt, in dem es eine wichtige Phase seiner Vergangenheit durchlebt hatte. Das Seltsamste jedoch war, dass die junge Japanerin hierbei das verrückte Gefühl hatte, sie sei selbst ein Teil dieser Vergangenheit. Sie spürte die gleiche, magische Erfüllung einer langen Sehnsucht, die von dem Netsuke auszugehen schien, seit es wieder in seinem angestammten Kofferbehältnis lag. Tomomi kämpfte gegen ihre Verstörung an und musste die Augen mit aller Kraft von diesem Anblick abwenden, erst dann beruhigte sie sich. ›Was geht da bloß in mir vor – hat mich dieser kleine Adler verhext?‹, fragte sie sich.

Ein prüfender Blick in die Runde beruhigte sie, niemand schien die Gefühlsverwirrung mitbekommen zu haben. Langsam normalisierte sich ihr Puls und das gerade spürbare spirituelle Band zwischen dem Netsuke und ihr verblasste wieder in ihrer Wahrnehmung.

Marco begann der Reihe nach die verschiedenen Inhalte aus der Schatulle zu nehmen und seinem Team jeweils kurz zu erläutern.

In der folgenden Stunde wanderten höchst seltsame Dinge von Hand zu Hand und oft konnte keiner von ihnen einen direkten Bezug zu ihrem Netsuke ableiten. Bei einigen Objekten war ihnen sogar völlig unklar, worum es sich überhaupt handelte.

Da war zum Beispiel ein etwa zehn Zentimeter langes und vier Zentimeter dickes Bambusrohrsegment, beidseitig mit einem Bambusdeckel verschlossen und mit Wachs versiegelt. Das Rohrsegment klang, wenn man es schüttelte, als wäre es teilweise mit Sand oder etwas Ähnlichem gefüllt. Rebecca tippte auf ein einfaches Musikinstrument, etwa eine kleine Rassel.

Tomomi tendierte zu einem Arzneibehälter. Frank dachte an eine Tabak- oder Teedose. Und Claudia und Marco hatten beide die Idee, dass jemand als Urlaubssouvenir nach einem Strandurlaub etwas Korallensand aufbewahren wollte.
Ebenfalls schwierig einzuordnen war eine perfekt polierte Kugel aus Wurzelholz, mit einem Durchmesser von etwa fünf Zentimetern. Die Holzmaserung war wunderschön, der Farbton erinnerte an Kirschbaumholz. Hierzu gab es eher scherzhaft gemeinte Verwendungsvorschläge wie Murmel, Boccia, Billard oder Massagekugel. Überrascht waren alle, als Marco ihnen die Kugel in die Hand gab: Sie war wesentlich schwerer als sie erwartet hatten, vom Gewicht her entsprach sie eher einer Metallkugel als Holz.
Worauf Claudia klar feststellte, wenn auch lachend: »Ach, also eine Kanonenkugel!«
Etwas einhelliger war die Meinung bei manch anderen Utensilien. Da war ein Set von japanischen Essstäbchen aus schwarz-rotem Negoro Lack, ein kleines Taschenmesser mit Silbergriff und ein zusammengefalteter Lederbeutel mit Perlenstickerei in einem indianisch wirkenden Muster. Rätselhaft waren eine truhenförmige Lackdose mit zahlreichen winzigen Würfeln und Prismen aus sehr leichtem, hellem Holz sowie ein Stapel kleiner Porzellantäfelchen mit japanischen Schriftzeichen.
Tomomi, die sich inzwischen wieder im Griff hatte, warf einen genaueren Blick auf die Beschriftungen und vermutete, dass es sich wohl um ein altes Spiel handeln musste. Sie übersetzte die Bezeichnungen als verschiedene traditionelle Berufe und dazu passende Werkzeuge sowie Ortsangaben, die man diesen zuordnen konnte.
Besondere Aufmerksamkeit erregte bei allen ein kleines, etwa faustgroßes Stoffknäuel, das in eine runde Lackdose geknüllt war. Als Marco begann, es auseinanderzufalten, präsentierte sich ihnen eine wunderschöne Tuschemalerei auf hauchdünnem Seidenstoff. Vollständig ausgebreitet maß das Tuch etwa zwei auf einen Meter. Die Malerei zeigte in schwarzen Linien und pastellfarbenen Malflächen einen sich windenden Fluss mit vielen Verzweigungen und zahllosen winzigen Beschriftungen in japanischen Schriftzeichen. Es schien eine Landkarte zu sein, in der jedoch auch diverse

Detailbilder mit nicht sofort identifizierbarem Inhalt eingezeichnet waren. Manche Darstellungen darin wirkten wie kleine Szenen aus dem täglichen Leben einfacher Menschen, bei der Reisernte, beim Fischen, beim Baden und bei handwerklichen Verrichtungen aller Art. Vielleicht standen die porzellanenen Spielsteine hiermit in einem Zusammenhang und dies war das Spielfeld.

Marco ließ seine Mitarbeiter zunächst dieses üppig gestaltete Seidengemälde in Ruhe betrachten und genießen. Nach einer Weile wies er sie auf eine Szene in der rechten, oberen Ecke des Tuchs hin, die einen Bambushain mit dahinter angedeuteten hohen Kiefern zeigte. Als die Forscher diese Details nun genauer anschauten, ging ein leises Raunen durch ihre Reihen: Dort war winzig, aber eindeutig, ein Adler zu sehen, der auf einem Kiefernzweig saß und mit tief gesenktem Kopf auf einen kleinen Affen herabblickte, der vorne zwischen den Bambushalmen am Boden kauerte!

Während Marco das Tuch wieder vorsichtig zusammenfaltete, unterbrach er das einsetzende muntere Geplapper über alle diese exotischen Eindrücke schmunzelnd mit dem Fazit: »Ja, ihr Lieben, ich hatte euch gewarnt. Das Zeug hier drin hat Suchtpotential und wir müssen uns wirklich zusammenreißen, um nicht zu verkappten Sherlock Holmes zu werden! Denn jetzt kommen noch die Dokumente und die sind auch nicht ohne.«

Es folgte die Begutachtung von etlichen Schriftstücken in unterschiedlichsten Formaten und Sprachen.

Als erstes rollte Marco vorsichtig eine Pergamentrolle auf, die sehr zerbrechlich und spröde aussah. Sie war mit einem kleingeschriebenen, langen Text in arabischer Sprache bedeckt, wobei die Anfangsworte der einzelnen Absätze wunderschön kalligraphisch gestaltet waren. Als Rebecca sich an die Entzifferung machen wollte, mit sichtlicher Mühe, erklärte Marco lächelnd: »Rebecca, tu dir das jetzt nicht an! Ich habe eine Kopie erstellt und gerne kannst du den Text von mir bekommen und dich daran versuchen. Aber mehrere arabische Schriftexperten hatten sich im Getty-Institut auf meine Bitte hin damit bereits vergeblich auseinandergesetzt. Sie teilten mir mit, dass dieses Schriftstück in einer sehr individuellen Abart der Mehri-Sprache verfasst wurde, also fast wie in einer Geheimsprache. Mehri ist eine seit über tausend Jahren im Jemen und Oman gesprochene, aber schriftlose Sprache. In diesem Dokument hat jemand Mehri-Ausdrücke in altarabische Schriftzeichen umgesetzt und bewusst verschleiert. So ein Vorgehen sei bei vertraulichen Aufzeichnungen innerhalb mancher Familien oder Geheimbünde in Südarabien durchaus bis ins sechzehnte Jahrhundert üblich gewesen und eigentlich konnten nur Eingeweihte die Texte lesen. Ich habe trotzdem bereits vor drei Wochen eine entsprechende Übersetzungsanfrage samt kleinem Textbeispiel an ein einschlägiges Sprachinstitut in Kairo geschickt, aber noch keine Rückmeldung von dort. Also: Bislang habe auch ich keinen Schimmer, worum es in dieser Schriftrolle geht.«

Nachdem Marco die Rolle wieder sorgfältig in ihrem Futteral verstaut hatte, faltete er als nächstes ein großformatiges Stück Papier auseinander, das in einem dicken, derben Lederetui verpackt war. Das stark vergilbte und mit Stockflecken übersäte Blatt war vollständig ausgebreitet etwa fünfzig auf achtzig Zentimeter groß und mit zahlreichen arabischen Textblöcken und Zahlenkolonnen beschriftet.

Da dieses Dokument in normaler arabischer Sprache verfasst war, gab Marco das Wort an Rebecca, die sogleich meinte: »Oh ja, das ist besser, das kann ich lesen! Gebt mir einen Moment, damit ich mir erst einmal einen Überblick verschaffe, das sind über zwanzig verschiedene Tabellen und Auflistungen …«

Gerne ließen sie ihrer Kollegin die nötige Ruhe, jeder war sowieso mit eigenen Gedanken beschäftigt, denn das alles war unglaublich spannend und regte ihre Fantasie an. Marco ergänzte für die anderen leise, um Rebecca nicht abzulenken, dass das nun Neuland sei. Er habe wie gesagt in Los Angeles nur wenige ausgewählte Dokumente aus der Schatulle näher betrachtet und untersucht, und dieses Papier hier gehöre nicht dazu.

Während ihre Kollegin sich auf den Text konzentrierte, beschäftigte sich Frank mit einigen Details an der Schatulle und die anderen nochmals mit den Gegenständen darin.

Nach etwa zehn Minuten war Rebecca soweit. »Also ich bin mir ziemlich sicher, dass das hier zu den Frachtpapieren eines arabischen Handelsschiffes gehört. Es ist irgendwie nicht die übliche Auflistung zur Ladung, sondern die verschiedenen Aufzählungen sind einzelnen Namen und Personen zugeordnet. Es könnte sein, dass auf diesem Blatt nicht die eigentliche

Handelsware aufgeführt ist, sondern der private Besitz dieser Personen, der transportiert wurde. Viele Bezeichnungen der Waren sagen mir leider gar nichts, vermutlich sind das Fachausdrücke aus früheren Zeiten. Übrigens sehe ich nirgends eine Datumsangabe oder eine andere Information, die uns einen Hinweis auf das Jahr gibt, in dem diese Listen erstellt wurden. Eine spannende Stelle konnte ich ganz entziffern, hier rechts die zweite Kolonne, das ist eindeutig: Dort werden unter dem Namen Ahmed bin Hamed Al Mahrizi zweiunddreißig Elefantenstoßzähne aufgeführt mit einer Gewichtsangabe, die ich allerdings nachschlagen müsste, das arabische Wort sagt mir nichts, mit dem das Gewicht angegeben ist. Aber vor allem: Zusätzlich wird ein einzelner, ganz besonderer Stoßzahn angegeben, mit einer Länge von einem ›qasab‹ und einer ›arsh‹. Das müsste etwa vier Meter und dreißig Zentimeter entsprechen. Ich bekomme gerade eine Gänsehaut, weil hier eventuell eine Ladeliste jenes Schiffes vor uns liegt, mit dem das Elfenbein unseres Albino-Elefanten transportiert wurde! Das wäre einfach irre!«

Den anderen ging es ähnlich und sie wollten sofort in nähere Details einsteigen. Aber Marco erinnerte daran, dass sie eigentlich nur einen Schnelldurchgang durch den vielfältigen Inhalt der Schatulle machen wollten. Er konnte sich folgende Bemerkung nicht verkneifen: »Mir geht´s ja genauso, Rebecca, aber denkt an meine Worte von vorhin: Kann das wirklich so sein? Ist es theoretisch möglich, mit den Recherchemitteln, die vor fünfzig Jahren zur Verfügung standen, so ein Dokument aufzuspüren? Ist es realistisch, dass man mit damaligen Mitteln überhaupt einen Zusammenhang zwischen einer Schnitzerei aus dem achtzehnten Jahrhundert und einem Stoßzahn aus dem vierzehnten Jahrhundert herstellen konnte? Lasst uns realistisch und distanziert bleiben, bei aller Begeisterung, die bei solchen Befunden unwillkürlich aufkommt!« Damit nahm er Rebecca das Papier wieder aus der Hand und verstaute es im Lederfutteral.

Als nächstes legte Marco eine Schriftrolle mit einem kurzen japanischen Text und mehreren Tabellen auf den Tisch und bat Frank und Tomomi sich ein Bild zu machen und ihnen eine erste Bewertung zu geben. Das ging recht flott und die beiden waren sich nach wenigen Minuten einig in der Interpretation.

Tomomi bat Frank die Erklärung zu übernehmen, weil er mehr Hintergrundwissen zu diesem Thema hätte. »Also das kommt uns wenig spektakulär vor. Eine Seite aus einem längeren Schriftstück, deshalb etwas aus dem Zusammenhang gerissen. Es ist eindeutig eine Materialaufstellung von hohem Wert. Aufgelistet sind in größeren Quantitäten verschiedene Metalle, auch Gold und Silber. Außerdem hochwertige und seltene Lederqualitäten, erlesene Rochen- und Aalhaut, Seidentücher, Jade und Bernstein, gut abgelagerte Edelhölzer in verschiedenen Formaten sowie ›ein ... Eisenerz‹. Mit Letztgenanntem haben wir ein Problem, denn wir kennen das Schriftzeichen nicht, mit dem es zusätzlich spezifiziert ist. Dieses Erz muss etwas Besonderes sein, wenn ich das so sagen darf. Ich habe mich intensiv mit der Schmiedekunst in Japan beschäftigt und dachte alle gängigen Bezeichnungen für Erzarten und die wichtigsten metallkundlichen Fachausdrücke zu kennen. Elfenbein wird im ganzen Dokument nicht erwähnt.

Zur zeitlichen Einordnung denken wir beide, dass dieses Schriftstück frühestens aus dem neunzehnten Jahrhundert stammt, denn es enthält Ausdrücke, die vorher nicht in die japanische Sprache übernommen worden waren. Wir vermuten, dass das eine Bestellliste oder Inventarliste einer Werkstatt ist, vielleicht aus dem Umfeld einer Schwertschmiede. Die einzelnen Teile eines Samurai-Schwertes wurden damals zwar in unterschiedlichen Werkstätten gefertigt, diese arbeiteten aber oft in enger Nachbarschaft. Ich sehe enttäuschte Gesichter, tja, tut uns leid, aber weder Tomomi noch ich können irgendeinen Bezug zu unserem Netsuke oder zu dieser Schatulle hier erkennen.«

Also wurde die Rolle wieder weggeräumt und als nächstes kam ein gebundenes Buch an die Reihe.

Es war kleinformatig, von der Größe einer Hand, etwa fünfzig Seiten dick, der Umschlag aus derbem Leder und ohne Verzierungen oder äußerliche Beschriftung. Auf den ersten Blick wirkte es wie ein kleines Notizbuch, das ein bewegtes Leben hinter sich hatte. Es war stark abgegriffen, das Einbandleder speckig und schmutzig, fast schwarz, die recht dicken Papierseiten innen fleckig und vergilbt, an den Rändern ausgefranst und teilweise stark durch Insektenfraß geschädigt.

Marco reichte es herum und erzählte seinem Team, was er bisher über dieses Büchlein wusste: »Wie ihr seht, enthält dieses Buch Eintragungen in portugiesischer Sprache. Da keiner von uns diese Sprache perfekt beherrscht, habe ich den Text durch Claudia scannen lassen und eine Übersetzung beauftragt, das Ergebnis müsste uns kommende Woche zur Verfügung stehen. Das Teil sieht wie ein privates Notizbuch aus, nicht wie ein Tagebuch, denn es findet sich kein einziges Datum, soweit ich das erkennen konnte. Also warten wir mal ab!«
Auch das nächste Dokument konnten sie rasch abhandeln, es war die handgeschriebene Geschichte ›Tod in Afrika‹, zu der sie aus Marcos Vortrag recht viel wussten. Die Papierqualität des dreizehnseitigen Schriftstücks, das durch eine Klemmschiene zusammengehalten wurde, passte zur Datumsangabe ›Fünfter Mai 1986‹. Es war nur leicht vergilbt und gut erhalten. Die Handschrift darauf wirkte souverän und sehr geübt, die Tinte war noch immer kräftig und unverblasst und der Gesamteindruck deutete auf ein Manuskript nicht nur für den eigenen Gebrauch hin. Mit diesem fehlerfreien und ohne Korrekturen versehenen Essay hatte sich der Autor sehr viel Mühe gemacht. Nach kurzem Durchblättern wanderte auch dieses Objekt wieder zurück an seinen Platz und weitere Schriftstücke in Deutsch kamen an die Reihe.

Marco öffnete zwei fast identische, flache Leinenkassetten, eine weinrot, die andere hellgrau, in denen jeweils dünne Stapel von Papier in DIN-A4-Format lagen. Beide Dokumente waren handgeschrieben, allerdings jeweils in deutlich anderen Handschriften. Auch das Papier war ein anderes als bei der Afrika-Geschichte, höherwertig, fast wie handgeschöpftes Bütten wirkend. Er holte das erste Dokument aus der weinroten Kassette und legte es in die Mitte des Tisches.
»Der Inhalt dieses Essays hier – denn so würde ich es nennen – ist ähnlich abenteuerlich wie die Elefantengeschichte. Es geht um einen auf einer unbewohnten Insel gestrandeten Seemann, der sich im Stil eines Robinson Crusoe durchschlägt, bis ihn eine Gruppe Eingeborener nach fast zwei Jahren dort entdeckt und rettet. Bedauerlich ist, dass nur die ersten Seiten und die letzten Seiten vorhanden sind, der Hauptteil der Geschichte fehlt.

Wie viele Seiten das waren, kann ich nicht sagen, denn sie sind nicht durchnummeriert. Mysteriös und für uns regelrecht sensationell ist folgendes: Der Seemann in dieser Erzählung hatte einen Talisman bei sich und ratet mal was für einen?«

Marco genoss den gespannten Ausdruck in ihren Gesichtern und musste laut lachen, als Rebecca sich plötzlich mit der flachen Hand vor die Stirn schlug und ausrief: »Bitte, nein, das wäre jetzt wirklich zu viel, oder? Nicht unser Netsuke, nein?«

Marco zog genüsslich ein bestimmtes Blatt aus dem Stapel, das mit einem kleinen Markierungsaufkleber versehen war, legte es vor sie in die Mitte des Tisches und sagte mit bewusst übertriebener Theatralik: »Oh doch, auch wenn es wirklich unglaublich ist, aber seht selbst hier unten im Text ... dieser Seemann in der Geschichte hatte eine kleine Elfenbein-Schnitzerei bei sich, die einen Adler darstellte!«

Natürlich befand sich das Team inzwischen in einem Zustand, der sie zwischen völliger Ungläubigkeit und totaler Begeisterung hin und her schwanken ließ. Sie waren sprachlos und lasen sichtlich verunsichert die entsprechenden Zeilen, einige mit leichtem Kopfschütteln und halboffenen Mündern.

Claudia sah Marco sehr intensiv an. Konnte es sein, dass ihr Chef diese ganzen Sachen selbst zusammengestellt hatte, um eine tolle Geschichte zu konstruieren? Natürlich nicht, da war sie sich eigentlich vollkommen sicher, sie kannte sein makelloses Renommee in wissenschaftlichen Kreisen und besaß genug Menschenkenntnis, um ihm absolut zu vertrauen. Aber zumindest den Gedanken an diese mögliche Erklärung musste sie doch zulassen. Ihr ganzes Berufsleben war schließlich durch ein gesundes Misstrauen gegenüber jedem und allem geprägt und sie war hiermit immer gut beraten gewesen.

Frank weigerte sich innerlich, diese scheinbaren Verbindungen zum Netsuke aufgrund von Texten zweifelhafter Herkunft näher in Betracht zu ziehen. Er war da ganz bei Marco und dessen Warnungen, sich besser auf wirkliche wissenschaftliche Fakten zu konzentrieren. Genau dies wollte er ab sofort konsequent befolgen. Sie wurden fürstlich dafür bezahlt, ein seriöses Forschungsvorhaben über ein Kunstwerk wissenschaftlich fundiert

zu bearbeiten. Nicht für das Lösen des Rätsels dieser Schatulle. Sollten doch andere, die daran mehr Spaß hatten, diese dubiosen Hinweise verfolgen. Für ihn persönlich war die Existenz des Masanao-Netsuke spannend genug, er brauchte kein zusätzliches Adrenalin, um Freude und Erfüllung bei der Bearbeitung dieses Projekts zu empfinden.
Rebecca zog für sich die genau umgekehrte Konsequenz aus den Eindrücken der letzten Stunden. Sie hatte während ihres gesamten Studiums und allen bisherigen Praktika in Bibliotheken immer auf etwas Besonderes, Sensationelles gehofft, was den üblicherweise eher gleichförmigen Alltag einer Bibliothekarin sprengte. Sie genoss es, bei ihrer sehr systematischen und strukturierten Arbeit des Ordnens und Recherchierens trotzdem ihrer Fantasie freien Raum zu geben und von abenteuerlichen Entdeckungen zu träumen. Die Sache mit dem mysteriösen Surimono hatte sie deshalb sofort fasziniert. Nach den weiteren Hinweisen auf eine geheimnisvolle Geschichte um das Netsuke gab es für sie kein Halten mehr. Diesen Spuren musste man auf den Grund gehen und sie würde das auf jeden Fall tun, egal was für Prioritäten ihr Chef setzte, zur Not eben in ihrer Freizeit.
Tomomi als Naturwissenschaftlerin war in einem echten Zwiespalt. Alles in ihr sträubte sich gegen die verrückte Vorstellung, dass diese völlig unwahrscheinlichen Beziehungen zwischen dem Schatullen-Inhalt und dem Netsuke real waren. Aber mit dieser logischen Einschätzung lag sie schon bei der Afrika-Geschichte falsch. Musste man also nicht auch den anderen Dokumenten eine gewisse Glaubwürdigkeit zubilligen und ihre Echtheit mit wissenschaftlichen Methoden abklären? Sie bildeten ein tolles, interdisziplinäres Team und hatten erhebliche Forschungsmittel zur Verfügung - war das nicht Verpflichtung genug für eine umfassende Recherche in alle noch so spekulative Richtungen? Die Japanerin hoffte darauf, dass Marco ihnen genug Freiraum und Mittel zur Verfügung stellen würde, dies gründlich zu untersuchen. Zumal sie ihre seltsamen Gefühle in der Nähe des Netsuke nicht einfach ignorieren konnte – da war mehr, als ihr Verstand verarbeiten konnte, vielleicht etwas wirklich Metaphysisches!
Auch im Moment war Tomomi wieder ganz seltsam zumute. Sie hatte in der letzten halben Stunde ihren Blick ständig von den Schatullenobjekten abwenden müssen, um immer wieder den kleinen Adler verstohlen

anzusehen. Es war, als wäre sie hierbei jedes Mal wie hypnotisiert und als starrten die winzigen, schwarzen Augen sie ununterbrochen an. Was war das für eine seltsame Verbindung, die sie zu dem Elfenbeinobjekt zu spüren schien? Je länger sie den Blick in die Adleraugen versenkte, umso verwirrter wurde sie. Aber ihr starkes Makeup wirkte wie eine Maske, sodass dies niemandem auffiel.

Marco beobachtete die verschiedenen Reaktionen und Stimmungen im Team genau. Er war sich bewusst, dass es jetzt darauf ankam, eine gemeinsame Projektstrategie festzulegen, mit der sich alle seine Mitarbeiter identifizieren konnten. Ihm war klar, dass er hierbei individuelle Spielräume schaffen musste, denn seine Leute hatten sichtlich unterschiedliche Emotionen entwickelt. Doch noch war man mit dem Inhalt der Schatulle nicht durch, noch war es zu früh, ein Fazit zu ziehen.

»Ich verstehe gut, was euch bewegt. Glaubt mir, mir ging es genauso, als ich das durchgesehen und durchdacht hatte. Das ist ausgesprochen verwirrend und dubios. Lasst uns noch die letzten drei Dokumente kurz anschauen und anschließend darüber sprechen, wie wir mit der Situation verfahren.«

Der Projektleiter legte die Insulaner-Geschichte zur Seite, holte einen etwas dünneren Stapel Papiere aus der hellgrauen Kassette und fasste den Inhalt kurz zusammen: »Hier kommt etwas, was auf den ersten Blick nichts mit unserem Netsuke zu tun hat. Es sind Fotokopien von einigen Seiten aus einem Tagebuch, anscheinend im Jahr 1975 niedergeschrieben von einem Handwerker in München. Es ist im Stil eines kleinen Selbstgesprächs verfasst und wirkt seltsam verklausuliert. Man versteht nicht genau, worum es sich dabei handelt. Am besten, ihr lest euch das einmal selbst durch in den nächsten Tagen und wir sprechen hinterher darüber. Das gleiche gilt für das nächste Schreiben.«

Marco entnahm der Schatulle ein großes Kuvert mit einigen bedruckten Seiten.

»Das hier liest sich wie der philosophische Diskurs eines älteren Herrn, der reflektiert, wie ein junger Mann, vielleicht er selbst, sein Interesse an kleinsten Dingen entdeckte und sich seiner daraus entwickelnden Fantasie bewusst wurde. Einen direkten Zusammenhang mit unserem Netsuke konnte ich nicht entdecken, aber es liest sich nicht uninteressant. Später wandern die Gedanken auch zur musealen Welt und vielleicht habt ihr ja eine Idee, wie das zu den anderen Dingen hier oder zu unserem Thema passen könnte.«

Nachdem Marco diese Blätter in ihrer Hülle sowie die zwei Manuskripte in ihren Leinenkassetten verstaut hatte, kam als nächstes eine kleine, dicke Papierrolle an die Reihe.

»Was hier wie eine Miniatur-Toilettenpapierrolle aussieht, habe ich bislang noch nicht näher untersucht. Das Papier ist verklebt und es war zu befürchten, dass es beim Aufrollen Schaden nimmt. Unter der Lupe erkennt man, dass auf den ersten Lagen kleine chinesische oder japanische Schriftzeichen durchschimmern, es könnte also eine sehr ungewöhnlich gestaltete Schriftrolle sein. Ich will das in die Papierabteilung einreichen, die sollen das professionell öffnen und präparieren.«

Er legte die Rolle zurück in ihr Abteil in der Schatulle und holte einen dünnen Briefumschlag aus dem Fach daneben.

»Damit kommen wir zum letzten Dokument, das ich euch heute im Original zeigen kann. Drei weitere Schriftstücke sind zurzeit beim UNTACH-Übersetzungsdienst, denn sie sind in Finnisch, Urdu und einer mir völlig unbekannten Schriftsprache verfasst. Lacht mich nicht aus, aber ich habe solche Buchstaben oder Silbenzeichen noch nie in meinem ganzen Leben gesehen. Dem Leiter der Linguistikabteilung, so unglaublich das klingt, geht es übrigens genauso! Warten wir also ab, welche Antworten wir von dort bekommen.

Doch wie gesagt, hier haben wir noch etwas und zwar einen ganz normalen Brief in Holländisch: Von einem ›Holger‹ an einen ›Helge‹ geschrieben, datiert mit ›Haarlem, 14.03.1978‹. Leider fehlt das Originalkuvert, wir haben also keine Adresse des Empfängers oder Absenders. Das ist bedauerlich, denn in dem Brief wird die Versteigerung eines Masanao-Netsuke in London erwähnt, leider ohne Angabe des Datums oder Auktionshauses. Ich habe eine Übersetzung des Briefes ins Deutsche, zumindest von den lesbaren Teilen. Wie ihr seht, ist das Papier stark beschädigt, der Brief war wohl einmal länger durchnässt und die Schrift ist an manchen Stellen völlig verwaschen und nicht mehr zu entziffern. Das Netsuke wird zwar nicht

näher beschrieben, aber der Verdacht, dass es sich um unseren Adler handelt, liegt nahe, da der Brief zu diesem Konvolut gehört.
Jetzt das für mich interessanteste im Brief: Hier unten ist vermerkt, dass es sich bei dem Netsuke um ein besonderes Stück handelt, das über mehrere Generationen im Besitz einer Daimyo-Familie war. Ihr erinnert euch an die Auktionsbeschreibung des Surimono, der früher zu diesem Nachlass gehörte? Das passt sehr gut zusammen!«
Während Marco das Dokument zurück in die Schatulle legte, ließ er das auf sein Team wirken, bevor er fortfuhr: »Vielleicht ist euch aufgefallen, dass die Seite aus dem Soken Kisho mit dem Masanao-Hinweis fehlt, die ich vor zwanzig Jahren in der Schatulle gesehen hatte. Leider gehört sie zu den vielen Dingen, die zwischenzeitlich verloren gegangen sind.
So, das war also meine kleine ›Schatztruhe‹ und nun liegt es an uns, wie wir damit verfahren wollen. Erste Ideen haben wir ja schon ausgetauscht, vielleicht sollten wir da wieder einsteigen in die Diskussion. Also: Frank, du kümmerst dich freundlicherweise bereits um die Schatulle in Holland und hast zeitlich dringliche, wirklich wichtige Aufgaben zum kunsthistorischen Umfeld zu bearbeiten. Ist es in Ordnung, wenn du dich voll hierauf konzentrierst oder möchtest du gerne zusätzlich einem dieser Indizien aus der Schatulle nachgehen?«
Frank kam dieser Vorschlag sehr entgegen und er stimmte daher zu, nicht ohne zu ergänzen, dass er den Kolleginnen natürlich jederzeit für Erklärungen oder Tipps zur Verfügung stünde, wenn es um sein Fachgebiet ginge.
»Rebecca, bleibst du bei deinem Vorschlag, nach unserem Surimono zu suchen, oder hat dich ein Objekt hier aus der Schatulle mehr fasziniert?«, wandte sich Marco an die nächste in der Runde.
Diese blieb bei ihrem Plan, ergänzte aber: »Ich würde mir gerne außerdem den arabischen Text über die Schiffsladung vornehmen, so könnte ich gleich meine neue Suchmaschine mit einem echten Recherchefall auf eine harte Probe stellen.«
Das machte in jeder Hinsicht Sinn. Marco stimmte zu und warf Tomomi einen fragenden Blick zu, die sich inzwischen wieder voll im Griff hatte und antwortete: »Also wenn ich die Wahl habe, dann übernehme ich bitte

den ganzen Rest in diesem Koffer – das ist alles so spannend, ich kann mich gar nicht entscheiden, wo ich anfangen möchte! Aber nein, Scherz beiseite, wenn ihr einverstanden seid, würde ich gerne neben der intensiver anlaufenden Analysearbeit am Netsuke im Moment höchstens einem der kürzeren Dokumente nachgehen, zum Beispiel dieser Inventarliste aus der japanischen Werkstatt. Als Muttersprachlerin fällt mir das bestimmt leichter als euch und irgendwie hat mich diese Sache mit dem speziellen Erz sehr neugierig gemacht!«

Hierzu kam von keiner Seite Widerspruch und Marco gab ihr grünes Licht. Alle blickten nun Claudia erwartungsvoll an.

»Ich hab´s nicht so mit alten Dingen, sondern stehe mehr auf Menschen. Deshalb würde ich mir gerne diese beiden deutschen Dokumente über den Insulaner und vor allem über diesen philosophierenden älteren Herrn vornehmen. Nach meiner erfahrungsreichen Ehe mit dieser Spezies sollte ich dafür eigentlich prädestiniert sein.«

Das wurde mit entspanntem und heiterem Gelächter als eine gute Idee aufgenommen und Marco beendete die Runde mit seinen eigenen Plänen.

»Perfekt! Ich denke, das ist für die kommenden Tage ein sehr vernünftiges Arbeitsprogramm, vor allem gut ausgewogen zwischen substanziellen Arbeiten an unserem Netsuke und etwas Spurensuche im rätselhaften Fundus seines vermutlichen Umfelds. Ich werde mich neben den analytischen Untersuchungen zusammen mit Tomomi und einigen eigenen Mikroskopie-Arbeiten am Adler zusätzlich dieser seltsamen Holzkugel widmen. Claudia wird morgen alle Dokumente als Scan auf unseren Server legen, sodass jeder von uns Zugriff hat.

Das war wirklich gut heute, Leute! Ich möchte euch danken für die ausgezeichnete Arbeit seit Projektstart, die offene Diskussion und die klugen Vorschläge für die nächsten Tage. Wir setzen uns ja spätestens am Mittwoch kurz zusammen, bevor wir unseren Termin unten in der Netsuke-Sammlung wahrnehmen. Bei dieser Gelegenheit können wir den Termin des nächsten offiziellen Team-Meetings festlegen. Ich denke mal in etwa zwei Wochen, bis zu diesem Zeitpunkt dürften wir ein paar neue Ergebnisse haben. Einverstanden? Hat noch jemand Fragen oder Wünsche heute?«

Es folgten letzte organisatorische Punkte und der Austausch verschiedener Quellenangaben und Tipps für Kontaktaufnahmen innerhalb des UNTACH. Rebecca gab anhand ihres Smartpads den anderen anschließend die versprochene Einweisung in ihr Suchprogramm SEMEN, wobei sich Claudia ausklinkte, da sie damit bereits bestens vertraut war. Sie nutzte die Zeit stattdessen, um mit dem Scannen der Dokumente zu beginnen. Als erstes tat sie dies mit den beiden deutschen Texten, die sie selbst sich ausgesucht hatte. Sie brannte darauf, an diesem Abend gleich mit dem Lesen loszulegen.

Ganz am Ende äußerte Rebecca den Wunsch, das Netsuke näher anschauen zu dürfen, was verständlich war. Während Marco, Frank und Tomomi die kleine Kostbarkeit schon oft in Händen gehalten und inspiziert hatten, war es für Rebecca etwas Besonderes, nun die kleine Figur anzufassen und ausgiebig zu bewundern. Gegen vier Uhr waren alle Wünsche erfüllt und das Team zog sich an die jeweiligen Büroarbeitsplätze zurück. Marco verstaute das Netsuke wieder in der Wandvitrine sowie die Schatulle im Regal und verschloss den Tresorraum.

Er bat Claudia, für ihn am nächsten Tag einen Termin beim Leiter der Präparationswerkstatt zu vereinbaren, verabschiedete er sich und wünschte allen einen schönen Abend. Er selbst hatte in zwei Stunden eine Verabredung und wollte sich in Ruhe vorbereiten und frisch machen.

Während des hiermit beendeten sechsstündigen Meetings war bei keinem von ihnen Hunger aufgekommen, aber Marco selbst spürte jetzt, dass es vielleicht keine schlechte Idee wäre, das später anstehende Gespräch bei einem kleinen Abendessen zu führen. Die Stimme und Wortwahl der Fachkollegin, die ihn an diesem Morgen angerufen und kurzfristig um ein Treffen gebeten hatte, klang interessant. Auch das Gesprächsthema war vielversprechend, warum also nicht das Berufliche mit dem Angenehmen verbinden!

Das Vermächtnis der Ikeda

Nach mehreren Geschäftstreffen außer Haus traf Yamagata Aritomo gegen siebzehn Uhr im Penthouse des Tamagi Tower ein. Er ließ sich durch Naomi die neuesten Informationen und Unterschriftenmappen geben und bat sie um einen Gyokuro-Tee. Bis zum Eintreffen von Abe Tomoji und Michiko Keiko wollte der Konzernchef nicht mehr gestört werden.

Nach einigen genussvollen Schalen des köstlichen Getränks, das in traditionellem Rojigeschirr aus Gusseisen serviert wurde, erledigte er zügig die wichtigsten geschäftlichen Angelegenheiten. Dann öffnete er seinen Wandtresor, der sich hinter einem großen Gemälde von Takashi Murakami befand, und entnahm ihm eine dünne, schwarze Ledermappe. Er berührte diese demütig mit der Stirn und widmete sich dem ehrenvollen Gedenken an seine Vorfahren. In dieser Mappe lag jene Botschaft seines Vaters, die ihn seit seinem sechzigsten Geburtstag so tief bewegte. Sie hatte ihm eine Herkunft eröffnet, die für ihn gleichermaßen Belastung wie Stolz bedeutete. Er begann das Vermächtnis zu lesen, in das er sich in den letzten Jahren so oft vertieft hatte, dass er den Text auswendig kannte:

›Mein geliebter Sohn,

wenn dich diese Nachricht erreicht, werde ich bei unseren Vorfahren ruhen, deren Angedenken so unverdient beschmutzt wurde. Sie waren mächtige, ehrenvolle Männer. Aber einen von ihnen, meinen Urgroßvater, traf ein hartes Schicksal, das seine Familie ins Unglück warf. Der einzige überlebende Nachkomme, also mein Großvater, musste unter jenem fremden Namen aufwachsen, den auch du heute trägst: Yamagata. Wenn du diese meine letzten Worte an dich gelesen hast, wirst du wissen, wo unsere wahren Wurzeln liegen, wer wir wirklich sind und was wir für unser Land taten. Du wirst die Verpflichtung erkennen, nach dem Beweis zur Wiederherstellung unsere Familienehre zu suchen, wie es schon mein Großvater, mein Vater und auch ich getan haben. Wir hatten leider keinen Erfolg, sonst würdest du diese Nachricht nicht erhalten.

Es war mein Großvater, der in seiner Klugheit die Tradition festlegte, dass uns als seinen jeweils erstgeborenen männlichen Nachfahren mit Erreichen des sechzigsten Lebensjahres dieses Vermächtnis mitgeteilt wurde. Er wünschte sich nichts sehnlicher, als dass seine Nachkommen ein normales, glückliches und erfolgreiches Leben führen sollten. Erst in der Weisheit des Alters sollten sie versuchen, das Geheimnis um unsere Geschichte zu lüften und die Schmach von unseren Vorfahren wegzuwischen. Ich wünsche dir von ganzem Herzen, dass du es sein wirst, dem dies vergönnt ist.

Unser richtiger Name lautet Ikeda und wir stammen von Ikeda Terumasa ab, dem Daimyo von Himeji. Die Chroniken und Geschichtsbücher werden dir Auskunft über sein Leben und das seiner Nachkommen geben, die zu den mächtigsten Gefolgsleuten des Tokugawa Ieyasu zählten. Doch zweihundertfünfzig Jahre später wirst du den Namen deines Urgroßvaters Ikeda Kuroda vergeblich suchen, denn als er im Jahr 1855 geboren wurde, hatte man seinen gerade im Kampf gefallenen Vater Hinata bereits wegen angeblichen Hochverrats entehrt und seine gesamte Familie zu einem schrecklichen Tod verurteilt. Sie begingen Seppuko, um zumindest ehrenvoll zu sterben. Der Name dieses Zweiges der Ikeda wurde aus allen Schriften und Nachweisen getilgt. Durch die Klugheit von Hinatas Frau und die Treue des Samurai Hatashi konnte nur Kuroda, dein Urgroßvater, unter dem neuen Namen Yamagata Ouichi, der Verfolgung entgehen.

In den Kriegswirren der damaligen Kämpfe des Shogun und seiner Vasallen gegen die aufständischen Daimyos und Bushi im Westen war das berühmte Zeremonial-Schwert ›Honjo Hisui Masamune‹ spurlos verschwunden. Die Heerführer schworen dem Shogun, dass Kurodas Vater, Ikeda Hinata, das Schwert seinen Feinden ausgehändigt hätte, um sich selbst zu retten. Diese ehrlosen Barbaren zerstörten das Schwert dann, so sagt die Überlieferung, um die Macht des Shoguns und damit auch des Kaisers zu schmähen. Du kennst die vielen Sagen und Erzählungen über dieses Zauberschwert, geschmiedet aus himmlischem Eisen vom Meisterschmied Masamune Okazaki im dreizehnten Jahrhundert. Man maß diesem Schwert die gleiche Bedeutung zu wie den anderen kaiserlichen Throninsignien.

Mein Sohn, das Honjo Hisui Masamune wurde durch unseren Vorfahren Hinata weder den Feinden überlassen noch zerstört. Er verteidigte es vielmehr mit seinem Leben und verwahrte es schließlich in einer ausweglosen Situation an einem geheimen Ort. Ein besonderes Netsuke, das die Witwe von Hinata ihrem einzigen Sohn als Talisman in die Wiege legte, trägt den Hinweis auf das Versteck in sich. Dieses Wissen wird in unserer Familie von Generation zu Generation weitergegeben.

Du wirst dich erinnern, wie oft und eindringlich ich dir als Kind von diesem Netsuke erzählte und dir immer wieder die große Bedeutung einprägte, die es für unsere Familie hat. Es war im Auftrag von Kurodas Ururgroßvater im Jahre 1757 von Masanao, dem besten Schnitzmeister Kyotos erschaffen worden. Dieses Familienerbstück stellt einen

Adler dar, der einen Affen besiegt und symbolisiert den Leitspruch der Ikeda-Daimyo, dass der Natur innewohnende Kräfte selbst über die listigsten Gegner triumphieren können.
Die Überlieferung besagt, dass alle verschlüsselten Nachrichten, die Ikeda Hinata für den Shogun über den Verbleib des Schwertes hinterließ, wenig später zerstört wurden, als seine Feinde nach ihrem Sieg die Festung plünderten. Auch seine kluge Frau hinterließ, bevor sie Seppuko beging, mehrere verschlüsselte Hinweise für ihren Sohn Kuroda und deponierte diese Botschaften auf sehr geschickte Weise, damit dieser später die Wahrheit und das Schwert finden möge. Vergeblich, denn das Schicksal verstreute diese Mitteilungen in alle Winde – so wie auch das Netsuke im Wirbel der Meiji-Restauration verschwand.
Ich glaube fest daran, dass das Netsuke noch existiert – aber niemand war bislang in der Lage, es aufzuspüren, genau so wenig wie die verschlüsselten Botschaften von Hinatas Frau gefunden werden konnten. Alles, was meine Vorfahren und ich über das Netsuke und diese anderen Hinweise wissen, findest du in dem kleinen Büchlein und der Ledermappe, die man dir zusammen mit diesem meinem Vermächtnis übergeben hat. Mein Vater begann in dem Büchlein niederzuschreiben, was ihm sein Vater Ouichi/ Kuroda an Wissen hierzu überliefert hatte und ergänzte dies durch die Ergebnisse seiner eigenen Bemühungen, so wie auch ich es später tat. Dort findest du also alles, was unsere Familie bisher an Hinweisen zusammentragen konnte. Führe du dies nun zu Ende oder bereichere zumindest unser Wissen zum Nutzen deiner Nachkommen, falls es auch dir nicht vergönnt sein sollte, das Schwert ›Honjo Hisui Masamune‹ aufzuspüren.
Mein Sohn, verurteile mich nicht, dass ich dir dies erst zu deinem sechzigsten Geburtstag mitteilen darf, so wie ich es erst an diesem Ehrentag von meinem Vater erfahren hatte und so wie du es tun wirst, wenn die Zeit gekommen ist. Wir dürfen die Verpflichtung gegenüber unseren Ahnen nicht dadurch entehren, dass wir uns dieser Tradition und damit ihrem Willen entziehen.
Ich bin davon überzeugt, dass das Netsuke des Masanao eines Tages die Wahrheit ans Licht bringen wird. Einer von uns wird das Schwert der Tokugawa-Shogune aufspüren. Der angebliche Verrat unseres Vorfahren wird als Lüge entlarvt und unser wahrer Name wieder mit Ehre genannt werden. Erst wenn das ›Honjo Hisui Masamune‹ seinen Platz in der Schatzkammer des kaiserlichen Palasts eingenommen hat, werden wir als die Nachfahren des Ikeda Terumasa wieder den ehrenvollen Platz in der Geschichte unseres Landes einnehmen können, der uns gebührt.

Mein Sohn, du weißt um die großen Opfer, die mein Großvater und mein Vater auf sich nahmen, um für uns wieder eine Stellung in der japanischen Gesellschaft zu schaffen, die unserer glorreichen Vergangenheit angemessen ist. Sie beide gingen hierfür Wege, die manchen unserer Ahnen nicht gefallen hätten. Auch ich musste mich noch lange auf Wertekompromisse einlassen, die dir als meinem Erben nun erspart bleiben.
Als Oberhaupt des Geheimbundes der Aizukotetsu-kai habe ich unser Unternehmen zu jener Größe geführt, die dir nun zur Verfügung steht. Dass ich später die Geschäfte unseres Konzerns Schritt für Schritt von dieser Yakuza-Organisation trennte. soll dir ein Vorbild sein. Es liegt an dir, diesen Weg zurück zur reinen Ehre weiter zu beschreiten. Doch sei dir stets der tiefen Verpflichtung bewusst, die wir dem Hatashi-Clan schulden – ihr Vorfahre war es, der unseren Vorfahr behütete und wie einen Sohn aufnahm. Auch die beiden folgenden Generationen unserer Familien blieben sich in Treue und gegenseitigem Respekt aufs tiefste verbunden.
Ich wünsche dir und den weiteren Nachkommen, dass die Erneuerung unserer Größe dadurch gekrönt wird, dass wir unserem Volk und unserem Kaiser jene Insignie zurückgeben, für die unser Urahn sein Leben ließ.
Möge dir Glück beschieden sein, mein Sohn, und mögen dich die guten Kami der Familie Ikeda behüten,
in Liebe, dein Vater.‹

Wie immer, wenn Yamagata Aritomo das Vermächtnis seiner Familie gelesen hatte, kämpften in ihm unterschiedlichste Emotionen und ließen ihn von Gefühlen zerrissen zurück. Da war tiefempfundene Ehrerbietung für seine Daimyo-Ahnen und deren Leistungen im Dienst der Tokugawa-Shogune. Da war unendlicher Hass auf jene, die seine Vorfahren zu Unrecht ins Verderben getrieben hatten. Da war Stolz und Wertschätzung den späteren Generationen gegenüber, die aus unendlichen Tiefen etwas Neues, Großes geschaffen hatten: den Tamagi Konzern, eines der mächtigsten Nanoelektronik-Unternehmen der Welt. Da war großer Respekt für die nun schon über mehrere Generationen währende und so fruchtbare Beziehung zwischen den Hatashi und den Yamagata, ganz im alten Ehrenkodex des Bushido stehend. Aber da war auch Frustration darüber, dass so viel Zeit vergeudet worden war durch die seltsame Regelung, dieses Wissen erst im Alter von sechzig Jahren weiterzugeben. Wieviel einfacher wäre alles

gewesen, wenn er die Details zu diesem Netsuke und seiner Bedeutung schon einige Jahre früher gekannt hätte!
Doch wie immer nach diesen Gefühlsausbrüchen, am Ende stellte er sich dem Willen seiner Vorfahren. Er war gerade vor dem Hintergrund seiner dramatischen Familiengeschichte stolz auf die eigenen Leistungen und wollte sein Lebenswerk dadurch krönen, dass er den Auftrag seines Vaters erfüllte. Dennoch war er verantwortungsvoll genug, bereits Vorsorge für den Fall zu treffen, dass er ebenso versagte wie die drei Generationen vor ihm. Schon kurz nachdem ihm das Vermächtnis übergeben worden war, hatte er ein entsprechendes Schreiben an seinen ältesten Sohn verfasst, das diesem zu seinem sechzigsten Geburtstag übergeben werden würde. Von dem Notizbuch seiner Vorväter und den Dokumenten in der Mappe hatte er Kopien und Scans anfertigen lassen, die in seinem Wandtresor lagen. Die Originale lagerten mit dem Brief bei seinem Anwalt, regelmäßig ergänzt durch aktuelle Ergebnisse in dieser Angelegenheit. Aber er wünschte sich aus tiefstem Herzen, dass es ihm selbst vergönnt sein würde, ihre Ehre wiederherzustellen.

Danach wandten sich Aritomos Gedanken den Aizukotetsu-kai zu. Er war sehr zufrieden mit dem von ihm gekonnt ausbalancierten Gleichgewicht zwischen den Geschäften seines Konzerns und den Machenschaften dieses Yakuza-Clans, dem er zwar noch immer sehr nahestand, ohne jedoch juristisch nachweisbare Beziehungen zu pflegen. Yamagata war den Weg der geschäftlichen Separierung sehr geschickt und für beide Seiten gewinnbringend weitergegangen, den ihm sein Vater vorgezeichnet hatte. Er hatte wie seine Vorväter die familiären Verbindungen mit den Hatashi konsequent gepflegt und diese starke Allianz weiter ausgebaut.
Das Abendessen mit den beiden Hatashi-Brüdern, die inzwischen bei den Aizukotetsu-kai hohe Clanchefs waren, sollte ein weiteres Mal diese familiären Beziehungen festigen und für einen angemessenen Interessensausgleich sorgen.
Zunächst war er jedoch erst einmal auf den Bericht seiner beiden Mitarbeiter gespannt, die hoffentlich die Vorgänge im UNTACH endlich in seinem Sinne im Griff hatten.

Er verneigte sich erneut vor dem väterlichen Dokument, schloss es im Wandsafe ein und genoss eine weitere Schale des wunderbar belebenden Grüntees.

Pünktlich um sechs Uhr ließ Naomi auf seinen Anruf hin Abe und Michiko eintreten. Yamagata begrüßte sie mit einem kurzen Kopfnicken und hieß sie mit einer einladenden Handbewegung in der eleganten Couchecke Platz zu nehmen. Ein klares Signal, dass sich seine Stimmung und ihre Situation deutlich verbessert hatten. Er unterstrich dies durch seinen wieder höflichen Umgangston und die Tatsache, dass er Tee servieren ließ.

»Gut, ihr habt also Fortschritte gemacht, wie mir Naomi berichtet hat, das klingt schon besser. Gestern war ich mir nicht mehr sicher, ob ich die richtigen Leute mit dieser Aufgabe betraut habe – also lasst hören, wo wir stehen und welche Vorkehrungen ihr getroffen habt, um solche Fehler in Zukunft zu vermeiden. Michiko?«

Die IT-Leiterin hatte nach einigen Stunden Schlaf und den positiven Nachrichten von Jimmi Lin nun wieder ein besseres Gefühl, was ihre Position gegenüber ihrem Chef betraf. »Herr Yamagata, wir sind gut vorangekommen seit den bedauernswerten Vorfällen gestern, für die ich Sie nochmals um Verzeihung bitte. Inzwischen konnten wir technische Vorkehrungen treffen, Bilddateien im Raum ›The Wall‹ zu erfassen, künftig werden uns also dort die Arbeitsfortschritte von Doktor Renke nicht entgehen. Auch in seinem Büro wurden effizientere Abhörinstallationen vorgenommen, sodass wir die Besprechungen des Teams verfolgen können. Wir sind jetzt außerdem in der Lage, uns in die Datenablage des Projekts einzuloggen, wollen dies jedoch auf gezielte Einzelmaßnahmen beschränken, da solche Eingriffe registriert werden könnten. Dies zusammen mit erweiterten Überwachungsmaßnahmen von Abe sollte uns künftig einen optimalen Zugriff auf das Geschehen in diesem Projekt sichern.«

Was Michiko geschickt verschwieg, waren diverse noch ungelöste technische Schwierigkeiten beim Herunterladen von Dateien aus der Projektablage. Irgendwie hatte es diese Claudia Mentrose geschafft, ein unglaublich effektives Sicherheitssystem in die Datenbank einzubauen, das

die Tamagi-Experten vor große Probleme stellte. Außerdem sahen sie bislang noch keine Möglichkeit, auch den Tresorraum neben dem Büro von Renke abzuhören. Seit heute wusste Michiko, dass ihnen dort mit Sicherheit wichtige Gespräche entgingen, aber sie hielt es für alles andere als opportun, dies momentan gegenüber Yamagata anzusprechen.
Auf dessen zufriedenes Kopfnicken hin war die Reihe nun an Abe. »Herr Yamagata, ich kann nur nochmals mein Bedauern für die gestrigen Versäumnisse versichern. Aber wie Sie aus der Aufzeichnung des Dinners wissen, entwickelt sich alles recht positiv in unserer Angelegenheit. Wir werden voraussichtlich in den nächsten Tagen Kopien der Dokumente besorgen können, welche in dieser Holzschatulle waren. Ich habe außerdem Vorsorge getroffen, eine Wissenschaftlerin im UNTACH näher bei Doktor Renke zu positionieren, wenn Sie einer solchen Überwachungsmaßnahme zustimmen. Die Person ist absolut zuverlässig, sie gehört zum Umfeld der Aizukotetsu-kai und dürfte keine Schwierigkeiten haben, sich das Interesse und Vertrauen unseres Doktor Renke zu verschaffen.«
Er sagte letzteres mit einem süffisanten Lächeln und reichte Yamagata ein Dossier, das dieser aufmerksam durchsah und mit einem zustimmenden Zungenschnalzen zur Seite legte.
»Sehr gut, Abe. Warum hast du an diese Möglichkeit eigentlich nicht schon viel früher gedacht? Es ist auf jeden Fall den Versuch wert, halte mich auf dem Laufenden. Gibt es sonst noch etwas, was ich wissen sollte?«
Als seine beiden sichtlich erleichterten Mitarbeiter dies verneinten, entließ er sie mit einem lässigen Handzeichen und begleitete sie bis zur Bürotür, wo er Naomi bat, ihm das aktuelle Briefing zu den Hatashis zu bringen. Er wollte sich gut vorbereitet in das wichtige Abendessen mit seinen Partnern begeben.
Plötzlich kam ihm noch eine andere Idee, die vielleicht die Dinge im UNTACH beschleunigen könnte.

Gestrandet

Claudia hatte es sich in einem Sessel am Fenster ihres Apartments bequem gemacht und die Beine hochgelegt. Sie knabberte an verschiedenen Obststücken, Sesamkeksen und Nüssen von dem Teller, den sie auf den Knien jonglierte und freute sich auf ihre Lektüre. Für acht Uhr war sie zu einem Tennisspiel mit der Engländerin verabredet, die sie vor ein paar Tagen in der Kantine kennengelernt hatte, und wollte vorher diese Geschichte über den gestrandeten Seemann lesen. Die Textdatei hatte sie bereits auf den großen Screen an der Wand geladen, aber noch nicht gestartet, denn im Moment genoss sie nach dem langen Tag im unterirdischen Bürobereich den Blick hinaus in den grünen Innenhof des Gebäudekomplexes. Als musikalische Hintergrunduntermalung lief der vierte Satz der neunten Sinfonie von Beethoven auf ihrer Audioanlage, für Claudia der Inbegriff perfekter Musik. Nach einigen Minuten dimmte sie dennoch von ihrer Neugierde getrieben die Fensterscheiben und aktivierte die Präsentation, die mit der Überschrift ›Ein Schiffbrüchiger‹ startete und dann einen handgeschriebenen, aber gut lesbaren Text folgen ließ:
›Der Himmel war grandios, ein wahrer Traum von einem Sonnenuntergang. Wolkentürme in kräftigem Violett, pastellrosa Zirrusschleier im Hintergrund und eine unnatürlich große, leicht in die Breite gezogene Sonnenscheibe in sattem Rot, die gerade im Meer zu verglühen schien. Auch dieses Meer könnte keinen Betrachter enttäuschen. Nahe am Strand in der stumpfen Farbe flüssigen Bleis, mit vielen wie Quecksilber schimmernden Lichteffekten auf den Wellenbergen, weiter entfernt noch ein Hauch von Stahlblau und letzte verlöschende Spuren in Türkisgrün, die das Farbenspiel erahnen ließen, das noch vor wenigen Minuten die Kulisse der Lagune im Schutze des Korallenriffs dominiert hatte. Doch es gab keinen Betrachter.

Der Mann lag mit dem Gesicht im Sand. Sein Körper wippte im Spiel der sanft auslaufenden Dünung im handbreit tiefen Wasser und nur der rechte Arm, seltsam verdreht, und der Kopf waren bereits auf dem weißen Sandstrand angekommen.
Manuel Munoz hatte hart gekämpft, um diesen Streifen rettenden Landes mit letzten Kräften zu erreichen, den er seit Stunden am Horizont vor sich hatte. Zumindest wenn er gerade von den draußen auf offener See sich hoch auftürmenden Wellen nach oben

getragen wurde, bevor er in den Wellentälern kurz darauf nur noch Wasser sah, wie schon die letzten sechzehn Stunden davor.
Nachdem in der Nacht der Klipper unter der Flagge eines holländischen Handelshauses im Taifun auf ein Unterwasserriff getrieben war, hatte Manuel endlose Stunden in der Dunkelheit und einen nicht minder schrecklichen Tag danach unter glühender Sonne und in Verzweiflung verbracht. Als er über Bord gegangen war, hielt er sich mit allen verbliebenen Kräften im aufgewühlten Meer an der Oberfläche. Kurz nachdem das Schiff in Sichtweite sank, hätte ihn ein von den mächtigen Brechern hin und her geschleudertes Plankenbündel fast erschlagen. Doch es verfehlte ihn knapp. Er konnte ein Tau greifen und sich mit letzter Kraft auf das erbärmliche Floß hochziehen.
Im lauten Heulen des Sturms ahnte er mehr als er hörte, dass anfangs noch andere Kumpane laut um Hilfe schrien und er schrie zurück in die Nacht. Stunden später, noch bevor der Morgen dämmerte und die See sich etwas beruhigte, waren keine Stimmen mehr zu hören. Nur von Zeit zu Zeit das Krachen von zusammenprallenden Wrackteilen im Wellentakt. Mit der Morgendämmerung kamen das Ende des Sturms und die Einsamkeit. Soweit er blicken konnte, sah er nur Wasser und wenige treibende Trümmer, und niemand antwortete auf sein verzweifeltes, heiseres Rufen und Winken. Ringsum war nur das endlose Meer, keine Brandungsgeräusche oder weiße Streifen am Horizont gaben einen Funken Hoffnung auf nahes Land. Er klammerte sich auf seinem Plankenbündel fest, verband die einzelnen Teile nach besten Kräften mit den daran hängenden Tauen und betete aus tiefstem Herzen zu Gott, dass sein kleines Rettungsfloß nicht untergehen möge.
In den Stunden danach zog sein ganzes armseliges Leben an ihm vorbei und am intensivsten die letzten Tage an Bord. Hatte er durch eigenes Verschulden zu diesem Unglück beigetragen? Vor drei Tagen gewann er im Würfelspiel von dem deutschen Seemann Max Adler dessen Talisman. Max hatte schon seine ganze letzte Heuer verspielt und nötigte Manuel geradezu, als Einsatz die kleine Elfenbeinschnitzerei zu akzeptieren, die er immer um seinen Hals trug und mit der er so oft vor den anderen geprahlt hatte, sie sei sein kostbarster Besitz. Es war weniger Manuels Interesse an diesem Ding, das ihn zustimmen ließ, sondern eher die Angst vor den gefürchteten Wutausbrüchen dieses gewalttätigen Gefährten und zudem etwas Mitleid aufgrund dessen erbarmungswürdiger Blicke. Max verlor auch dieses Spiel. Manuel erinnerte sich sehr genau daran, wie die rot unterlaufenen Augen plötzlich leer und hohl wirkten und die massige Statur in sich zusammensank, als das Amulett mit den anderen Einsätzen den

Besitzer wechselte. Er hatte noch nie einen so gebrochenen Mann gesehen wie in diesem Moment.

Am nächsten Tag flehte Max ihn an, ihm das Amulett zurückzugeben. Er versprach ihm die Hälfte seiner Heuer, die am Zielort ihrer Reise ausbezahlt werden würde. Manuel stimmte zu, weigerte sich aber, den Anhänger gleich herauszugeben – erst am Zielort ihrer Reise, in Amsterdam, im Austausch gegen das Geld. Der Deutsche wurde fast verrückt vor Wut und Angst, denn er war der abergläubischste Mensch, dem Manuel je begegnet war. Er selbst war ein seinem christlichen Glauben tief ergebener Katholik, auch wenn er das auf diesem holländischen Schiff für sich behielt.

Manuel hatte in Batavia auf der ›Eendracht‹ angeheuert, um nach zehn langen Jahren Küstenschifffahrt in Ostindien endlich wieder in seine Heimat nach Barcelona zurückzukehren, von wo er im Streit mit seinem Vater weggelaufen war. Das Geld würde ihm helfen, auch den letzten Teil seiner Heimreise zu schaffen.

Sich halb ohnmächtig vor Durst und Erschöpfung an seinen Planken festklammernd, ging es nicht aus dem Kopf, wie ihn Max nach dem Verlust des Anhängers ständig angefleht hatte, ihm seinen Talisman schon früher zurückzugeben. Der Verzweifelte glaubte, ohne seinen Glücksbringer dem Verderben ausgeliefert zu sein. Der Adler-Anhänger hatte ihn angeblich seit Jahren auch in größten Gefahren vor Krankheit und Tod beschützt. In seiner Verzweiflung erzählte er dem Spanier die seltsame Geschichte.

Im Jahre 1859 habe der Deutsche als einer der ersten Ausländer, die sich im Hafenviertel von Nagasaki auf der japanischen Insel Kyushu frei bewegen durften, auf einem Markt die kleine Adlerschnitzerei entdeckt. Ein Krüppel in einer zerschlissenen japanischen Uniform hätte verschiedenste Teile von Bewaffnung, Rüstungen und Alltagsutensilien zum Verkauf angeboten, darunter diesen und weitere Anhänger. Auf Adlers Frage, was das sei, teilte dieser ihm mit, dass es Beute aus einer Schlacht gegen aufständische Samurai war, die sich gegen den Kaiser und die neue Obrigkeit Japans aufgelehnt hatten. Die kleine Schnitzerei stamme aus dem Hause eines berühmten Provinzfürsten und besäße magische Kräfte. Max war fasziniert von der Übereinstimmung seines Namens mit dem Motiv des Anhängers. Er kaufte es dem verkrüppelten Soldaten für ein paar kupferne Münzen ab, obwohl ihn zunächst die vermutliche Leichenfledderei auf einem Schlachtfeld eher anwiderte. Von diesem Tag an, so Max, hätte sich sein Leben schlagartig zum Guten gewendet und er sei sich sicher, dass es der schützende Einfluss dieses Amuletts war, dem er dies verdankte – und dass sein Glück zu Ende ginge, wenn er es verlor.

All das spukte Manuel durch seinen dröhnenden Kopf, schon fast im Delirium vor Durst und Sonnenglut. Max hatte seinen Talisman verloren und war vermutlich tot, wie alle seine anderen Kameraden. Er selbst hatte das Unglück bisher überlebt, vielleicht als einziger. Der Spanier griff sich unter das zerrissene Leinenwams und spürte den Lederriemen und den Anhänger daran. Diese Berührung ließ ihn wieder Kraft schöpfen, denn vielleicht würde der kleine Adler, den jetzt er um den Hals trug, Glück bringen?

Als die Sonne ihren höchsten Stand schon weit überschritten hatte, sah er dunkle Vögel am Himmel über sich. Das waren keine Seevögel, das wurde ihm nach einer Weile klar, das waren große Fledermäuse. Er rappelte sich auf, stellte sich mit wackeligen Beinen auf sein Floß und spähte in die Richtung, aus der die Flughunde gekommen waren. Nach zwei Stunden sah er am Horizont einen flachen, dunklen Schatten, der bald von einem breiten weißen Streifen untermalt wurde. Er war sich sicher: ein Atoll!

Der Schiffbrüchige konnte sein Glück kaum fassen, als er bemerkte, dass er sich durch Wind und Strömung zügig auf diese Insel zu bewegte. Nach einer ihm endlos erscheinenden Zeit konnte er schließlich Brandungsdonner hören und der weiß schäumende Gischtstreifen vor der Silhouette aus Palmen kam immer näher. Dann löste die Angst seine aufkeimende Hoffnung wieder ab. Die starke Meeresströmung zog sein Floß unaufhaltsam auf das immer deutlicher erkennbare, tödliche Inferno aus meterhohen Brandungswellen und scharfkantig aus den Wellentälern aufragenden Korallenfelsen zu. Er sah und hörte wie andere Wrackteile mit Urgewalt auf diese Klippen geschmettert wurden und in tausend Teile zersplitterten. Entsetzen packte ihn und er sprang von seinem Floß. Er schwamm um sein Leben gegen die Strömung an, um Abstand von dieser am Saumriff tobenden Brandung zu halten. Wieder in der ruhigeren, auf und nieder wogenden Dünung über tieferem Wasser, sah er wenige Minuten später wie sein Plankenbündel, das ihn über die letzten Stunden am Leben gehalten hatte, von einem mächtigen Brecher meterhoch auf den Korallenkranz geworfen wurde. Von dort wurden die verbliebenen Trümmer im Rücksog aufs Neue seewärts gerissen und dann von den folgenden, sich erneut überschlagenden Wellenbergen wieder und wieder auf das Riff geschmettert. Die Trümmer, die übrig blieben, spülte es hinter der Korallenbarriere schließlich durchs Flachwasser auf den Sandstrand.

Manuel kämpfte mit all seiner Kraft und schaffte es, auf Distanz zu dieser tödlichen Zone zu bleiben. Er sah mit jedem Wellenberg, der ihn sanft emporhob, sehnsüchtig auf die fast unnatürlich ruhige, türkisfarbene Lagune hinter dem Riff und die hohen Palmen über dem Strand. Als sich die Sonne immer weiter senkte und ihr Rand feuerrot fast den Horizont berührte, war ihm bewusst, dass er handeln musste. Er konnte keine weitere Nacht schwimmend überstehen, also fügte er sich ins Unvermeidliche. Mit einem Griff zum Amulett an seinem Hals murmelte er ein inbrünstiges Gebet zur Heiligen Jungfrau und zu Sant Jordi, dem Landespatron von Katalonien. Dann schwamm er voller Schicksalsergebenheit mit letzten Kräften auf das Riff zu und überließ sich der übermächtigen Brandung.

Als ihn der erste Brecher hoch in die Luft schleuderte und im nächsten Moment tonnenschwer über ihm zusammenschlug, sobald er auf der Korallenbank auftraf, verlor er fast die Besinnung vor Schmerzen und Hilflosigkeit. Dann riss es ihn wieder mit Urgewalt zurück, über die messerscharfen Korallenstöcke in die nächste heranrollende Welle, die ihn erneut nach oben schleuderte und unter sich begrub. Aber er gab nicht auf. Er pflügte sich bei jeder Aufwärtsbewegung durch die Wasserberge, krallte sich nach jedem Fall immer wieder mit seinen wunden Händen und Füßen an den Korallen fest und kämpfte sich Meter um Meter in Richtung der dunklen Schatten, in der er die Insel spürte.

Dieses grausame Spiel der Naturgewalten mit seinem geschundenen Körper dauerte vielleicht nur wenige Minuten, aber er empfand diese Zeit wie eine Ewigkeit. Plötzlich wurde er nicht mehr auf harten Untergrund, sondern in weiches Wasser geworfen und von dort zog es ihn auch nicht mehr mit der gleichen Gewalt zurück wie zuvor. Er hatte es geschafft, er hatte das Riff überwunden und die rettende Lagune dahinter erreicht. Obwohl das Wasser hier nur noch dümpelte, keine zwei Meter tief war und die Wellen sanft ausrollten, ertrank Manuel fast auf den letzten hundert Metern bis zum Strand. Er hatte viel Salzwasser geschluckt, war halb verdurstet und blutete aus vielen Schnitt- und Schürfwunden. Mehr tot als lebendig kroch er schließlich die letzten Meter durch das warme, knietiefe und ihn in seinem Empfinden sanft streichelnde Wasser auf den rettenden Sandstrand zu. Die Dämmerung hüllte die Szene in weiches Licht und der Mann fiel in eine tiefe Ohnmacht. Aber er lebte.

Als die wärmende Sonne am nächsten Morgen hoch genug gestiegen war, um über die Palmen hinweg auch den Strand auf der Westseite der Insel in ein grelles Licht zu tauchen, erwachte der …‹

An dieser Stelle brach der Text am Seitenende mitten im Satz ab und wurde auf der folgenden Seite auch nicht fortgesetzt. Claudia war an der von

Marco angesprochenen Stelle im Dokument angekommen, wo der Mittelteil der Geschichte fehlte. Sie schaute auf die Uhr und da ihr noch etwas Zeit blieb, bis sie zu ihrer Sportverabredung aufbrechen musste, fuhr sie fasziniert mit dem Lesen fort, denn es folgten nur noch drei Seiten. Längst hatte sie mit dem Knabbern ihres Snacks aufgehört und war voll auf diesen Text konzentriert, der mitten in einem Satz am Anfang der folgenden Seite weiterging:

›… verletzte ihn mehr, als er sich zugestehen wollte. Er hatte zu dieser Frau vollstes Vertrauen gehabt und fühlte sich nun so abgrundtief enttäuscht wie nie zuvor von einem Menschen. Manuel verließ diesen verfluchten Ort mit hängendem Kopf und die ihn völlig überwältigende Enttäuschung saugte alle Energie aus seinem Körper und Geist. Nie hatte er vorher so geliebt, nie war er sich sicherer gewesen, dass ihm ein anderes Wesen die gleichen, tiefen Gefühle entgegenbrachte, die auch er empfand. Aber Analice war weg. Sie hatte das Bündel mit seinen gesamten Habseligkeiten mitgenommen und alles, was ihm blieb, war etwas zerschlissene Wäsche, die Kleidung, die er auf dem Leib trug – und der spärliche Rest Geld in seinem Beutel, der vielleicht für eine Woche zum Überleben reichen würde. Sowie der kleine Talisman an dem dünnen Lederriemen, den er nun mit fester Faust umfasste und sich voller Wut und Hass vom Hals riss.

Als der Katalane drei Jahre zuvor durch malaiische Eingeborene von dieser Inselhölle im Golf von Bengalen gerettet worden war, halb verhungert und fast verrückt geworden vor Angst und Verzweiflung, glaubte er noch an ein wohlwollendes Schicksal, denn schließlich war er der einzige Überlebende der ›Eendracht‹. Auch die darauf folgende, monatelange Reise bis nach Port Blair sowie die Weiterreise nach Spanien gestaltete sich recht problemlos, denn die einheimische Bevölkerung war gastfreundlich und er hatte das unglaubliche Glück, schon bald eine Passage nach Europa zu finden. Der englische Windjammer ›Euterpe‹ lag für Reparaturen in Port Blair vor Anker und Manuel konnte für die Weiterfahrt nach Malaga anheuern, da viele von der alten Besatzung an Cholera gestorben waren. Es wurde eine abenteuerliche Reise auf diesem eisernen Vollschiff und sein Vertrauen in die Kräfte des Amuletts wuchs stetig. Doch dann begann sich sein Schicksal wieder zu wenden. Das Fieber erwischte ihn auf der langen Passage um das Kap der Guten Hoffnung und er kam mehr tot als lebendig in Malaga an. Man zahlte ihm nur einen Bruchteil der Heuer aus, denn er konnte sich an Bord sein Brot während der letzten Tage nicht wie vorgeschrieben verdienen. Als er schon nicht mehr an Rettung glaubte, sich bereits bei einem Priester seine letzte Absolution gekauft und in einer dunklen Gasse zum Sterben verkrochen hatte, da fand ihn Analice. Die kleine, einäugige Waschfrau las den Todkranken mitten in der Nacht im Hafenviertel auf der Straße auf und erhielt ihn am Leben. Es waren nur wenige Wochen, während derer sie ihn in ihrer winzigen Kammer aufopfernd pflegte und in denen sie sich so nah kamen. Aber diese Zeit reichte um ihn zum glücklichsten Menschen der Welt zu machen. Das Fieber sank, seine Kräfte kamen zurück und sie planten gemeinsam eine Zukunft in seiner Heimat Katalonien. Dorthin wollten sie aufbrechen, sobald sie das Geld für die Reise zusammen hatten.

Jetzt, nur wenige Monate später, als er wie immer von seiner Tagelöhner-Arbeit im Fischereihafen spät am Abend nach Hause gekommen war, fand er die Kammer leer. Ihre Sachen, seine Sachen, seine spärlichen Ersparnisse, ihr gemeinsamer Traum von der Zukunft, alles war weg, einfach so. Der Fettsack, dem das halbverfallene Haus gehörte und an dessen Tür er so lange mit den Fäusten hämmerte, bis man ihm öffnete, knurrte ihm nur zu, dass das Weibsstück am Morgen alles abgeholt und sich davon gemacht hätte. Irgendein Kerl, der hier früher öfters über Nacht blieb, sei bei ihr gewesen.

Manuel blickte mit Verachtung auf das Adler-Amulett in seiner Hand. Das also war alles, wozu dessen Wunderkräfte fähig waren - ihn aus Seenot zu retten, zwei endlos lange Jahre auf einer unbewohnten Insel überleben zu lassen, aber dann nahe der Heimat und seinen Wunschträumen ins tiefste Unglück zu stürzen? Der Verzweifelte kaufte sich von seinen letzten Münzen eine Kalebasse Branntwein, trank sich seinen Kummer von der Seele und stolperte ohne Sinn und Verstand grölend durch die Hafengassen. Als er eine Stunde später keinen Tropfen mehr aus der Kalebasse schütteln konnte, tauschte er stockbesoffen in einer der Kaschemmen die kleine, verfluchte Götzen-Schnitzerei gegen eine weitere Flasche Fusel ein. Manuel wankte ins Dunkel hinaus, fiel einige Schritte weiter ins Delirium und sank besinnungslos auf einer Kaitreppe zusammen. Niemand hörte das leise Platschen, als sein Körper ins schwarze Hafenwasser kippte und langsam unterging, um zusammen mit Unrat und Fischereiabfällen den Krebsen und Ratten zur Nahrung zu werden.‹

Damit endete das Schriftstück. Claudia schnaubte laut und heftig aus, das war wirklich schwer verdaulicher Lesestoff. Sie wagte kaum, sich vorzustellen, dass dieser Erzählung vielleicht eine wahre Begebenheit zugrunde lag. Wie jedoch hätte jemand von diesem grausamen Ablauf

erfahren können, das klang völlig abwegig. Aber war das nicht auch bei manch anderen ihrer Hinweise so?
Seltsam erschien ihr ein anderes Detail, das ihr in diesem Moment auffiel: Diese Afrika-Geschichte hatte doch ein stilistisch fast identisch formuliertes Ende, wo es mehrfach hieß ›niemand sah …‹ oder so ähnlich. Claudia war sich plötzlich sicher, dass diese beiden Geschichten vom gleichen Verfasser stammten, obwohl die beiden Handschriften der Manuskripte sich deutlich unterschieden. Sie würde Marco vorschlagen, dass man die beiden Dokumente einem Fachmann zum Schriftvergleich vorlegen sollte. Es kam ihr außerdem in den Sinn, dass das kleine portugiesische Notizbuch in der Schatulle in irgendeinem Zusammenhang zu dieser Geschichte stehen könnte. Sie hatte einmal eine Brasilianerin kennengelernt, die auch den aus Anna und Alice gebildeten Vornamen Analice hatte. War dies vielleicht ein gebräuchlicher portugiesischer Frauenname? Alles versprach also weiterhin spannend zu bleiben. Toll, das gefiel ihr! Doch nun freute sie sich auf ein Tennis-Match. Sie hatte ihre sportlichen Aktivitäten in den letzten Wochen etwas vernachlässigt, das galt es zu ändern.

Yakuza-Pläne

An den beiden bulligen Japanern, die sich vor dem Nebenzimmer im schicken französischen Restaurant ›Chez nous‹ im noblen Pekinger Stadtviertel Chongwen aufgebaut hatten, erkannte Yamagata bereits beim Betreten des Lokals, dass seine Gesprächspartner schon eingetroffen waren. Die Leibwächter verbeugten sich achtungsvoll vor ihm, öffneten weit die Flügeltüren und er trat zusammen mit Nagisa Kinushita ein, während Masato sich nach einem wachsamen Blick in den Innenraum ebenfalls vor dem Eingang platzierte. Das ganze Gebäude wie auch das Lokal und das halbe Geschäftsviertel ringsum gehörten zum weitgespannten Firmen- und Immobiliennetzwerk der Aizukotetsu-kai Yakuza, dieser Treffpunkt konnte also als absolut vertraulich und sicher angesehen werden.
Während der Fahrt hatte sich Yamagata mit Nagisa über die anstehenden Themen mit den Hatashi abgestimmt. Yamagata hatte die Familientradition fortgeführt und einen Saiko-komon, also engsten Berater wie früher in Yakuza-Organisationen üblich, beibehalten. Nagisa war als früherer Kobun, also Schützling von Yamagatas Vater, seit fast dreißig Jahren wie ein älterer Bruder für Aritomo. Obwohl bereits über achtzig Jahre alt, wirkte er immer noch rüstig und verfügte über eine unglaublich reiche Erfahrung in strategischen und taktischen Angelegenheiten. Normalerweise verließ Nagisa seinen Wohnsitz in Tokyo nur noch selten, aber auf dieser Reise nach Peking war er der Bitte von Yamagata gefolgt und hatte ihn begleitet.
Als die beiden eintraten, erhoben sich die Hatashi-Brüder freudig und kamen ihrem mächtigen Geschäftspartner und dessen Berater in einer ungezwungenen Mischung aus Ehrerbietung und Herzlichkeit entgegen. Viele Jahrzehnte erfolgreicher und absolut zuverlässiger Zusammenarbeit hatten auf der Basis der alten Familienbande eine sehr solide Beziehung und echt empfundene Freundschaft geschaffen.

Yuma war etwa fünfzig Jahre alt, von hoher und schlanker Statur und trug die langen, fast weißen Haare im Nacken zum Zopf gebunden. Als er zur Begrüßung Richtung Tür ging, waren seine Bewegungen langsam und geschmeidig wie bei einem Raubtier. Ganz anders wirkte Sota, sein glatzköpfiger, älterer Bruder, der mit einer Größe von zwei Metern und einem Gewicht von einhundertvierzig Kilo wie ein Sumoringer aussah. Dennoch bewegte er sich flink und energiegeladen und jedem war sofort bewusst, dass dieser Fleischberg über beträchtliche Körperkraft verfügte und auch jetzt noch im Alter von fast sechzig Jahren sicher regelmäßig Sport trieb.

Die beiden begrüßten Yamagata mit herzlichen Umarmungen und verneigten sich vor Nagisa tief und respektvoll. Sie hatten ihn schon seit mehreren Monaten nicht mehr persönlich getroffen und merkten mit ehrlicher Bewunderung an, dass der weise Mann immer jünger würde und anscheinend das Elixier für ewige Jugend gefunden haben musste. Während Nagisa nur zufrieden schmunzelte, konnte Aritomo sich nicht verkneifen, lachend zu antworten: »Na, da kann ich nur zustimmen, auch ich komme mir neben Nagisa immer irgendwie alt vor. Aber dass das dir, Sota, mit deinem faltenlosen, drallen Körper und glatten Gesicht so geht, beruhigt mich!«

Das Gespräch zwischen den vier Männern, die eine gleichermaßen erfolgreiche wie vertrauliche Vergangenheit verband, plätscherte scherzend eine Weile dahin, bis die Bestellung eines mehrgängigen Menüs und eines exquisiten roten Bordeaux bei der französischen Bedienung erledigt war. Als der Wein und der erste Gang serviert waren, kam man zum geschäftlichen Teil des Treffens, es gab zahlreiche wichtige Angelegenheiten zu besprechen.

Vor neunzehn Jahren hatten Aritomo und die Hatashi die entscheidenden Ideen zu ihrem größten Coup entwickelt. Damals stieg er gerade zum Vorstandsvorsitzenden des Tamagi-Konzerns auf. Yuma war zu jener Zeit bereits Wakagashira, also Regionalchef einer der Untergruppen der Aizukotetsu-kai Yakuza. Er hatte nach Abschluss seines Informatikstudiums sofort eine Expertengruppe für spezielle Spielarten der Cyberkriminalität zusammengestellt und die ›Geschäftstätigkeit‹ seines Clans auf diesen Sektor verlagert. Es gelang ihnen, völlig neue Software-Werkzeuge zu entwickeln, die in ihrer Qualität über die damals bekannten Arten von Computerviren, Trojanern und Malware weit hinausreichten. Doch erst die Kombination

mit zu dieser Zeit bei Tamagi entwickelten Hardware- und Software-Komponenten sowie der perfekten Verschleierung durch hierzu modifizierte Quellcodes führten zu jenem Geschäftsmodell, mit dem sie zusammen ein Milliardengeschäft aufbauten.
Yumas Gangs brachten über mehrere Jahre durch Datenausspähungen und das anschließende gezielte Durchsickern-Lassen an die Öffentlichkeit sukzessive die stärksten Konkurrenzprodukte in Verruf. Sie positionierten die Tamagi Hard- und Software als anscheinend sichersten Schutz gegen Internetkriminalität und so den Konzern von Aritomo schließlich als unangefochtenen Marktführer. Über die bald weltweit dominierenden Systemlösungen von Tamagi wurden bereits in die Geräte eingebaute Schlupflöcher später punktuell und gut dosiert aktiviert. Die Aizukotetsu-kai Yakuza nutzten ihren so geschaffenen, einzigartigen Zugang zu geheimen Geschäftsinformationen sehr geschickt für ihre Machenschaften. Diese brillante Zusammenarbeit machte den Clan von Yuma zur finanziell erfolgreichsten und dominanten Führungsgruppe innerhalb der Yakuza-Organisation und verhalf ihm und seinem Bruder schließlich zum Aufstieg in den obersten Führungskader. Denn auch Sota hatte parallel zu diesen Aktivitäten seine allerdings deutlich traditionelleren Geschäftspraktiken zum Erfolg geführt. In den Bereichen Glücksspiel und Prostitution nahm er mit seinem Clan eine führende Rolle insbesondere in Europa und in China ein und konnte sich dort auf starke lokale Partner stützen. Aus dieser Position heraus flankierten sie wiederum riskante, aber besonders vielversprechende Geschäftsoperationen des Tamagi-Konzerns, sodass eine unschlagbar effektive, aber nach außen unsichtbare Allianz die weitere Erfolgsgeschichte der Partner prägte. Und diese sollte nun politische Dimensionen erschließen.

Seit Jahren drängten Yuma und Sota ihren Freund Aritomo, eine politische Karriere in ihrem Heimatland einzuschlagen. Mit ihren gemeinsamen finanziellen Mitteln, ihrem praktisch unbegrenzten Informationszugriff und Einfluss sowie dem lupenreinen, positiven Image des Tamagi-Konzerns als einem der letzten, nach der Wirtschaftskrise von 2028 verbliebenen japanischen Megaunternehmen von Weltruf bestand eine optimale

Konstellation. Der Einstieg in die Politik war eine naheliegende Perspektive. Warum nicht Aritomo in eine Regierungsposition befördern, vielleicht mittelfristig sogar zum Premierminister machen?

Bislang hatte Aritomo, obwohl er diese Perspektive durchaus interessant fand, seine Partner stets auf einen späteren Zeitpunkt vertröstet. Als bei diesem Abendessen jedoch das Thema durch Yuma erneut angesprochen wurde, gab er zum ersten Mal zur Überraschung und Freude seiner Gesprächspartner ein positiveres Signal. Wie mit Nagisa ausführlich analysiert und besprochen, erachtete er die Zeit als reif für diesen weiteren Schritt nach oben, noch weiter an die Spitze der japanischen Gesellschaft. Eine wichtige Motivation war die Vorstellung, dass er diese persönliche Karriere bald mit der öffentlichen Bekennung zu seiner wahren Herkunft und Wiederherstellung der Familienehre der Ikeda verbinden konnte. Er war inzwischen davon überzeugt, dass das Projekt im UNTACH von Erfolg gekrönt würde und die Stunde der Wiederentdeckung des Honjo Hisui Masamune nicht mehr fern sei.

Um dies sicherzustellen, hatte er eine Entscheidung gefällt, die ihm nicht leichtfiel, in der ihn aber sein Berater Nagisa bestärkt hatte. Er würde einen Teil des Wissens, das seine Väter zum Masanao-Netsuke und Schwert der Tokugawa zusammengetragen hatten, diesem Doktor Renke zukommen lassen. In Kombination mit dem erstaunlichen Inhalt dieser Holzschatulle, auf die Renke anscheinend durch Zufall gestoßen war, und ergänzt durch die laufenden Untersuchungen am Netsuke, würde der benötigte Erkenntnisfortschritt erzielt werden. Aber dieses Zuspielen zusätzlicher Hinweise und Informationen musste auf so geschickte Weise erfolgen, dass Renke und seine Mitarbeiter dies als ihre eigenen, logisch nachvollziehbaren Forschungsergebnisse ansahen, ohne dass ihr Verdacht auf Manipulation oder Irrwege weiter genährt würde. Genau für diese Zwecke würde er seine beiden Freunde einsetzen.

Als gegen Mitternacht alles besprochen war, trennten sich die vier Männer in tiefem Einverständnis und im Bewusstsein, dass die kommenden Monate wirklich entscheidend werden würden. Um Doktor Marco Renke spann sich ab diesem Moment ein noch dichteres Netz von für ihn und sein Team unsichtbaren, aber sehr bestimmenden Handlungssträngen, die mit dem üblichen Wissenschaftsleben im UNTACH wenig gemeinsam hatten.

Nachtlektüre

Zu diesem Zeitpunkt wälzte sich Claudia bereits seit einer Stunde im Bett, ohne einschlafen zu können. Das Auspowern beim Sport und anschließende anregende Gespräch mit ihrer neuen Bekannten im Tennisclub waren eine tolle Abwechslung. Zurück in ihrem Apartment hatte sie sich dennoch nach einem wohltuenden Entspannungsbad dem Text des zweiten Dokuments gewidmet. So dramatisch und aufwühlend die Geschichte um den in mehrfacher Hinsicht gestrandeten Seemann gewesen war, so angenehm besinnlich und interessant wirkten die wenigen gedruckten Seiten dieser wohl von einem reiferen Mann niedergeschriebenen Gedanken und Erinnerungen auf sie. Am Ende des Textes angekommen, fühlte sie sich trotzdem müde und erschöpft und ging nach dem Bad sofort zu Bett, konnte aber einfach nicht einschlafen. Gegen ein Uhr in der Nacht stand Claudia schließlich wieder auf, schenkte sich ein Glas warme Milch ein und kuschelte sich in ihren dicken Frottierbademantel gehüllt in einen Sessel, um erneut diese Zeilen auf ihrem Smartpad zu lesen.

Der Text fing ohne Überschrift unvermittelt an und endete auch so, als hätte hier der Verfasser nur spontan einige ihm wichtige Überlegungen zu Papier gebracht:

›Hinter die Dinge zu sehen – nein, das ist keineswegs das Privileg sogenannter gebildeter Kreise oder gar nur den Akademikern vorbehalten!

Das Nachdenken und Reflektieren, das ›die eigenen Gedanken schweifen lassen‹, das ist ein Stück Seelenbildung, das in Kombination mit Fantasie und Kreativität vielen Individuen eigen ist. Vielleicht liegt in dieser Breite sogar die eigentliche Energiequelle der intellektuellen Weiterentwicklung der Menschheit, in ihrer Summe noch viel bedeutender als die herausragenden Spitzenleistungen einzelner Genies. Wahre Schöpferkraft spielt sich oft im Kleinen, im den anderen auf ewig Verborgenen ab. Dennoch erwachsen aus diesen gedanklichen Reisen in fremde Sphären prägende Erkenntnisse, ohne dass der Verstand des Grübelnden zu erfassen vermag, wie weitreichend die Konsequenzen solchen Denkens einmal gehen könnten.

Der Mann, der vor fast zwanzig Jahren glücklich und wohlig schläfrig am Strand der Koralleninsel Himmafushi vor sich hin döste, war weit von solchen philosophischen

Überlegungen entfernt. Er genoss einfach seine Tagträume und sich gedanklich in die Dinge direkt vor seinen Augen zu versenken.
Er lag nun schon seit einer halben Stunde auf dem Bauch am Strand, die Beine und der Großteil seines Körpers auf dem Trockenen, aber die Arme und Teile seiner Brust im zentimetertiefen, unter seinem auf den Unterarmen ruhenden Kinn leise und einschläfernd schwappenden und glucksenden Meerwasser. Sein Blick war starr und sehr konzentriert auf die kleine Welt direkt vor seinem Gesicht gerichtet.
Es war windstill und das leichte, kaum bemerkbare Wellenspiel bewegte das Wasser fast wie in Zeitlupe und in einem hypnotisierenden Rhythmus. Die feinen Bestandteile des Korallensandes rollten immer wieder leise rieselnd einige Zentimeter landeinwärts, dann wieder einige Zentimeter meerwärts. Es war ein ihn faszinierendes Schauspiel mit winzigen Akteuren von unglaublicher Schönheit.

Er war damals siebenunddreißig Jahre alt und es war sein erster Urlaub auf einem Atoll, sein erster Urlaub überhaupt auf einer so kleinen Insel im Meer. Irgendetwas hatte Monate vorher den ansonsten für Strandurlaube wenig begeisterungsfähigen Sonderling aus seinen Routinen gerissen. Es war ein Foto in einem Reisebericht, das ihn schließlich so faszinierte, dass er spontan beschloss, diesmal keine seiner üblichen Reisen zu unternehmen, sondern auf die Malediven zum Schnorcheln zu fliegen.
So lag er nun da, starrte in den Mikrokosmos direkt vor seiner Nasenspitze und diese kleinen Dinge waren für ihn das Größte. Die beim Schnorcheln sich entfaltenden offensichtlichen Attraktionen des Korallenriffs mit ihren vielfältigen Farben und Formen beeindruckten ihn nicht in der gleichen Weise, wie es den anderen hier zu gehen schien. Er konnte sich für jeden einzelnen Bestandteil des feinkörnigen Korallensandes mehr begeistern als für all die tollen Seeanemonen, Papageienfische oder Rochen, über deren Anblick in der flachen Lagune oder an der Außenkante des Hausriffs die wenigen anderen Urlauber endlos redeten und sich mit ihren Entdeckungen übertreffen wollten.
Ihn fesselte es vielmehr sich beispielsweise vorzustellen, was diese winzigen, blütenweißen Kügelchen in der Masse der Muschel- und Korallensplitter ihm zu erzählen hatten. Natürlich wusste er, dass es die Kalkgerüste von kleinen Seeigeln waren, leicht zu erkennen an den zwei Löchern und der fünfeckigen Struktur mit den feinen Linien auf der einen Seite. Aber wo hatten ihre tierischen Erzeuger gelebt, bevor ihre letzten Überreste nach deren Absterben strandeten und mit zum Aufbau der Insel beitrugen? Woher kamen die Atome und Moleküle, aus denen sie bestanden? Vielleicht war eines

seiner Kalziumatome früher einmal in einem Knochen eines Säbelzahntigers eingebaut, vielleicht gehörte ein anderes zu einer Alabasteröllampe im Palast eines indischen Maharadscha, bevor beide irgendwann im Meer landeten und über wer weiß welche Umwege schließlich von einem Seeigel aufgenommen und als Baustoff für sein Gerüst verwendet wurden? Er liebte es, sich solche Fragen zu stellen und es seiner Fantasie zu überlassen, eigene Antworten zu finden und so diesen kleinen Dingen eine individuelle Geschichte zu geben. Denn nur so konnte er sich dem glücklichen Gedanken ergeben, dass solche Wunder nicht für immer in Vergessenheit geraten würden.

Diese Denkweise blieb ihm während seines weiteren Lebens erhalten und er verlor nie die Gabe, im Kleinsten etwas Großes zu sehen, auch auf späteren Reisen wie beispielsweise in die Emirate.

Ein Sandkorn in der Wüste. Winziger Baustein einer Wanderdüne am Ostrand der Rub-al-Khali, der großen Sandwüste der Arabischen Halbinsel, unweit des Persischen Golfs. Wissenschaftlich gesehen ein kleines Stück Quarz, Siliziumdioxid, Ecken und Kanten des Kristallkrümels stark gerundet durch die ständige Umlagerung und Reibung an seinen Nachbarsandkörnern. Oberflächlich mattiert, seine glasklare innere Struktur verborgen. Ein Nichts im Meer der Zeit.

Aber dasselbe Stückchen anorganische Natur hat, wie alles und jedes, seine Geschichte, in diesem Fall für immer verloren, von keinem Menschen miterlebt oder bedacht.

Vielleicht war es früher einmal ein Gefügekorn aus einer granitenen Treppenstufe des versunkenen Atlantis oder eines Tempels der Nabatäer, über Jahrhunderte und unergründliche Wege ins arabische Binnenland getragen und aufgegangen im endlosen Sandmeer.

Vielleicht ist es aber auch ein trauriges, letztes Überbleibsel eines einst von Menschenhand kunstvoll geschliffenen Bergkristalls, Bestandteil einer Herrscherkrone, am Ende gar der sagenhaften Königin von Saba? Durch die Zeitläufte gewirbelt, zerrieben und mit einer unergründlichen Zukunft.

Oder war dieses Sandkorn einfach nur ein Teilchen des alten Urkontinents Pangäa, noch nie von Menschenhand berührt, erst seit wenigen Jahrmillionen nahe der Erdoberfläche, zuvor seit Jahrmilliarden fest eingeschlossen in tiefen Gesteinsschichten? Jetzt endlich befreit aus seinem festen Gefüge, an die Oberfläche bewegt und über Äonen von Jahren durch Verwitterung zu einem neuen Eigenleben befördert, auf stetiger Wanderung, dem Willen der Winde folgend.

Alles ist Kreislauf, alles was ist, war auch schon vorher. Vieles, ohne dass ihm jemals ein denkendes und nachempfindendes Wesen einen einzigen Gedanken widmete.

Geht es diesem Sandkorn so viel anders als einem der zahllosen Artefakte in den Katakomben tief unter unseren Museen, in den dunklen Gängen und Regalen der Kunstarchive? Abertausende Objekte lagern hier, viele noch nie oder seit langer Zeit nicht mehr der Öffentlichkeit zugänglich gemacht und auch von keinem Liebhaber wiederentdeckt oder gewürdigt. Irgendwann einmal war es mit Eifer und Begeisterung ›erfasst‹ worden, man beschrieb es sorgfältig und widmete ihm ein wenig Zeit. Und damit, einmal bearbeitet und archiviert, wurde es in einen unserer Kulturtempel aufgenommen, verschwand in diesen Grabkammern der schönen Dinge, aus denen nur wenig Auserwähltes öffentlich präsentiert wird, aber der überwiegende Teil für immer im Dunkel einer Kiste oder Schublade verschwindet.
Wie jedes andere Ding auf dieser Welt, wie das winzige Seeigelgehäuse am Korallenstrand oder das Sandkorn in der Arabischen Wüste, so könnte jedes museale Objekt sicher eine großartige Geschichte erzählen. Wenn es eine Stimme hätte und wenn es interessierte Zuhörer gäbe.
Manchmal, recht selten aber eben doch manchmal, geschieht so ein kleines Wunder.‹

Claudia war längst wieder hellwach, jegliche Schläfrigkeit war von ihr abgefallen und sie las diese fünf Druckseiten ein weiteres Mal. War dies das Bekenntnis des Menschen, der die Geschichte des Masanao-Netsuke zum Leben erweckt hatte? Der sie aus dem Dunkel seiner Vergangenheit befreien und ans Licht, ins Bewusstsein einiger Ausgewählter bringen wollte? Waren sie hier auf das Vermächtnis eines begnadeten Forschers gestoßen, der die lange Reise dieser Schnitzerei rekonstruiert und ihnen zugänglich gemacht hatte? Welcher Zusammenhang mit einer versteckten Botschaft könnte bestehen? Ging es um den Schlüssel zu weiteren Quellenangaben und historischen Stationen des kleinen Elfenbein-Adlers?
Gegen zwei Uhr siegte die Müdigkeit über die Faszination des gerade Gelesenen und Claudia sank in einen tiefen Schlaf.
Das hätte sich auch Rebecca gewünscht, denn ähnlich wie ihre Kollegin hatte sie sich an dem Text festgebissen, den sie seit acht Uhr Stück um Stück übersetzt hatte und schon stundenlang mittels Internetstudien zu verstehen versuchte. Als sie schließlich zu Bett ging, fand sie keinen Schlaf, sondern quälte sich weiter mit allen möglichen Interpretationen der recherchierten Fakten.

Bereits beim ersten Überfliegen während der gemeinsamen Besprechung am Nachmittag war ihr der sehr antiquierte Schreibstil aufgefallen, der gut zu Form und Zustand des Blattes passte. Als Bibliothekarin hatte sie bei ihren Praktika schon einigen Umgang mit historischen Schriftstücken, auch in arabischer Sprache, gehabt. Ohne einer Datierung durch Papierexperten vorgreifen zu wollen, wies sie dieses Schiffsdokument dem sechzehnten Jahrhundert zu. Zwar enthielt der Text keine eindeutigen zeitlichen Angaben, aber Rebecca konnte den Ursprung dennoch indirekt aufgrund mehrerer Indizien grob einordnen.

An einer Stelle gab es den Hinweis auf die ursprünglich geplante Verwendung einiger Güter als Tribut an einen Fürsten von Hormuz, und dort hieß es: ›… aber da Allah der Allmächtige unserem Imam die Macht gab, die Fremdherrschaft über Suhar wieder abzuschütteln, sollen diese Schätze jetzt die Gunst unserer Partner in Khanfu gewinnen‹. Sie fand heraus, dass die wichtige omanische Hafenstadt Suhar nur ab der Mitte des dreizehnten Jahrhunderts bis Anfang des fünfzehnten Jahrhunderts unter der direkten persischen Herrschaft von Hormuz stand. Allerdings wurde bis weit ins sechzehnte Jahrhundert hinein noch von Zeit zu Zeit Einfluss von dort geltend gemacht. Der Name Khanfu war seit dem Mittelalter die arabische Bezeichnung für Guangzhou im Südosten Chinas, im Westen lange Zeit als Kanton bekannt. Dort hatten sich bereits vor über tausend Jahren arabische Händler niedergelassen. Durch zwei konkrete Platzangaben in der Ladeliste, wo auf diesem Schiff welche Güter verstaut waren, wurde Rebecca in einer Fachdatenbank fündig. Die genannten Baudetails passten auf ein arabisches Segelschiff, also eine Dhau, des Typs ›Bagallah‹. Dieser Schiffstyp sollte erst seit Ende des sechzehnten Jahrhunderts zum Einsatz gekommen sein. Zu den verschiedenen Namensangaben in den Tabellen fand sie leider in keiner Datenbank irgendwelche zeitlichen Zuordnungen. Auch zu Ahmed bin Hamed Al Mahrizi gab es keinerlei historische Hinweise, außer dass jemand dieses Namens vor fünfundzwanzig Jahren Tourismusminister des Oman gewesen war und es sich um einen alteingesessenen, einflussreichen omanischen Familienclan handelte. Der Hinweis auf China als Zielort dieser Handelsreise wurde an mehreren Stellen im Text bestätigt, ohne jedoch weitere Details zu liefern.

Zusammengefasst deutete alles darauf hin, dass das vorliegende Fragment einer Ladeliste zu einem arabischen Handelsschiff gehörte, das sich im sechzehnten Jahrhundert vom Oman aus auf dem Weg nach Südchina befand.
Die in Rebeccas Augen wichtigste Information im Text bezog sich auf diesen besonders großen Stoßzahn an Bord. Am Nachmittag hatte sie einen gesonderten Absatz übersehen, der an einer ganz anderen Stelle auf dem Dokument platziert war. Hierin wurde ein ›langes Gedicht‹ erwähnt, das auf dem Zahn eingeschrieben war. Leider blieb es bei dieser kurzen Anmerkung, ohne weitere Angaben hierzu. Das war alles an für ihre Untersuchung interessanten Inhalten im Schriftstück und Rebecca warf sich noch einige Zeit im Bett hin und her. In Gedanken folgte sie den Spuren des Stoßzahns und träumte von den Abenteuern, die sich wohl um den langen Weg dieses Elfenbeins rankten.

Die zwei anderen Mitglieder des Forschungsteams schlummerten zu dieser Zeit bereits tief und fest, ohne sich an diesem Abend noch mit ihrem Projekt beschäftigt zu haben.
Frank hatte nach einem kräftigen Abendessen in der chinesischen Kantine einen Spaziergang durch die Parkanlage unternommen und sich mit einem seiner Lieblingsromane früh ins Bett gelegt. Er las die ihn immer wieder inspirierende Erzählung von David Mitchell ›The Thousand Autumns of Jacob De Zoet‹ schon zum fünften Mal. Erneut begeisterte ihn, wie deutlich die Abenteuer dieses holländischen Handelsangestellten in Japan die Situation dort zu Beginn des neunzehnten Jahrhunderts beleuchteten. Nach etwa hundert Seiten schlief er schließlich wohlig müde ein, wie stets verzaubert durch die mächtige Ausdruckskraft von Mitchells Sprache.
Tomomi hatte direkt nach dem Meeting einige kleine Einkäufe in der Shopping Mall erledigt und war anschließend zwei lockere Runden auf dem mit dämpfendem Tartan ausgelegten und angenehm klimatisierten Joggingparcours gelaufen. Sie musste den Kopf frei bekommen von diesen verstörenden Gedanken an die magische Ausstrahlung des Netsuke auf sie. Der drei Kilometer lange Rundkurs verlief im vierten Obergeschoß des Hauptgebäudes entlang der Außenmauern und bot durch die überwiegend

verglaste Seitenfront schöne Ausblicke sowohl auf die Grünanlagen wie auch auf die Skyline der umgebenden Stadtviertel. Danach gönnte sie sich eine lange, heiße Dusche und schmökerte entspannt in einer Haiku-Sammlung von Matsuo Basho. Sie liebte diese kurzen Gedichte und ließ sich von den im siebzehnten Jahrhundert entstandenen Versen gerne in die Poesie vergangener Tage ihres Heimatlandes versetzen. Gegen Mitternacht wurde sie müde und kuschelte sich ins Bett, um sofort und tief einzuschlafen.

Ein sehr anregendes Rendezvous hatte zu diesem Zeitpunkt Marco hinter sich. Er lag nun ebenfalls lesend in seinem Bett, konnte sich aber nur schwer auf seine Lektüre konzentrieren, obwohl er sich vorgenommen hatte, mit dieser Arbeit am Abend fertig zu werden. Es war die Korrekturfahne seiner neuen Publikation über Walrosszahnobjekte der Thule-Kultur auf Grönland. Immer wieder drängte sich jedoch die Erinnerung an das gerade beendete Treffen in den Vordergrund, sodass er schließlich das Smartpad zur Seite legte und stattdessen mit geschlossenen Augen über die vergangenen drei Stunden nachdachte.

Wie spontan in einem zweiten Telefonat verabredet, hatte Marco die koreanische Kollegin um zwanzig Uhr an der kleinen Bar im Foyer des italienischen Restaurants ›San Gimignano‹ erwartet, denn sie war seiner Einladung zum Abendessen gerne gefolgt. Er ging etwas früher hin und als sie wenig später den Raum betrat, war er sich sofort sicher, dass dies sein Gast sein musste, obwohl sie sich noch nie zuvor direkt persönlich begegnet waren.
Doktor Gieun Park war etwa ein Meter und siebzig groß, hatte sich ihre lange, schwarze Haarpracht kunstvoll zu einer Hochfrisur aufgetürmt und zog in ihrem eng anliegenden, goldgelben Cocktailkleid und mit einer grandiosen Ausstrahlung die allgemeine Aufmerksamkeit im Raum sofort magisch an. Sie entdeckte ihn an der Bartheke im gleichen Moment, in dem auch er mit einem Lächeln ihren Blick einfing. Sich ihrer Wirkung sehr wohl bewusst, steuerte sie auf ihn zu und sagte mit einem strahlenden Lächeln und in sicherem Englisch, noch bevor er selbst zu Wort kam: »Lieber Herr Doktor

Renke, was für eine Freude, Sie endlich persönlich kennenzulernen. Ich bin Ihnen wirklich sehr dankbar, dass Sie dieses Treffen so spontan zugesagt haben! Sie wissen gar nicht, wie lange ich schon auf diesen Moment gehofft hatte, aber leider ergab sich bislang nie die Gelegenheit.«

Marco war ihr einige Schritte entgegengekommen und begrüßte die attraktive Kollegin mit einem festen Händedruck und einer angedeuteten, leichten Verbeugung. Galant führte er sie zu ihren Plätzen und antwortete auf nicht minder schmeichelnde Weise: »Verehrte Frau Doktor Park, als ich Ihre Nachricht las, war die Vorfreude ganz meinerseits. Ich hatte Ihren exzellenten Vortrag in San Francisco letztes Jahr bei der Materials Research Society Jahrestagung noch sehr gut in Erinnerung und hätte Sie schon damals gerne um ein Gespräch gebeten, aber leider musste ich direkt nach Ihrer Session einer anderen Verpflichtung nachkommen. Umso schöner, dass wir dies nun nachholen können. Ich kann mich in vielfacher Hinsicht als beneidenswert bezeichnen, in so gleichermaßen charmanter wie kompetenter Gesellschaft diesen Abend verbringen zu dürfen.«

Das kam beidseitig sehr gekonnt und routiniert über die Lippen, obwohl es von der Wahrheit weit entfernt war. Marco hatte sich zunächst weder an ihren Namen noch an ihren Vortrag erinnert, nach ihrem Anruf aber kurz recherchiert und war schließlich im Vortragsprogramm der San Francisco Tagung fündig geworden. Ihm fiel hierbei aufgrund des Vortragstitels und ihres Fotos in der Referentendatei ein, dass er während ihrer Präsentation über ›Neue Methoden der Dünnschichtchromatographie zur Altersbestimmung von historischen Dokumenten‹ sogar im Konferenzraum war. Da er eine halbe Stunde später jedoch seinen Plenarvortrag im Nachbarsaal halten musste, hatte er ihr kaum zugehört, sondern war in Gedanken seinen eigenen Vortrag nochmals durchgegangen. Das war alles, was er an Erinnerung an diese einzige Begegnung hatte, wenn man es so nennen wollte. Aber heute vor dem Treffen hatte er sich natürlich informiert und war mit ihren Arbeiten und ihrem damaligen Vortragsthema ausreichend vertraut.

Umgekehrt lagen die Realitäten ähnlich, denn auch Doktor Park wusste nur aus der Referentenliste und dem Tagungsprogramm, dass Doktor Renke in San Francisco einer der Plenarredner war. Sie hatte seinen Vortrag damals nicht selbst gehört, da sie zeitgleich mit einem Journalisten verabredet war.

Aber zum Glück waren alle Vorträge online archiviert und der wissenschaftliche Werdegang von Renke aufgrund seines Bekanntheitsgrades ein offenes Buch. Sie hatte sich somit bestens auf diesen Abend vorbereiten können.

Als sie beide ihre Drinks vor sich hatten, kam die Koreanerin nach etwas Small Talk recht zügig auf ihr Anliegen zu sprechen.

»Bitte entschuldigen Sie, wenn ich gleich an unser Telefonat anknüpfe. Wie gesagt, ich bin seit heute hier im Team von Professor Jennings bei der Untersuchung von einigen Neueinlieferungen aus dem Shanghai Museum ins UNTACH beteiligt. Es geht hierbei, was meinen Part betrifft, neben Papierdokumenten auch um einige kleine mit Tusche beschriftete Elfenbein-Täfelchen aus der Ming Zeit, die bislang noch nicht näher wissenschaftlich bearbeitet wurden. Ich kenne natürlich Ihre wegweisenden Publikationen von 2004 und 2011 zu diesem Themenkreis. Als ich über das Gastforscher-Portal zufällig sah, dass Sie momentan hier in einem bedeutenden Projekt tätig sind, musste ich Sie einfach kontaktieren – würden Sie mir eventuell mit einigen Tipps und Ratschlägen behilflich sein? Niemand sonst verfügt über ein derart reiches Wissen, was Elfenbeinobjekte aus dieser chinesischen Epoche angeht!«

Marco Renke war nach seiner langen internationalen Karriere nicht leicht durch solche fachlichen Schmeicheleien zu beeindrucken. Schon eher durch den persönlichen Charme dieser ausgesprochen interessanten Kollegin. Er wusste aus dem Internet, dass sie nach einem Master-Studium in Analytischer Chemie in Seoul und einer anschließenden brillanten Archäologie-Promotion in Stanford die letzten sechs Jahre als Humboldt-Stipendiatin bei Professor Lenhorst in Kopenhagen geforscht hatte. Vor zwei Jahren habilitierte sie mit einer Arbeit über Datierungsmethoden an historischen Tinten und Tuschen. Tomomi hatte die Koreanerin mehrfach in ihrer Abschlussarbeit zitiert und der angesehene Internationale Wissenschaftliche Zitierungsindex belegte, dass Doktor Park mit ihren Forschungen in den vergangenen Jahren einen durchaus beachteten Beitrag zu ihrem Fachgebiet geliefert hatte.

Im Verlauf des weiteren Abends und bei einem leichten, ganz vorzüglichen italienischen Menü mit Variationen der weißen Alba-Trüffel entwickelte sich

eine muntere Fachdiskussion auf hohem Niveau, in der auch manche Problemstellungen ihrer aktuellen Forschungsarbeiten zur Sprache kamen. Dass Gieun – man fand beim Prosecco recht schnell zur vertraulicheren Anrede – über exzellente Erfahrungen zur Datierung historischer Dokumente verfügte, empfand Marco als einen glücklichen Zufall. Vielleicht könnte man sich gegenseitig behilflich sein. Sie hatte außerdem mit Professor Jennings derzeit einen der profiliertesten Experten zu historischen Handschriften und Tintenanalysen als Mentor. Die Wartezeiten in den UNTACH-Analyselaboren ließen sich vielleicht über diese Beziehung etwas abkürzen, denn Jennings leitete zurzeit kommissarisch die gesamte Papierabteilung. Wenn Marco bei dessen Elfenbein-Problemen helfen konnte, würde dies im Gegenzug sicher gewisse Privilegien für seine eigenen Arbeiten ergeben. Dass diese beidseitig vorteilhafte Zusammenarbeit für ihn häufiger die Gesellschaft dieser attraktiven Kollegin mit sich bringen würde, empfand er als eine ausgesprochen angenehme Aussicht.
Kurz nach elf Uhr und den obligatorischen Espressi als Abschluss dieses italienischen Abends versicherten sich die beiden Wissenschaftler gegenseitig, wie angenehm und vielversprechend sie diesen empfunden hatten und man in den nächsten Tagen telefonieren würde. Dass der Abschied mit einem doppelten Wangenkuss deutlich vertrauter ausfiel als drei Stunden vorher die professionell distanzierte Begrüßung, wertete Marco ebenso wie ihre Augensprache hierbei als eine verlockende, auch privat interessante Perspektive.
Da dies alles seine Gedanken noch in die Nacht hinein mehr fesselte als die leidigen Korrekturen an seiner Publikation, lag er lange in seinem Bett, ohne sich so recht wieder auf seine Fachlektüre konzentrieren zu können. Aber Abgabetermin bei seinem amerikanischen Verlag war in wenigen Tagen, also gab er sich einen Ruck, stand wieder auf und setzte sich an seinen Schreibtisch. Er arbeitete fokussiert eine gute Stunde an der Druckfahne und mailte schließlich gegen zwei Uhr das fertig überarbeitete Dokument nach San Francisco. Mit einem rundum guten Gefühl schlief er augenblicklich entspannt ein.

Die Holzkugel

Am folgenden Morgen ging Marco um sieben Uhr nur kurz in sein Büro um die Holzkugel aus dem Tresorraum zu holen und noch rasch einiges Bildmaterial in einer Datei auf seinem Smartpad zusammenzustellen. Claudia hatte ihm über sein Rolix abends noch bestätigt, dass ihn Dolph Skarsgård, der Leiter der Präparationswerkstatt, um acht Uhr erwarte. Wie ihm sein Rolix außerdem durch die Timerfunktion signalisiert hatte, würde der Weg hinunter auf Ebene U-19 wegen der mehrfachen Sicherheitsschleusen und Kontrollen etwa dreißig Minuten dauern. Er musste sich also sputen, erreichte Skarsgårds Büro jedoch gerade noch pünktlich.

Bislang hatten sie mit Skarsgård persönlich nicht zu tun gehabt, die Probenahme am Netsuke war von einem der zahlreichen Mitarbeiter der Werkstatt durchgeführt worden.

Als die um diese frühe Zeit sichtlich etwas mürrische Vorzimmerdame Marco eher wortkarg ins Chefzimmer bat, trat ihm dort ein blonder, etwas pummeliger Mittvierziger entgegen und schüttelte ihm gutgelaunt und herzlich die Hand.

»Doktor Renke, ich bin beeindruckt! Die wenigsten schaffen es pünktlich hier auf diese unteren Ebenen und die meisten sind dann angesäuert wegen der lästigen Kontrollen unterwegs. Vor allem zu dieser frühen Stunde – aber Sie machen mir gar nicht diesen Eindruck! Was kann ich für Sie tun?«

Das Kompliment gab Marco gerne an seinen sympathisch wirkenden Kollegen zurück: »Na, ich habe den Eindruck, wir gehören beide zur langsam aussterbenden Gattung der Frühaufsteher! Sonst wären Sie nicht so freundlich gewesen, mir trotz dieser kurzfristigen Anfrage gleich heute Morgen den ersten Termin anzubieten. Ganz herzlichen Dank, ich weiß das sehr zu schätzen und will Ihnen deshalb gar nicht weitere Zeit stehlen, sondern sofort zu meinem Anliegen kommen …«

Im Folgenden besprachen die beiden Routiniers mit Hilfe der Fotos auf Marcos Smartpad jene Präparationsarbeiten, die er sich für einige seiner Schatullen-Objekte vorstellte, um sie im weiteren Verlauf des Projekts

besser handhaben und auswerten zu können. Die Holzkugel sahen sie sich gleich gemeinsam unter einem hochauflösenden Stereomikroskop an. Dolph vermutete, dass hier wohl ein Metallkern von zwei Halbschalen aus Holz, vermutlich Walnuss-Maserknolle, umschlossen wurde. Er würde sich das später noch mittels Röntgendurchstrahlung genauer ansehen und sei sicher, dass man die Metallkugel problemlos freilegen könne. Es gäbe bestimmt eine Klebenaht, auch wenn diese selbst unterm Mikroskop unsichtbar war.
Als sie die Terminplanung abstimmten, stellte sich heraus, dass das Renke-Team seit diesem Morgen auf eine höhere Prioritätsklasse aufgewertet worden war. Wie Dolph anhand der Pin-Nummer im System sah, wohl direkt auf Anweisung der UNTACH-Direktion. Man könne also sofort am kommenden Montag mit den Arbeiten loslegen. Marco verstand zwar nicht, wie das geschehen war, nahm den neuen Top-Status AA aber erfreut zur Kenntnis und bedankte sich für diesen tollen Service. Man erledigte rasch die notwendigen Autorisierungen und das Übergabeprotokoll.
Nachdem Dolph für Montag früh acht Uhr die Abholung der anderen Dokumente und Objekte bestätigt hatte, verabschiedeten sich die beiden Kollegen herzlich.

Marco machte sich auf den umständlichen Rückweg durch das unterirdische Labyrinth zurück zu seinem eigenen Büro, etliche Etagen höher und etwa einen Kilometer entfernt.
Aufgrund des angenehmen Meetings war er bestens gelaunt und übertrug seine blendende Stimmung sofort auf sein Team. Zufällig standen alle vier gerade mit einer Tasse Kaffee in Claudias Büro und plauderten über den vergangenen Abend, beziehungsweise die für einige ja eher unruhige Nacht, als er eintrat. Er nahm sich ebenfalls eine Tasse, bediente sich am Espressoautomaten und informierte gutgelaunt: »Hallo zusammen, ich hoffe ihr hattet einen netten Abend und keine Albträume mit weißen Elefanten oder Affen fressenden Adlern! Übrigens, bevor ich es vergesse: Es gibt gute Neuigkeiten über unseren Projektstatus. Wie ich gerade vom Leiter der Präparationswerkstatt erfahren habe, sind wir von B2 auf AA hochgestuft worden. Fragt mich nicht wieso, ich habe keine Ahnung. Egal, es wird uns

jedenfalls einige Vorteile bei den Wartezeiten in den verschiedenen Laborabteilungen verschaffen.«
An dieser Stelle fiel ihm Tomomi begeistert ins Wort: »Ach so, deshalb! Das ist heute früh nämlich schon passiert. Ich habe Punkt neun Uhr die für mich sehr überraschenden, wohl computergenerierten Nachrichten von vier verschiedenen UNTACH-Labs erhalten, dass unsere dort angefragten Messzeiten bereits ab Montag zur Verfügung stünden, nicht erst wie angekündigt in einigen Wochen! Das wird in den nächsten Tagen recht hektisch werden, nun kommt plötzlich alles auf einmal! Wie hast du das denn geschafft, Chef?«
Claudia konnte sich nicht verkneifen, mit einem leicht anzüglichen Augenaufschlag und gespielt harmlosem, süffisantem Ton zu ergänzen: »Ach ja, da war ein Anruf für dich, Marco, von deinem Date gestern Abend. Die Dame hat eine ganz schön sexy Stimme. Sie hinterließ aber keine Nachricht, es ging wohl um was Privates … das hat doch bestimmt nichts mit unserem Up-grading zu tun, oder? Falls doch, musst du sehr überzeugend gewesen sein. Aber bitte, dann ist das ja ganz im Interesse unseres Teams – möge dir und damit uns diese einflussreiche Person also ruhig gewogen bleiben. Soll ich einen Blumenstrauß zustellen lassen – dann brauche ich aber ihre Kontaktdetails …«
Marco lachte gut gelaunt auf, winkte gelassen ab und konterte: »Das ist wirklich sehr schmeichelhaft für mich, wenn ihr mir altem Knacker so was noch zutraut, danke! Doch da liegst du falsch, Claudia, es war nur eine Fachkollegin. Meines Wissens ohne besonderen Einfluss hier im UNTACH-Apparat. Wir kennen uns flüchtig von einer Fachtagung in San Francisco letztes Jahr. Das Treffen war wirklich gut, sie wird uns bei der Authentizitätsprüfung und Altersbestimmung an unseren Schatullen-Dokumenten helfen können. Tomomi, du kennst ihren Namen und einige ihrer Arbeiten: Doktor Gieun Park, zuletzt in der Arbeitsgruppe von Lenhorst in Kopenhagen, seit gestern hier im Team von Jennings.«
Tomomi erinnerte sich natürlich und reagierte enthusiastisch auf die neue Beziehung und den erleichterten Zugang zur Dokumentenabteilung.
Auch Frank freute sich. »Jennings, Doktor Paul Jennings? Das ist ja toll! Ich kenne ihn aus Shanghai, er war dort letztes Jahr bei der Vorauswahl von

Sammlungsbeständen des Museums zur Einlieferung ins UNTACH involviert und wir waren nach einem Seminarvortrag einmal zusammen essen. Ich wusste gar nicht, dass er jetzt hier tätig ist. Das ist ein super Typ, waschechter Australier, wirkt auf den ersten Blick wie ein Rancher frisch aus dem Outback, ist aber ein wahrer Schöngeist und der beste Kenner chinesischer Malerei und Kalligrafie aus der Ming-Dynastie. Nur auf einen Kneipenbummel sollte man sich nicht mit ihm einlassen, das ist echt anstrengend!«

Sie plauderten noch eine Viertelstunde über Verschiedenes. Rebecca und Claudia gaben erste Eindrücke von ihrer nächtlichen Lektüre zum Besten und Marco berichtete kurz über seinen Termin unten in der Werkstatt, dann ging man wieder an die Arbeit.

Tomomi machte sich nach Absprache mit Marco sofort an die Koordination der verschiedenen Labortermine ab Montag, da das Netsuke hierbei jeweils im Original bereitgestellt werden musste.

Etwas später legten Marco und Claudia im Tresorraum jene Objekte und Dokumente zurecht, die am Montagmorgen in die Präparationswerkstatt transferiert werden sollten. Der Wochenstart würde hektisch werden und sie wollten möglichst viel bereits jetzt vorbereiten.

Frank und Rebecca setzten sich eine halbe Stunde zusammen, um einige Ideen für die geplante Recherche zu dem verschwundenen Surimono zu entwickeln. Anschließend ging jeder an seinen eigenen Arbeitsplatz und alle fünf widmeten sich intensiv ihren jeweiligen Text- und Datenbankarbeiten.

So war es rasch Mittag und Claudia fragte gegen ein Uhr im Team nach, wie es mit Lunch aussah und ob jemand auf Sushi oder ähnliches Lust hätte. Da keiner an diesem Morgen richtig gefrühstückt hatte, kam diese Idee bei allen gut an und Claudia wollte sofort eine entsprechende Bestellung beim hausinternen Lieferservice aufgeben.

Marco aber hatte einen anderen Vorschlag: »Sushi klingt prima – aber was haltet ihr davon, wenn wir uns keine Bento-Box kommen lassen, sondern zu dem Japaner auf Ebene A-3 gehen und die Arbeitswoche ausklingen lassen? Dort sitzt es sich netter als hier im Büro und wir entgehen so auf dem Weg nach oben dem Andrang an den Securityschleusen, der am

Freitagnachmittag immer besonders nervend ist. Ich habe das Gefühl, keiner von uns ist gerade mit etwas beschäftigt, was sich nicht auch später zuhause in den Apartments erledigen ließe.«
Diese Idee war allseits willkommen. Claudia buchte einen freien Tisch im ›Nikko Temple‹ und eine Stunde später saßen sie in ein munteres Gespräch vertieft im sehr stilvollen, traditionell japanischen Ambiente und fühlten sich in die einstige Welt ihres Netsuke zurück versetzt.
Frank erzählte ein wenig über den ersten Tokugawa-Shogun Ieyasu, denn dessen Mausoleum befände sich in der für dieses Restaurant namensgebenden Stadt Nikko. Sie läge etwa einhundertvierzig Kilometer nördlich von Tokyo und die Schreine und Tempel dort seien eines der beliebtesten Tourismusziele in der Präfektur Tochigi. Wie sich herausstellte, war bis auf Rebecca jeder von ihnen schon einmal oder sogar mehrfach in Nikko und sie tauschten ihre Erinnerungen aus. Geschichten zu Shintō-Traditionen kamen genauso lebendig zur Sprache wie Erlebnisse im nahen Nationalpark mit seinen Natursehenswürdigkeiten. Anekdoten über die dort gegenüber den Besuchern recht aufdringlichen Japan-Makaken nahm Marco lachend zum Anlass, wieder auf ihr Projekt zu kommen: »Oh je, da sind wir also über Umwege wieder bei unserem Kernthema gelandet. Denn der kleine Affe in den Klauen unseres Masanao-Adlers ist natürlich so ein stummelschwänziger Makake, also japanischer Schneeaffe. Aber lasst uns das Fachliche besser wieder ausblenden und lieber übers Wochenende plaudern. Was habt ihr denn so vor? Wer noch nicht dort war: Der Aqua Park hinterm Ostflügel ist ganz lustig, vor allem wenn das Sommerwetter so bleibt. Ich selbst werde dort wohl ein paar Stunden Sonne tanken und die Wasserlandschaft genießen. Da unten in der Unterwelt ist man ja sonst von Depressionen bedroht, trotz der angeblich diesem Risiko entgegenwirkenden Spezialbeleuchtung überall.«
So plätscherte die Unterhaltung bei mehr allgemeinen Themen weiter und schließlich wurden die großen, ästhetisch arrangierten Etageren serviert, von denen sie sich mit ihren Essstäbchen bedienten. Die reichhaltige Auswahl an Nigiri Sushi, Sashimi und Maki Rolls, die sie klassisch mit eingelegtem Ingwer, Wasabi, gewürzter Sojasoße, grünem Tee und etwas warmem Sake genossen, bot einen gelungenen und angenehmen Abschluss

dieser anstrengenden, aufregenden Woche. Sie freuten sich jetzt auf ein entspannendes Wochenende und etwas Muße, um die vielen Eindrücke und Informationen zu verarbeiten, die in den letzten Tagen auf sie eingestürzt waren.

Zweiundzwanzig Etagen tiefer hatte inzwischen Dolph Skarsgård die Arbeitspläne einiger seiner Mitarbeiter neu geregelt und war mit der Holzkugel gerade auf dem Weg in die Röntgenabteilung. Dieses Objekt interessierte ihn wirklich, denn er hatte vor Jahren einmal in einer Publikation über historische Schmiedekunst die Beschreibung und Skizze von ähnlichen metallgefüllten Holzkugeln gesehen, erinnerte sich jedoch nicht mehr an Details.

Eine Stunde später hatte er erste harte Fakten und war begeistert. Die Röntgendurchstrahlung hatte klar ergeben, dass der Gegenstand aus einer äußeren Holzhülle von etwa einem Zentimeter Schalendicke bestand, die einen kugelförmigen Metallkern von drei Zentimeter Durchmesser umschloss. Zwischen diesen beiden Bestandteilen lag eine dünne, wenig Kontrast zeigende organische Trennschicht. Die anschließende Kernspin-Untersuchung bestätigte dies, zeigte aber außerdem, dass die innere Metallkugel keine absolut einheitliche Oberfläche hatte, sondern eigentümliche Strukturen aufwies. Zurück in seiner eigenen Abteilung rief er seinen japanischen Lackexperten zu sich und erklärte ihm den Auftrag, am Montag den Metallkern möglichst schonend aus der Holzhülle herauszupräparieren.

Er selbst nahm sich vor, übers Wochenende in seinen alten Dateien zu suchen. Die Skizze aus der Schwertschmiede-Publikation ging ihm nicht mehr aus dem Kopf. Allerdings verunsicherte ihn die Aussage von Marco, dass es sich bei dieser Kugel um ein Objekt aus der Edo-Epoche handeln sollte. In seiner eigenen Erinnerung ging es bei der Publikation, die er im Sinn hatte, eher um die Kamakura-Epoche, die einige Jahrhunderte früher lag.

Überraschungen am Freitag

Bei den meisten Forschungsteams im UNTACH wurde an den Wochenenden durchgearbeitet. Die Dienstleistungs-Bereiche waren an diesen Tagen allerdings geschlossen und die UNTACH-Stammmitarbeiter mit Ausnahme der Notdienste und einiger Sondereinsätze hatten frei. Die Gastwissenschaftler jedoch nutzten jeden Tag für ihre Arbeit, nicht zuletzt aufgrund der hohen Kosten in dieser speziellen Einrichtung. Insbesondere Fachveranstaltungen, Gastvorträge und Team-Besprechungen legte man vorzugsweise auf Samstage oder Sonntage, um die Projektzeit optimal auszunutzen. Aber auch in den Bürotrakten und den Bibliotheken wurde an den Wochenenden viel gearbeitet. Im Gegensatz hierzu waren die meisten Laboratorien an diesen beiden Tagen verwaist, von Wartungen und Reparaturen abgesehen. Im Hochsicherheitsbereich, wo die Mehrzahl der Objektbestände archiviert war, herrschte dann immer Grabesstille. Die schweren Tresorzugangstüren zu den vierzehn Ebenen unterhalb der Etage U-20 wurden pünktlich freitags um zweiundzwanzig Uhr über ein Zeitschloss verriegelt und öffneten erst montags um sechs Uhr wieder. Entsprechend intensiv nutzten die Arbeitsgruppen während der Woche die Öffnungszeiten der Kernarchive und Laboreinrichtungen zwischen sechs und zweiundzwanzig Uhr. Eine tägliche Arbeitszeit von fünfzehn Stunden war bei den Gastforschern keine Seltenheit, aber das galt im Wissenschaftsbetrieb weltweit sowieso nicht als ungewöhnlich.

Marco hatte seinem Team von Anfang an klar gemacht, dass er ihre Arbeitszeiten anders regeln würde. Bei einem Jahr Projektlaufzeit war der Bearbeitungszeitraum sehr großzügig bemessen und daher ein regelmäßiger privater Ausgleich an zwei Tagen pro Woche seiner Meinung nach sinnvoll und notwendig. Als Kernzeiten, an denen sie von externen Terminen abgesehen in ihren Büros sein sollten und so eine gute interne Kommunikation sicherstellten, hatten sie montags bis freitags jeweils zehn bis sechzehn Uhr vereinbart. Ansonsten war jeder flexibel und eigenverantwortlich bei seiner Arbeitszeitplanung. Marco konnte sich auf seine Mitarbeiter verlassen und hegte nicht die geringsten Zweifel, dass sich

alle engagiert ihren Aufgaben widmen würden. Für ihn zählten solide Qualität, Teamarbeit, Kreativität und gute Ergebnisse, und nicht lange Anwesenheitszeiten oder überzogener Arbeitseifer.
Nach dem angenehmen gemeinsamen Wochenabschluss im japanischen Restaurant hatten sie sich daher ein angenehmes Wochenende gewünscht und waren zunächst ihrer eigenen Wege gegangen. Aber für Samstag früh hatten sich Tomomi und Rebecca zum Joggen verabredet und Frank und Claudia wollten sich Samstag zum Lunch in einem thailändischen Gartenlokal im Innenpark treffen. Marco hatte für Sonntag um fünfzehn Uhr Frank und Rebecca ins ›Wiener Kaffeehaus‹ eingeladen, weil die beiden gerne das Thema Surimono mit ihm noch einmal kurz besprechen wollten. Und Tomomi und Claudia wollten im Laufe des Wochenendes irgendwann miteinander telefonieren, um sich vielleicht auf einen Drink zu treffen, ganz einfach privat ein wenig zu plaudern oder einen kleinen Bummel in der weitläufigen Mall zusammen zu unternehmen. Ansonsten hatte jeder eigene Freizeitpläne und freute sich darauf, gemütlich zu schmökern, etwas Literaturarbeit in Ruhe zu erledigen und entspannt an seinen jeweiligen Recherchen weiter zu arbeiten. Dies war außerdem das erste wirkliche Wochenende für sie seit Projektstart und es gab noch viel zu entdecken auf dem UNTACH-Areal, sodass sicher bei keinem von ihnen Langeweile aufkommen würde. So waren die Pläne - aber es sollte anders kommen!

Es begann damit, dass Marco – zurück in seinem Apartment – gleich am Blinken seiner Telefonanlage erkannte, dass eine Sprachnachricht für ihn eingegangen war. Er schenkte sich einen alten Cognac ein, machte es sich in einem Sessel gemütlich und hörte die Nachricht ab:
›Hallo Marco - Gieun hier. Ich wollte dich nicht während deiner Arbeit belästigen, daher diese kurze Nachricht auf deinen privaten Anschluss. Ich möchte mich noch mal für den wirklich schönen Abend bedanken. Einen angenehmeren Start in meinen UNTACH-Aufenthalt hätte ich mir nicht vorstellen können! Ich habe morgen den ganzen Tag Meetings und am Sonntag einen Workshop im Tagungszentrum im Westflügel … Am Sonntagabend wäre ich allerdings frei und würde mich gerne revanchieren für deine Einladung gestern. Magst du koreanisches Essen? Hättest du Zeit

und Lust? Ich freue mich auf deine Nachricht, hab ein schönes Wochenende und bis hoffentlich bald!‹

Marco schmunzelte, nippte an seinem Cognac und dachte sich: Wie angenehm! Auch er hatte bereits auf dem Weg zu seinem Apartment mit der Idee gespielt, sich bei Gieun zu melden und vielleicht etwas gemeinsam zu unternehmen. Er ging davon aus, dass sie sicher noch nicht in ihrem Apartment erreichbar sein würde und wollte sie auch seinerseits nicht übers Rolix im Büro stören. Eine Nachricht zu hinterlassen fand er wenig reizvoll – er musste sich eingestehen, dass er sich darauf freute, ihre Stimme zu hören und mit ihr zu sprechen. Er würde also noch eine Weile arbeiten und später am Nachmittag versuchen sie zu erreichen.

Doch kaum hatte er an seinem Schreibtisch begonnen, die bisherigen Ergebnisse seiner Mikroskopie-Untersuchungen am Netsuke auszuformulieren, da klingelte sein Rolix.

Es war Xiaoding Wang. »Marco, bitte entschuldige die Störung. Aber ich bin bei einigen Optimierungsarbeiten am automatisierten Recherche-Tool auf eine ganz erstaunliche Sache gestoßen, als ich deine Datensätze über das Masanao-Netsuke als Testmaterial benutzte. Aufgrund neu aufgetauchter Datenbankeinträge ist zwischen einigen der Textauszüge von deinen alten Dokumenten ein Zusammenhang ableitbar, der vorgestern in unserer gemeinsamen Session noch nicht erkannt wurde – und zwar ein in meinen Augen ganz sensationeller! Ich habe mir das genau angeschaut und was das System aufgedeckt hat, hält einer Überprüfung stand. Ich weiß, das ist eine Zumutung – aber vielleicht möchtest du es dir jetzt sofort ansehen – ich bin im Moment hier im VR-Raum und alles ist gerade perfekt installiert und schön aufbereitet. Ginge das bei dir?«

Marco war verblüfft, denn eine solche Dringlichkeit in der Stimme seines Freundes hatte er noch nie gehört. Er überlegte nur einen Moment und antwortete zustimmend: »Lieber Xiaoding, das klingt überaus spannend – natürlich komme ich gerne sofort hinunter, ganz herzlichen Dank für dein großes Interesse und deine Hilfe, wie immer! Es könnte aber etwa eine halbe Stunde dauern, bis ich es zu dir auf Ebene U-16 schaffe, denn ich bin nicht mehr im Büro auf Ebene U-11, sondern bereits oben im Wohngebäude. Hättest du was dagegen, wenn ich Rebecca mitbringe, falls

ich sie jetzt erreiche? Sie ist, wie du weißt, meine Datenbank-Expertin und wäre bestimmt begeistert, mitzukommen.«
Das war Xiaoding natürlich recht und er sagte zu, die Türfreigaben für sie beide sofort zu veranlassen. Er erwarte sie also in etwa einer halben Stunde unten.

Marco rief Rebecca an und erwischte sie noch unterwegs zu ihrem Apartment, das deutlich weiter vom Nikko Temple entfernt war als sein eigenes. Sie war Feuer und Flamme und machte sich sofort auf den Weg nach unten, sie würden sich in der Lounge vor ›The Wall‹ treffen.
Etwa vierzig Minuten später trafen Marco und Rebecca etwas verspätet dort ein, wo Professor Wang sie schon bei einem Tee erwartete und nach kurzer Begrüßung sofort zur Sache kam: »Es ist wirklich gut, dass dieses kurzfristige Meeting klappt, denn ich weiß nicht, ob mein System beim nächsten Mal genau die gleichen Verknüpfungen liefern würde. Es handelt sich um ein provisorisches Testprogramm. Gehen wir doch am besten sofort hinein. Ich habe einen Assistenten gebeten, alles vorzubereiten.«
Nach dem üblichen umständlichen Zugangs-Procedere über die Sicherheitsschleuse betraten sie gemeinsam den Projektionsraum, wappneten sich mit den VR-Brillen und nahmen nebeneinander im Zentrum des Auditoriums Platz. Auf einen Wink von Professor Wang startete dessen Assistent in der Manipulatorkabine die Projektion, wobei er einige Programmierschritte zurückging, damit ihre beiden Gäste das Entstehen der bewussten Ergebnisse miterleben konnten. Professor Wang erläuterte hierbei genau, worauf sie achten mussten. Der virtuelle Raum vor ihren Augen war wie vor zwei Tagen bei ihrem Team-Meeting so prall mit Bildern und logischen Verknüpfungen gefüllt, dass ihnen die Orientierung nicht sofort leichtfiel.
»Wie gerade zu sehen ist«, eröffnete der Professor, »spielt unser neues Programm nicht nur die exakt vorgegebenen Schlüsselworte oder Daten ein, sondern variiert diese auch hinsichtlich sprachlich oder inhaltlich ähnlicher Begriffe. Ein solches Vorgehen ist natürlich schon lange Routine bei Suchmaschinen. Aber wir haben Optimierungen vorgenommen, um das Datenvolumen nicht zu sehr aufzublähen und das Erfassen relevanter

Suchergebnisse zu erleichtern. Wenn ich das Augenmerk auf die Details hier in diesem Sektor lenken darf …«

Während Wang dies sagte, hüllte er durch eine gezielte Bewegung seines Zeigefingers, also durch VR-Gestensteuerung, ein dreidimensionales Raumsegment ein und fasste durch diese farblich markierte ›Kontextwolke‹, wie er es nannte, etliche dort eingeschlossene Details logisch zusammen.

»… dann sieht man, dass zum Beispiel der Begriff ›Wildpferd‹ aus diesem Vermerk über den bewussten Surimono alternativ durch den wissenschaftlichen Namen ›Equus ferus‹ sowie Synonyme wie ›Tarpan‹, ›Przewalski-Pferd‹ oder entsprechende Namen in anderen Sprachen ersetzt wird. Hier drüben tauchen zum Beispiel die von meinem neuen Programm ausgewählten Begriffe ›Ye-ma‹ in Chinesisch und ›Takhi‹ in Mongolisch auf.

Wenn man jetzt ganz unten in einem anderen Datenbereich den gleichen Vorgang zu dem in eurer japanischen Schriftrolle aufgeführten speziellen ›Hisui Erz‹ ablaufen lässt, so liefert das automatische Übersetzungsprogramm unter anderem für den Begriff ›Hisui‹ die Bedeutung ›Meteorit‹.

Im nächsten Schritt bietet die Software diverse Hinweise auf historische Gegenstände an, die aus dem Erz von Eisen-Nickel-Meteoriten geschmiedet worden waren. Unter den genannten Objekten wird aufgrund unserer räumlichen Konzentration auf Japan und der von uns gewählten zeitlichen Eingrenzung ein Zeremonialschwert optisch hervorgehoben, das im dreizehnten Jahrhundert vom Meisterschmied Masamune Okazaki geschaffen wurde und später lange im Besitz der Tokugawa-Shogune war.

So, und nun aufgepasst: Wenn man die Funktion ›erweiterte Korrelationen‹ aufruft, wie gerade zu sehen, dann werden mehrere Informationen aus eurer Schatulle in einen vorher nicht erkennbaren, direkten Zusammenhang gebracht. Denn der Typ Zeremonialschwert, zu dem auch das aufgeführte Schwert des Masamune gehört, wurde in Japan ›Tachi‹ genannt. Weil meine Software auch die phonetische Ähnlichkeit der Begriffe Takhi für Wildpferd und Tachi für Schwert berücksichtigt, weist uns das System durch autonom durchgeführte Recherchen auf wirklich bemerkenswerte Zusammenhänge hin, die man im nächsten Schritt optisch zusammengestellt bekommt.

Hier sieht man den Hinweis, dass dieses unter dem Namen ›Honjo Hisui Masamune‹ bekannte Schwert eine Kostbarkeit von außergewöhnlichem

Rang darstellt. Es ist nicht nur aus dem in eurem Dokument erwähnten Meteoritenmaterial geschmiedet worden, was sehr selten geschah, sondern um dieses Schwert ranken sich zahllose Mythen und dramatische Erzählungen. In manchen Quellen wird es fast den Throninsignien des Tennos gleichgestellt. Angeblich wurde es im neunzehnten Jahrhundert durch Verrat des Daimyos von Himeji zerstört. Aber hier unten sieht man einen Hinweis, dass in einem Dokumentenvermerk im Archiv des Tokyo National Museums aus dem Jahr 1926 ein Historiker die Theorie aufstellte, dieses Schwert existiere vielleicht doch noch. Es sei allerdings seit einer Plünderung der Stammburg der Himeji-Fürsten verschollen.

Jetzt kommt das, was ich bei unserem Telefonat, Marco, als sensationell bezeichnet hatte … In diesem Vermerk ist der Hinweis enthalten, dass ein bestimmtes Netsuke eine Schlüsselrolle bei der Suche nach dem verschollenen Schwert des Masamune spielt. Schaut bitte hier auf diesen anderen Quervermerk, den das System als relevant eingeblendet hat: In einem Gedicht, das einem Mitglied des Ikeda-Fürstengeschlechts zugeschrieben wird, lobt der Poet das Genie eines Masanao aus Kyoto, die innere Stärke von Tieren einzufangen und auch in kleinsten Kunstwerken auszudrücken. Als Beispiel wird der Sieg eines Adlers über die Schlauheit des mystischen Affen genannt. Und Ikeda hieß das Geschlecht, das über viele Generationen die Daimyos von Himeji stellte! Was sagt ihr nun?«

Das verschlug Marco und Rebecca die Sprache. Sie blickten fassungslos auf die Fülle an Informationen, die das VR-System vor ihnen aufgespannt hatte und ließen ihre Augen immer wieder über die vielen Details gleiten.

Rebecca hatte aufgrund ihrer Vertrautheit mit ähnlichen Suchmaschinen rasch erkannt, dass die gerade von Professor Wang erläuterten Zusammenhänge durch diverse, hinter den Kernaussagen optisch hinterlegte Sekundärquellen erhärtet wurden. Wenn man in Erwägung zog, dass sich in der Übersetzung jenes Surimono wirklich eine Verwechslung oder ein Schreibfehler eingeschlichen hatte, also ein Tachi-Schwert und nicht ein Takhi-Wildpferd angesprochen wurde, machte plötzlich ganz Vieles Sinn, was vorher unverständlich war. In einer anderen, farblich hervorgehobenen Datei konnte Rebecca nachlesen, dass die Scheide des ›Honjo Hisui Masamune‹ mit grünen Jadeplättchen bedeckt gewesen sein soll. Ihr kam die Eintragung im Auktionsarchiv in Volkach über den Surimono eindrücklich in Erinnerung: ›… Der Text des Gedichts in diesem Surimono handelt von einem Adler, der über das jadene Wildpferd wacht und den listigen Affen besiegt …‹. Wie anders las sich dies, wenn man annahm, dass dort nicht ›Wildpferd‹ sondern ›Schwert‹ stehen müsste, und wie spannend würde es werden, dieser neuen Spur zu folgen!

Marco starrte im selben Moment gebannt auf einen anderen Text in der Projektion, die Übersetzung einer Urkunde aus dem Jahr 1905, unterzeichnet von einem Hatashi Terada. Dort stand, dass das Schwert des Shogun sich in Sicherheit befände und der siegreiche Adler den hierfür Befugten den Weg weisen würde. Nach einer Weile brach Marco das nachdenkliche Schweigen: »Xiaoding, ich weiß wirklich kaum, was ich sagen soll: Was du da an überraschenden Korrelationen gefunden hast, ist absolut phänomenal. Plötzlich fügt sich eine ganze Reihe von einzelnen Informationen in einen logischen Zusammenhang, von dem wir bislang keine Kenntnis hatten. Wir hatten durch unsere Recherchen zum Masanao-Netsuke und insbesondere aufgrund mancher Hinweise aus dem Inhalt meiner mysteriösen Schatulle zwar eine Ahnung entwickelt, dass es irgendeinen größeren Kontext geben musste. Aber keinerlei konkrete Vorstellung, worum es da gehen könnte. Diese Spur jetzt in Richtung eines wertvollen, verschollenen Meisterschwerts von nationaler Bedeutung und die berechtigte Vermutung, dass dieses Netsuke dabei eine entscheidende Rolle spielt, eröffnet eine völlig neue Perspektive für unser Projekt.«

Natürlich freute sich Xiaoding über die Begeisterung, die diese Ergebnisse seiner neuen Software bei Marco ausgelöst hatten. Ihm war bewusst, dass für jenen und sein Team nun eine gute Dokumentation dieser Datenverknüpfungen wichtig war, um darauf aufbauen zu können.

»Marco, leider lässt sich das, was ihr nun im virtuellen Raum vor euch seht, nicht so komplex als Datei abspeichern oder für normale Software aufbereiten, so weit sind wir noch nicht mit unserer Entwicklung. Aber was ich euch anbieten kann, ist einfachere, zweidimensionale Kopien der relevanten Datenbereiche zu erstellen. Also jeweils separat für die verschiedenen Schichten der hier gegebenen dritten Dimension. So könnt ihr zumindest alle einzelnen Fakten und Hinweise auf einer externen

Festplatte mitnehmen. Allerdings ohne die schöne graphische Aufbereitung und ohne die ganzen optisch hervorgehobenen Verknüpfungen. Frau El Rouni, denken Sie, Sie können daraus später für Ihre weiteren Recherchen eine geeignete Darstellungsform kreieren, die zu den in Ihrem Team vorhandenen IT-Möglichkeiten passt? Ich weiß, das ist eine alles andere als elegante Lösung und wird Ihnen einige Arbeit machen. Aber leider ist die Datenfülle meines VR-Systems zu gigantisch für einen anderen Lösungsansatz, und das bedaure ich genauso wie Sie.«

Rebecca verstand sofort, was Professor Wang meinte. Sie hatte zwar noch keine Idee, wie sie das in einem halbwegs vernünftigen Zeitraum hinbekommen könnte, reagierte aber dennoch konstruktiv auf diesen Vorschlag: »Verehrter Herr Professor Wang, ich weiß was Sie meinen, und ja, ich denke das könnte ich hinbekommen. Wäre es vielleicht möglich, dass mich einer Ihrer Mitarbeiter dabei unterstützt? Denn ich befürchte mit den vielen Einzeldateien, die sich aus diesem grandiosen Gesamtbild ergeben, das wir gerade vor uns sehen, wäre ich sonst ziemlich verloren, da ich Ihre Datenhierarchie nicht kenne.«

Xiaoding lachte freundlich auf. »Aber selbstverständlich, das machen wir gerne! Sunjub, was meinen Sie, könnten Sie die ganze nächste Woche das Team von Herrn Doktor Renke verstärken und dieser charmanten Kollegin bei der Umsetzung unserer VR-Rohdaten in ein auf normaler Soft- und Hardware handhabbares Programm behilflich sein? Sie wissen schon, ähnlich wie wir es letzten Monat für dieses amerikanische Team über die afrikanischen Kikuyu-Masken gemacht hatten. Ich lasse Sie natürlich von allen anderen Verpflichtungen in dieser Zeit freistellen, sodass Sie Frau El Rouni voll zur Verfügung stehen können.«

Der schüchtern wirkende junge Inder oben in der Kabine bestätigte dies umgehend, bei seiner etwas zittrigen Antwort ›dass er nichts lieber täte‹ leicht errötend. Rebecca reagierte mit einem strahlenden Lächeln und Kopfnicken in seine Richtung. Marco schmunzelte unmerklich in sich hinein, wie auch Xiaoding, der ihm leise ins Ohr raunte, dass ihn jede andere Antwort auch sehr gewundert hätte.

Inzwischen war es achtzehn Uhr geworden und man versicherte sich gegenseitig, dass diese Besprechung von außergewöhnlicher Bedeutung war.

Das bot ihnen reichlich Stoff zum Nachdenken übers Wochenende. Rebecca blieb gleich bei Sunjub und machte sich mit ihm an die Sicherung der Daten, mit denen man am Montag weiterarbeiten würde.
Xiaoding begleitete seinen Freund nach draußen, wo sie in der Lounge noch einen Tee zu sich nahmen. Für Marco waren die neuen Erkenntnisse eine fast dramatisch zu nennende Entwicklung in seinem Projekt und er empfand die Perspektiven, die sich hieraus ergaben, durchaus ambivalent. Wenn das Netsuke tatsächlich der Schlüssel bei der Suche nach einem historisch bedeutsamen Schwert der Tokugawa-Shogune war, dürfte die Projektausschreibung vermutlich aus genau dieser Motivation heraus entstanden sein. Was den Verdacht auf mächtige Strippenzieher im Hintergrund erhärtete. Warum diese Geheimniskrämerei, falls alles legal und korrekt wäre? Sie mussten vorsichtig sein, vielleicht ging es sogar um obskure, kriminelle Aktivitäten, in die sie hineingezogen worden waren. Sein chinesischer Freund drückte dies zwar nicht so drastisch aus, aber auch aus dessen Worten sprach eine gesunde Skepsis zum Hintergrund des Projekts. Er sagte Marco seine volle Unterstützung zu, falls es Probleme geben sollte. Als dieser erwähnte, dass ihr Projektstatus auf geheimnisvolle Weise plötzlich auf AA hochgestuft worden sei, vertieften sich die Sorgenfalten im Gesicht des erfahrenen UNTACH-Wissenschaftlers. Er bat Marco um größte Vorsicht bei allen anstehenden Schritten.

Nach einem herzlichen Abschied von Xiaoding war Marco entsprechend tief in Gedanken versunken, als er kurz nach neunzehn Uhr wieder in seinem Apartment ankam. Ihm schwirrten tausend Ideen und Überlegungen durch den Kopf und er setzte sich an seinen Schreibtisch, um diese schriftlich festzuhalten und zu strukturieren sowie erste Konsequenzen aus den neuen Informationen abzuleiten. Als ihm hierbei einfiel, dass sich Tomomi und Frank bereits am Wochenende mit dem Surimono-Thema befassen wollten, diktierte er in seine Rolix eine Sprachnachricht, die mit Prioritätsstatus an sein gesamtes Team ging: »Hi zusammen. Sorry, dass ich euren Start ins Wochenende stören muss. Aber einige Infos, die Rebecca und ich soeben von Professor Wang erhalten haben, veranlassen mich, euch um ein weiteres Treffen heute zu bitten. Könnten wir uns jetzt gleich um zwanzig

Uhr bei mir in A-40025 treffen – ich mache auch eine gute Flasche aus meinem Weinvorrat auf! Falls jemand nicht kann, bitte kurz anrufen, dann gebe ich wenigstens das Wichtigste telefonisch durch.«
Keine fünf Minuten nach dieser Nachricht hatte er von seinen Mitarbeitern die Bestätigung, dass sie pünktlich kommen würden, abgesehen von Rebecca, denn die Datensicherung zusammen mit Sunjub würde noch eine Weile in Anspruch nehmen.
Nachdem sich die anderen kurz vor zwanzig Uhr bei Marco versammelt hatten und mit einem Glas altem Bordeaux versorgt waren, berichtete er ihnen von den unerwarteten Ergebnissen des Treffens mit Professor Wang. Es war fast zweiundzwanzig Uhr, als sie sich nach intensiven, teils enthusiastischen, teils sorgengeprägten Diskussionen wieder trennten und ins Wochenende verabschiedeten. Die Neuigkeiten hatten das Team tief beeindruckt.
Insbesondere Frank, dem einige Geschichten um die sagenhaften Schwerter des Masamune vertraut waren, schwankte jetzt in seiner Haltung, sich ganz auf das Netsuke zu konzentrieren – der Schatulleninhalt hatte für ihn nun eine Faszination entwickelt, der er sich nicht mehr entziehen konnte. Aber er teilte mit Marco das unterschwellige ungute Gefühl, fremdbestimmt zu agieren und sich vielleicht in einem Graubereich zwischen seriöser Archäometrie und dubiosen Schatzsucherabenteuern zu verlaufen.

Als Marco später alleine war, fiel ihm plötzlich wieder die Nachricht von Gieun ein. Eigentlich war es noch nicht zu spät für einen Anruf, also versuchte er sein Glück. Es wurde ein sehr angenehmes und von den schwerwiegenden Entwicklungen im Projekt mit Leichtigkeit ablenkendes Telefonat. Als er eine Stunde später auflegte, freute er sich schon auf den gemeinsamen Sonntagabend, denn sie hatte ihre Einladung zu sich zu einem koreanischen Dinner wiederholt und er sehr gerne angenommen.

Freundschaftsdienste

So ereignisreich wie die Woche geendet hatte, so begann das Wochenende. Als Tomomi am Samstagmorgen gegen sieben Uhr noch etwas schläfrig ihren Maileingang durchsah, war eine Nachricht aus dem Massachusetts Institute of Technology dabei. Dorthin hatte sie vor vier Wochen Probenmaterial des Netsuke für eine erweiterte Spurenelementanalyse geschickt. Der kurze Text weckte sofort ihre Aufmerksamkeit und sie war schlagartig hellwach.

Sehr geehrte Kollegin!

Anbei die Ergebnisse der umfassenden Spurenelement-Analyse, wie durch Sie beauftragt. Aufgrund der langjährigen Zusammenarbeit mit Dr. Renke haben wir diesen Untersuchungen gerne eine höhere Priorität eingeräumt. Beim Einspeisen der Messwerte in unsere interne Analysedatenbank wurde eine erstaunliche Übereinstimmung mit einer früheren Probe offenbart, was ich Ihnen aus kollegialer Verbundenheit nicht vorenthalten will. Wie Sie aus den beigefügten Unterlagen ersehen, ist ihre Elfenbeinmikroprobe praktisch identisch mit der bei uns im Rahmen eines Ringversuchs im Jahr 1982 analysierten Elfenbeinpulverprobe mit der Nummer GG37288. Abgesehen vom extrem überhöhten Holmium-Gehalt bei Ihrem Elfenbein, den wir uns nur durch eine Kontamination erklären können. Es ist nach unserer Einschätzung davon auszugehen, dass es sich in beiden Fällen um Material aus demselben Stoßzahn handelt. Alles was wir in unserem Archiv zu dem damaligen Ringversuch noch ermitteln konnten, finden Sie in den Dateianhängen. Leider liegen uns keine detaillierten Informationen zu den in jener Vergleichsstudie verwendeten Materialien mehr vor. Es gibt in den Unterlagen allerdings den Hinweis auf ein teilnehmendes deutsches Institut als Lieferant dieser Probe, siehe gesondertes Attachment. Anbei finden Sie weiterhin unsere detaillierte Rechnung mit Bitte um Überweisung. Nach Abzug der von Ihnen bereits getätigten Vorauszahlung verbleibt ein Restbetrag von 17.290,00 US $. Für Rückfragen stehe ich jederzeit zur Verfügung. Mit besten Grüßen, PhD Frederic Cunnings, Senior Researcher, MIT Central Analytical Laboratories.´

Als Tomomi die Anhänge öffnete, wurde ihr klar, dass sie auf eine neue heiße Spur gestoßen waren. Die Analysen aus Boston deckten sich im Rahmen der methodischen Fehlergrenzen mit den Daten aus Grenoble. Sie ergänzten diese außerdem entscheidend um weitere Spurenelementanomalien und

Isotopenverteilungen, die alle ihre bisherigen Hypothesen zur Herkunft des Elfenbeins voll bestätigten. So belegten die Werte, dass der Elefant Nahrung aus sehr unterschiedlichen Habitaten von West- über Zentral- bis Ostafrika aufgenommen hatte. Das mittels der sehr genauen Beschleuniger-Massenspektroskopie bestimmte Radiokarbonalter stimmte mit einer Datierung auf das Jahr 1348 +/- 8 Jahre gut mit dem Grenoble-Wert überein. Eine Kollagenanomalie deutete nach Bewertung der Bostoner Kollegen auf einen Albino als Trägertier hin. Manche Analyseergebnisse ließen die Region des Großen Grabenbruchs um den Victoriasee im heutigen Tansania als wahrscheinlich am stärksten prägenden Einflussbereich im Leben des Elefanten erscheinen. Extrem erhöht war, wie schon durch die Messungen in Grenoble bekannt, der Gehalt am Element Holmium. Die Kollegen aus Boston wiesen hierzu in einer Fußnote ausdrücklich darauf hin, dass sie keinerlei Erklärung für eine solche Anreicherung hätten und derartige Werte bei Elfenbein unmöglich natürlichen Ursprungs sein könnten, man empfehle eine kritische Prüfung der angewandten Beprobungstechnik.

So weit, so gut, das hatte sie abgesehen vom Holmium-Problem so und nicht anders erwartet. Aber dass in einer Labortabelle aus dem Jahr 1982 tatsächlich vollkommen identische chemische Charakteristika wie bei ihrer Probe auftauchten, vom Holmium Wert abgesehen, war irgendwie unheimlich. Das war so, als würde ein Detektiv an einem heutigen Tatort einen Fingerabdruck finden, der mit einem Abdruck aus einer Verbrecherkartei vor hundert Jahren übereinstimmte! Dass die identischen Analyseergebnisse damals im Rahmen eines Ringversuchs entstanden, war noch verwirrender.

Tomomi war als Chemikerin mit solchen Serientests zwischen mehreren Laboratorien bestens vertraut und wusste daher, dass das eingesetzte Probenmaterial bestimmte Voraussetzungen erfüllen musste. Es war eine ausreichende Menge an möglichst homogenem Ausgangsmaterial erforderlich, damit alle teilnehmenden Laboratorien wirklich identische Proben erhielten und somit ihre analytischen Methoden objektiv vergleichen, bewerten und gegebenenfalls optimieren konnten. Im Falle der 1982er Messreihe hatte, wie sie dem Scan des Testjournals entnehmen konnte, jedes der zehn

teilnehmenden Labs jeweils fünfzehn Gramm von insgesamt vierzehn verschiedenen Elfenbeinproben zur Verfügung gestellt bekommen. Auch jene Probe mit den identischen Ergebnissen musste daher von einem größeren, mindestens 150 Gramm schweren Fragment jenes Stoßzahns stammen, aus dessen Spitze ihr Netsuke geschnitzt worden war.
Es war ein höchst erfreulicher Zufall, dass sie durch die Zusammenarbeit mit Boston auf eine neue, wissenschaftlich belastbare Spur zu dem Stoßzahn des Albino-Elefanten gestoßen waren. Das hier waren seriöse Informationen, keine dubiosen Hinweise aus Sekundärquellen oder hinsichtlich ihrer Herkunft fragwürdigen alten Schriftstücken. Aus dem Anhang der Mail von Doktor Cunnings ging klar hervor, in welche Richtung sie diese Spur verfolgen müssten: in der Tabelle des Probenmaterials der damaligen Testserie war als Lieferant der Probe GG37288 das Max-Planck-Institut für Metallforschung in Stuttgart angegeben.
Nach einer weiteren Viertelstunde Internet- und Datenbank-Recherchen war Tomomi klar, dass sie zuerst mit Marco sprechen sollte, bevor sie weitermachte, denn es schien kompliziert zu werden. Das genannte Institut in Stuttgart beschäftigte sich in den achtziger Jahren neben Metallen auch mit Keramik- und Verbundwerkstoffen. Dies geschah überwiegend im Auftrag industrieller Projektpartner, was für Einrichtungen der eher grundlagenorientierten Max-Planck-Gesellschaft an sich untypisch war. Aber obwohl man anorganisch-organische Mischstrukturen wie Zähne und Knochen im weiteren Sinne auch als natürliches Verbundmaterial bezeichnen konnte, wurde in keiner online recherchierbaren Quelle zu diesem Institut irgendein Bezug zum Material Elfenbein ersichtlich. Im Jahr 2011 war das Institut schließlich neu strukturiert, umbenannt und inhaltlich völlig anders ausgerichtet worden und wurde seither als Max-Planck-Institut für Intelligente Systeme weitergeführt. Die Chancen, nach solchen sicher personell gravierenden Veränderungen heute noch belastbare Informationen zu einem früheren Projekt aus den achtziger Jahren erhalten zu können, bewertete Tomomi alles andere als optimistisch.
Inzwischen war es kurz nach acht Uhr und Tomomi überwand schließlich ihre Scheu, schon wieder am frühen Morgen, nun sogar am Wochenende, ihren Chef Marco wegen neuer Ergebnisse zu stören.

Sie sprachen eine Weile am Telefon. Marco freute sich wie sie über die Bestätigung der Grenoble-Daten, dankte ihr für die umgehende Information und bat sie, die Daten aus Boston gleich an ihn weiterzuleiten. Er würde sich selbst um den nächsten Schritt in dieser Angelegenheit kümmern, denn er hätte in der Max-Planck-Zentrale in München einen guten Bekannten, der ihnen hier vielleicht weiterhelfen könne.
Wie sie selbst war auch Marco hinsichtlich des Holmium-Wertes weiterhin ratlos. Sie würden sich nächste Woche in den UNTACH-Laboratorien hierzu noch einmal Klarheit verschaffen müssen. Bislang hatten sie an einen Messfehler geglaubt, so etwas war schließlich nie ganz auszuschließen. Aber nach der Bestätigung des Befundes durch ein zweites renommiertes Labor kam diese Erklärung nicht mehr in Frage.
Tomomi atmete nach diesem Telefonat erleichtert auf, sie hatte also richtig gehandelt.
Wenig später drehte sie zusammen mit Rebecca eine lockere Joggingrunde, vermied hierbei bewusst fachliche Themen und konzentrierte sich vollends auf den Lauf und ihren Körper.

Währenddessen verfasste Marco bereits eine E-Mail an seinen alten Studienfreund Doktor Hermann Wolters, der als Hauptabteilungsleiter in der Max-Planck-Generalverwaltung in München für Interne Programmplanung und Internationale Zusammenarbeit zuständig war. Wolters hatte 1993 im gleichen Graduiertenkolleg wie Marco seine Diplomarbeit an der Technischen Universität Darmstadt absolviert. Seither verband die beiden eine enge Freundschaft, der die ständige räumliche Ferne nichts anhaben konnte. Völlig konträr zum beruflichen Werdegang Marcos hatte Hermann sich sehr früh von der eigentlichen wissenschaftlichen Arbeit abgewandt. Er fokussiert sich auf Forschungsmanagement und erarbeitete sich eine Karriere im Führungsstab zuerst der Fraunhofer-Gesellschaft und ab 2018 der Max-Planck-Gesellschaft. Was die beiden neben ihrer privaten Freundschaft verband, war die intensive Reisetätigkeit, die sie gleichermaßen als reizvoll und bereichernd empfanden. Obwohl sich die Bitte an seinen Freund auf ein fünfzig Jahre zurückliegendes Versuchsprogramm bezog, war Marco optimistisch, dass er über ihn hier weiterkommen würde. Solche

Labortests wurden bei fast allen staatlich geförderten Forschungseinrichtungen über interne Programme finanziert und die entsprechenden Unterlagen waren aufgrund der Vorgaben der Zuwendungsgeber von Bund und Ländern sehr lange zu archivieren.
Marco schrieb:
›Lieber Hermann,
herzliche Grüße aus Peking, wo ich – wie du weißt – seit zwei Monaten an meinem neuen Projekt arbeite. Wir sollten mal wieder telefonieren, denn die Erfahrungen hier in dieser sehr seltsamen ›Unterwelt‹ des UNTACH sind wirklich etwas Besonderes, wenn auch gewöhnungsbedürftig! Ich hoffe es geht dir, deiner lieben Frau Edda sowie eurem Nachwuchs Lea und Susanne gut, zumindest habt ihr beide ja gerade einen tollen Sommerurlaub auf Madeira hinter euch, wie ich aus deiner letzten Mail samt Videoanhang weiß.
Ich habe heute eine Bitte an dich, und glaub mir, wenn es nicht wirklich von großer Bedeutung für meine momentane Forschungsarbeit wäre, würde ich dich damit nicht belästigen. Ich weiß, wie sehr du zeitlich eingespannt bist nach der kurzen Sommerpause und vor den Bewilligungsrunden und Budgetverhandlungen im dritten Quartal. Es geht um einen Ringtest eures früheren Instituts für Metallforschung in Stuttgart im Jahr 1982 …‹
Marco erläuterte ausführlich die Informationen aus Boston, fügte die entsprechenden Scans als Anhang bei und nannte klar sein Hauptanliegen: Woher kam das Ausgangsmaterial der Probe GG37288, gab es weitere Hinweise zu diesem Material, in welcher Form auch immer? Auf die komplizierten Hintergründe ging Marco nicht näher ein. Er merkte nur an, dass es über dieses Probenmaterial vielleicht möglich sei, für sein Projekt ganz entscheidende Zusammenhänge aufzudecken. In Deutschland war es, als er die Mail abschickte, fünf Uhr morgens. Marco wusste, dass Hermann auch am Wochenende den Tag stets mit einem Blick in seinen Maileingang begann, hoffte also auf eine Rückmeldung in wenigen Stunden.
Aber es ging noch schneller! Keine zehn Minuten später klingelte Marcos Telefon und am anderen Ende meldete sich eine vertraute Stimme: »Hallo, mein Lieber! Na, ging das schnell oder ging das schnell? Ich wollte mich sofort zurückmelden, bevor ich das morgen verbummele. Deine Mail hat mich just in dem Moment erreicht, als ich meinen Communicator

ausschalten wollte. Bei mir ist es dreiundzwanzig Uhr Ortszeit und ich fühle nach einem langen Arbeitsessen nun eine gewisse Bettschwere. Ich bin gerade in New York, hatte den ganzen Tag Budgetgespräche mit unserer amerikanischen Tochtergesellschaft und stecke noch im Jetlag vom Flug letzte Nacht …‹

Das lebhafte Telefonat zwischen den beiden Freunden dauerte etwa zwanzig Minuten und brachte, was das Anliegen von Marco betraf, am Ende das erhoffte positive Signal seitens des Studienfreundes: »Um es jetzt kurz zu machen: Ich werde morgen Abend wieder in München sein und kümmere mich gleich am Montag um diese Angelegenheit. Ich habe zur Institutsleitung in Stuttgart einen guten Draht und gehe mal davon aus, dass ich dir noch im Laufe der Woche eine Antwort geben kann. Aber ehe wir dieses Gespräch beenden, habe ich noch eine wichtige Frage. Beziehst du deine Projektmitarbeiterinnen eigentlich aus irgendeinem Model-Katalog, und falls ja, kannst du mir den bitte zukommen lassen? Ich hatte mir nach deiner letzten Mail mal dein Team im Gastforscherportal des UNTACH angeschaut und muss schon sagen, dass du anscheinend noch der gleiche alte Genießer bist, als den ich dich Hallodri schon immer kenne! Aber es sei dir gegönnt, lieber Marco, und warum sollst du dich schließlich mit genauso grauen alten Säcken umgeben, wie es mir beruflich leider meistens geht. Scherz beiseite: Da hast du anscheinend wieder ein tolles Team um dich versammelt, und die Kurz-Lebensläufe deiner vier Mitstreiter sind fachlich sehr beeindruckend – wie gesagt, wie auch die Fotos! Also macht´s gut, ich melde mich wieder bei dir, sobald ich etwas herausgefunden habe. Grüß unbekannterweise deine Mädels und deinen Quotenmann, Servus!«

Das klang gut und Marco fühlte sich nach dem Gespräch mit seinem Freund wieder besser als zuvor. Die geheimnisvollen Entwicklungen aufgrund ihrer Recherchen machten ihm mehr zu schaffen, als er sich gegenüber anderen anmerken ließ. Er empfand eine große Verantwortung für seine Mitarbeiter und war sich der Bedeutung dieses Projekts für ihre weitere berufliche Karriere bewusst, insbesondere bei den beiden Berufsanfängerinnen Rebecca und Tomomi. Die Vorstellung, dass sie gleich bei ihrem ersten Forschungsvorhaben eventuell in zwielichtige Machenschaften verwickelt und wie Marionetten ausgenutzt wurden, widerstrebte ihm zutiefst.

Aber nun war es an der Zeit mal etwas auszuspannen und er machte sich auf den Weg in den Aqua Park, um einige Bahnen zu ziehen und hinterher die Sauna und vielleicht ein Sonnenbad zu genießen.

Moralische Bedenken

Das Team nutzte das restliche Wochenende zum Erholen sowie zum Reflektieren und emotionalen Verarbeiten der jüngsten Projektentwicklungen. Wie von Marco beim abendlichen Meeting am Freitag dringend empfohlen, konzentrierten sie sich auf sportliche und andere entspannende Aktivitäten und verdrängten die fachliche Arbeit aus ihren Gedanken, soweit dies möglich war. Jeder stellte für sich aber grundsätzliche Überlegungen an, was die Spur zu einem verschollenen, wertvollen Kulturschatz und die vermutete Einflussnahme von außen für ihre Arbeit bedeuten könnten.
Tomomi und Rebecca half ihr jugendlicher, noch unverbrauchter Optimismus über die Bedenken hinweg, dass das Projekt aus dem Ruder laufen könnte – bei ihnen überwog die Begeisterung. Frank dagegen hatte bereits kurzfristig abgebrochene Projekte erlebt und Sorge keimte auf, dass es zu ernsthaften Problemen mit dem Förderfonds kommen könnte. Für ihn waren die neuen Hinweise auf das Schwert des Masamune ebenfalls sensationell reizvoll. Aber die Vorstellung, dass jemand von außen sie wie Trüffelschweine missbrauchte und die Frage, was geschehen würde, wenn sie tatsächlich bei dieser Schatzsuche erfolgreich wären, gingen ihm nicht mehr aus dem Kopf. Claudia dagegen blühte regelrecht auf im Bewusstsein, dass sich hier ähnliche Spannungen und Verquickungen abzeichneten wie in ihrem früheren Berufsleben – und sie freute sich darüber, dass das Projekt wieder Pfeffer in ihr ansonsten zuletzt sehr ›normal‹ verlaufendes Leben brachte! Auch bei den vereinbarten Zweier- und Dreiertreffen im Team standen solche Gespräche am Samstag und Sonntag im Vordergrund und bereicherten die individuellen Überlegungen.

Einer spontanen Idee von Frank folgend kamen die vier am späten Sonntagnachmittag in dessen Apartment zusammen. Sie schauten sich den alten, aus dem Jahr 2003 stammenden Historienfilm ›Last Samurai‹ an, den seine Kolleginnen noch nicht kannten. Der spannende Film mit Tom Cruise und Ken Watanabe in den Hauptrollen gab auf unterhaltsame Weise einen Einblick in die Welt der Samurai. Zudem spielten die gesellschaftlichen Veränderungen und Kriegswirren im kaiserlichen Japan der Jahre 1868 bis

1877 eine große Rolle. Das war exakt jene Zeit nach der Meiji-Restauration, die für ihr Projekt so bedeutsam zu sein schien. Als Frank erwähnte, dass große Teile dieses Films sogar in der Burg von Himeji gedreht worden waren, fesselten die Handlung und Szenerie sie noch mehr. Genau dort könnte sich ihr Netsuke damals befunden haben. Sie ließen anschließend das Wochenende gemeinsam in ›Rick´s Cafe‹ ausklingen und diskutierten noch lange über diese spannende Phase der japanischen Geschichte, in die sie der Masanao-Adler immer tiefer gedanklich entführte.

Marco nutzte das Wochenende, um die neuen Entwicklungen in Ruhe zu überdenken. Selbst falls das große Projektbudget ohne Hintergedanken in Richtung dieses historischen Schwertes geschaffen worden war, wäre es als Fördermittel-Missbrauch interpretierbar, erhebliche Mittel zum Verfolgen solcher themenfremden Spuren einzusetzen. Dies würde er ohne Rücksprache mit dem Förderfonds nicht verantworten wollen, also folgerichtig bis zur Klärung alle kostenintensive Projektarbeit auf die wissenschaftliche Untersuchung der Netsuke-Thematik beschränken.
Was aber, wenn sich der Verdacht erhärtete, dass man sie manipulierte und das Schwert das eigentliche Ziel ihres Forschungsprojekts war? Gab es für sie moralische Schranken, hierauf einzugehen, und unter welchen Bedingungen? Wie er die Dinge auch drehte und wendete, alles führte ihn immer wieder zu den Kernfragen: Wer stand hinter dieser vermuteten Manipulation? Sowie, falls es sie gab: handelte es sich um rechtlich oder moralisch verwerfliche Hintergründe oder war dieses Projekt nur aus grundsätzlichen Geheimhaltungsgründen so konzipiert worden, ohne unlautere Motive?
Erst als er im Apartment von Gieun auf sehr angenehme und wirksame Weise von allen diesen Grübeleien abgelenkt wurde, konnte sich endlich sein Verstand ausruhen und neue Kraft schöpfen. Er genoss mit ihr einen höchst unterhaltsamen Abend, bei einem leckeren koreanischen Menü und anregenden Gesprächen, erfreulicherweise ohne zu viele fachliche Themen. Stattdessen amüsierten sie sich über gemeinsame Bekannte aus der Wissenschaftsszene und tauschten Reiseerlebnisse in exotischen Weltgegenden aus. Da Gieun noch ganz frisch im UNTACH war, ließ sie sich

von Marco Empfehlungen für das Leben in dieser Enklave geben. Sie hätten noch endlos bei aromatischem Boricha-Tee und Pflaumenwein weiterplaudern können, die Zeit verging wie im Flug, aber gegen Mitternacht siegte die Vernunft.

»Gieun, das war ein wunderbarer Abend und ich danke dir wirklich sehr dafür. Du kannst dir nicht vorstellen, wie gut mir diese Stunden mit dir getan haben. In letzter Zeit hatte ich doch einigen Druck in meinem Projekt, aber das alles war gerade völlig ausgeblendet. Ich könnte noch endlos so mit dir zusammen sein, aber ich fürchte, morgen ruft wieder sehr früh die Pflicht nach uns beiden und eine hektische Woche beginnt. Es wird mich wohl einige Anstrengung kosten, nach diesem Abend meine sieben Sinne wieder auf den Masanao-Adler zu konzentrieren! Aber vielleicht hilft der ja sogar beim möglichst baldigen Wiedersehen. Grüß bitte deinen Chef von mir, wie wär´s wenn wir uns mal im Laufe der Woche zu dritt treffen? Ich wirke gerne bei eurem Projekt mit und hätte ehrlich gesagt auch das eine oder andere Anliegen an euch, vielleicht können wir uns gegenseitig unterstützen. Aber vor allem: Darf ich darauf hoffen, dass wir beide am nächsten Wochenende wieder etwas gemeinsam unternehmen? Ich würde mich sehr freuen!«

Gieun legte spontan ihre Arme um seinen Hals und sah ihm tief in die Augen. »Darauf bestehe ich sogar – ich fand diesen Abend sehr schön. Und jetzt raus, sonst kommen wir noch auf dumme Gedanken …«

Sie küsste ihn sanft auf den Mund und er erwiderte die Zärtlichkeit ohne Zögern. Beide lächelten sich hierbei entspannt und in Vorfreude des nächsten Treffens an. Dann drehte Gieun ihn scherzhaft um, bugsierte ihn lachend zur Tür und warf ihm noch einen Handkuss zu, als er sich ihr draußen wieder zuwandte, während sie langsam die Tür schloss. Das Geräusch seiner Schritte im Flur verklang leise.

Ihr strahlendes Lächeln hielt noch eine Weile an, als sie mit dem Rücken an ihre Tür gelehnt stehen blieb und sich schließlich eingestand, dass sie sich gerade ein wenig verliebt hatte. Dann jedoch breitete sich ein trauriger Schleier über ihrem Gesicht aus und schließlich verfinsterte sich ihre Miene als sie sich zerknirscht fragte, wieso sie sich auf so etwas eingelassen hatte.

Mikrokosmos Himotoshi

Wie verabredet, hatte sich das gesamte Team bereits um sieben Uhr dreißig am Montagmorgen in den Büros eingefunden. An diesem Tag standen viele Termine an, die es vorzubereiten galt. Pünktlich um acht holten zwei Mitarbeiter von Dolph die Seidenlandkarte und weiteren Objekte bei ihnen ab. Hinterher setzte sich Marco mit seinen Leuten für eine halbe Stunde zusammen. Tomomi berichtete über die neuen Ergebnisse aus Boston und die Hinweise auf eine identische Elfenbeinprobe aus Stuttgart. Ansonsten stand der Meinungsaustausch zu der jüngsten Entwicklungen im Projekt im Vordergrund, insbesondere zu der Spur zum Schwert des Masamune.

Schließlich besprachen sie kurz das intensive Tagesprogramm und die Aufteilung der Aufgaben auf jeden einzelnen von ihnen.

Tomomi und Marco würden um halb zehn mit dem Netsuke ins Tomographie- und Röntgenlabor sowie von dort gleich in die Endoskopie-Abteilung gehen. Dort wurden sie ab dreizehn Uhr erwartet, um neben den optischen Verfahren auch das Röntgenmikroanalyse-Endoskop zu nutzen und so dem Geheimnis ihres Netsuke vielleicht auf die Spur zu kommen. Für Frank hatte Marco bei Kurator Ken Watamote um neun Uhr einen Termin für ein ausgiebiges Vorgespräch vereinbart, entgegen der ursprünglichen Planung. Aufgrund der Termindichte diese Woche würden sie den gemeinsamen Besuch im Netsuke-Archiv auf einen späteren Zeitpunkt verschieben, aber das sollte die Arbeit von Frank nicht verzögern. Anschließend könne dieser in Vertretung von Marco kurz bei Dolph vorbeischauen, der schon um sieben Uhr morgens eine Sprachnachricht hinterlassen hatte, dass es zur Holzkugel Neuigkeiten gab. Rebecca wurde von Sunjub in dessen Abteilung erwartet, wo sie voraussichtlich noch zwei Tage zu tun hatte. Claudia war intensiv mit der Einspeisung aller neuen Informationen in ihre Datenbank beschäftigt und sollte einige Recherchen für Marco erledigen, die er ihr morgens rasch skizziert hatte.

In diesem hektischen Rhythmus würde es an den folgenden Tagen weiter gehen, denn auch für die Untersuchungen am Rasterelektronenmikroskop sowie in den Laboratorien für Spektralanalyse und Röntgenreflexometrie waren die Messzeiten bestätigt worden. Voller Elan machten sie sich an ihre jeweiligen Aufgaben, nachdem als nächster gemeinsamer Termin für einen Neuigkeitenaustausch der Donnerstag um zehn Uhr vereinbart worden war.

Tomomi hatte den Masanao-Adler in ein mit einem durchsichtigen Spezialtuch weich ausgepolstertes Transportkästchen aus transparentem Panzerkunststoff verpackt, so wie es für den Transport von Original-Kleinobjekten innerhalb des UNTACH aus Sicherheitsgründen vorgeschrieben war. Wie immer huschte ihr eine leichte Gänsehaut über den Körper, als sie das Netsuke berührte, aber sie hatte sich schon fast daran gewöhnt und bemühte sich, nicht über diese seltsame Reaktion nachzudenken.

Auf dem Weg hinunter in die Analytik-Bereiche auf Ebene U-18 mussten Marco und Tomomi drei Kontrollpunkte durchlaufen. Diese waren mit verschiedenen Durchstrahlungs- und Detektorsystemen bestückt, aber aufgrund der standardisierten Objektverpackung ging es dennoch recht flott. Wie immer fragten sie sich hierbei, mit welcher Technologie die Sicherheitssysteme arbeiteten, denn sie mussten sich nie als Berechtigte zum Mitführen dieses UNTACH-Archivobjektes ausweisen oder den Behälter öffnen.

Auf ihrer ersten Station an diesem Morgen in der Computer-Tomographie wurden sie von einem Mitarbeiter am Empfang sofort zur Leiterin des Gesamtbereichs Röntgendiagnostik begleitet. Doktor Nadine Morillon war eine etwa sechzigjährige Franco-Kanadierin von enormer Körperfülle, mit kräftigem Händedruck und einer dröhnenden Bassstimme.

»Guten Morgen, Doktor Renke, Frau Kasai! Jemanden mit AA-Rating wollte ich natürlich persönlich begrüßen und sicherstellen, dass Ihnen meine Leute einen optimalen Service bieten. Darf ich Ihnen Ihr Prachtstück gleich abnehmen? Während das Objekt für die CT präpariert wird, sollten wir uns noch etwas über Ihre speziellen Fragestellungen unterhalten.«

Eine junge Laborantin verschwand wortlos mit dem Netsuke im Nebenraum und Marco erläuterte der Laborleiterin, worum es ihnen bei der Untersuchung ging. Einerseits bestünde der Verdacht, dass das Objekt eventuell Hohlräume oder Intarsien im Inneren enthalte, andererseits wäre eine akribische Untersuchung des Schnurführungstunnels zwischen den in

Japan ›Himotoshi‹ genannten Schnurlöchern von großem Interesse für sie. Die äußeren Oberflächen des Netsuke wären bereits intensiv mikroskopisch untersucht worden, aber zum Innenleben des Objekts lägen noch keine Befunde vor.

»Na, dann sind Sie bei uns ja genau in den richtigen Händen – ich meine natürlich Ihr Netsuke, um korrekt zu sein. Übrigens erinnere ich mich, dass wir dieses Objekt bereits einmal hier in der CT eingeliefert bekamen, vor etwa zwei Jahren. Ich hatte aber die Untersuchung dann wegen Unregelmäßigkeiten in der Auftragserteilung gestoppt und den kleinen Adler umgehend ins Archiv zurückgeschickt. Und stellen Sie sich vor, als ich die entsprechenden Eintragungen vor Ihrem Termin heute früh noch einmal anschauen wollte, teilt mir meine Verwaltungsleiterin doch tatsächlich mit, dass die elektronische Akte hierzu nicht mehr aufzufinden sei. Sehr seltsam, finden Sie nicht auch? Sind Sie vielleicht schon länger dem, wie Sie sich ausdrückten, Innenleben dieser Schnitzerei auf der Spur? Könnten Sie mir bitte genauere Hintergrundinformationen geben, damit wir bei der Untersuchung etwas gezielter vorgehen können? Was genau glauben Sie im Inneren dieses Netsuke zu finden und aufgrund welcher Indizien, denn das geht aus Ihren Unterlagen nicht hervor?«

Der Blick von Doktor Morillon war stechend, fast vorwurfsvoll. Marco und Tomomi blickten sich kurz überrascht an und Marco antwortete bewusst distanziert: »Verehrte Kollegin, ich kann Ihnen versichern, dass wir mit jenem Vorfall nichts zu tun hatten – unser Projekt und unsere Arbeit an diesem Netsuke im UNTACH begannen erst in diesem Jahr – und das wissen Sie aus den von uns eingereichten Unterlagen. Ich muss allerdings einräumen, dass uns gewisse Ungereimtheiten was dieses Objekt betrifft nicht weiter verwundern – auch wir sind bereits auf einige etwas seltsame Vorgänge im Zusammenhang mit dem Adler-Netsuke gestoßen, die wir uns nicht immer erklären können. Aber vielleicht bringt die Unterstützung durch Ihr Labor ja jetzt den entscheidenden Fortschritt! Leider verbieten uns die im Projekt vorgegebenen Vertraulichkeitsvorgaben, Ihnen weitere Details offenzulegen, ich bitte um Verständnis. Können wir jetzt mit der CT beginnen? Wir haben heute ein recht ambitioniertes Arbeitspensum vor uns und wollen auch Sie nicht länger von sicher wichtigeren Aufgaben abhalten.«

Die resolute Dame insistierte nicht länger, obwohl ihr anzusehen war, dass ihr die Sache höchst suspekt war. Aber der hohe Status AA ließ es ihr geraten erscheinen, diese anscheinend einflussreichen Wissenschaftler nicht weiter zu belästigen. Mit einem etwas schnippischen «Ganz wie Sie wünschen.«, überließ sie Tomomi und Marco nach einem sehr laut und in fast militärischem Befehlston geführten Telefonat einem kurz darauf erscheinenden Mitarbeiter, der sich den beiden als Peter Hanks und für die CT-Unterabteilung zuständiger wissenschaftlicher Leiter vorstellte.
Marco war nicht wirklich verärgert über das Verhalten von Doktor Morillon ihnen gegenüber, eher belustigt. Er konnte nachvollziehen, dass sie alles andere als erfreut war, wenn ihr ausgeklügeltes Arbeitsprogramm plötzlich von oben durch Prioritätsänderungen durcheinander gebracht wurde. Sie leitete eine Analytik-Abteilung mit über zweihundert Mitarbeitern und war täglich für tausende Untersuchungen an wertvollen Kulturgütern verantwortlich. Wenn sowas ausgerechnet im Zusammenhang mit einem Objekt passierte, das ihr in der Vergangenheit schon einmal Ärger bereitet hatte, war ihre Reaktion noch leichter zu verstehen. Absolut unentschuldbar empfand er allerdings ihren respektlosen Umgang mit ihren Mitarbeitern und das auch noch im Beisein Dritter. Marco verabscheute Menschen mit einem solch verletzenden Verhalten untergebenen Personen gegenüber.

Nach etwa zehn Minuten erreichten Tomomi und Marco in Begleitung ihres wortkargen Führers die CT-Räumlichkeiten und waren beeindruckt von der apparativen Ausstattung dort. Zusätzlich zu den Standardtechniken verfüge man über drei Eigenentwicklungen der Digitalen Volumentomographie, die sich bei Knochen- und Dentalmaterial angeblich besonders bewähren würden, sowie über zwei innovative Magnetresonanzverfahren. Tomomi kam sofort begeistert auf spezifische Aspekte bezüglich dieser Methoden zu sprechen und stellte einige sehr detaillierte Fragen. Diese entlockten dem bisher emotionslos wirkenden Analytiker vor seiner Antwort einen anerkennenden Augenaufschlag. Als sie dann noch erwähnte, dass einige seiner Publikationen für ihre Abschlussarbeit ganz wichtige Impulse geliefert hatten, schien der bis zu diesem Moment verstockt wirkende Forscher regelrecht aufzublühen.

»Sie sagten Kasai, Tomomi Kasai? Aber dann kenne ich ja Ihre Veröffentlichung letztes Jahr von der Archäometrie-Tagung in Krakau! Ich hatte mich wirklich sehr gefreut, dass Sie hierin unseren damals noch etwas unausgereiften Lösungsansatz zum Röntgen-Scannen als ›richtungweisend‹ bewertet hatten. Sie waren die erste, die unsere neue Idee sachlich fair und ohne Vorurteile aufgegriffen hatte!«
Nun war es an Tomomi, freudig überrascht zu sein. Der Vortrag in Polen war während ihres Studiums die einzige Auslandsreise, die ihr Münchner Professor genehmigt hatte. Die Veröffentlichung im Tagungsband stellte ihre erste und bisher neben der Masterarbeit einzige Publikation dar und war für sie deshalb etwas ganz Besonderes. Dass der Leiter eines renommierten Labors in Peking, dessen zahlreichen methodischen Arbeiten sie aus der Literatur bestens kannte und schätzte, dies tatsächlich gelesen hatte und gut fand, machte sie ein wenig stolz. Als so das Eis nach dem eher frostigen Start irgendwie gebrochen war, taute Peter Hanks deutlich auf. Tomomis strahlende Stimmung übertrug sich rasch auf Marco, der sich ebenfalls über diese Entwicklung freute. Sie würden zu dritt hier einige Zeit zusammen am Netsuke verbringen und eine gute Atmosphäre war sicher von Vorteil.

In der folgenden Stunde studierten die Wissenschaftler akribisch die innere Struktur des Netsuke, die das CT-System als dreidimensionales Modell aus den schichtweise aufgenommenen Röntgenbildern zusammengesetzt hatte. Durch verschiedene Abbildungsvarianten war es möglich, selbst kleinste materielle Unterschiede, Dichteschwankungen, Texturen und Hohlräume stark vergrößert auf dem 3D-Wandbildschirm sichtbar zu machen. Die optische Nachbildung des Objekts ließ sich beliebig drehen und manipulieren und zusätzlich auf einem Projektionstisch als Hologramm darstellen.
Marco und Tomomi waren begeistert von der Leistungsfähigkeit dieses Systems. Bei maximaler Vergrößerung und einer optimal auf die Elfenbeinmatrix abgestimmten Röntgendosis konnten sie sogar dreidimensional die feinen Dentin-Lamellen erkennen und den Schregerschen Winkel automatisiert ausmessen lassen. Ein Mittelwert von 127 Grad bestätigte

recht genau Marcos eigene Messungen mittels Lichtmikroskopie, jetzt statistisch wesentlich besser abgesichert.
Noch entscheidender war die Erkenntnis, dass das Netsuke außer dem Schnurkanal keinerlei weitere Hohlräume oder nachträglich eingesetzte Materialien enthielt. Von den beiden aus schwarzer Koralle eingelegten Augen des Adlers abgesehen. Es gab keine signifikanten Risse, keine Intarsien und auch keine Spalten oder Klebefugen, die auf eine Manipulation schließen ließen. Der Verdacht oder besser gesagt die Hoffnung, eine innen im Netsuke versteckte Botschaft zu finden, schien damit hinfällig.
Erstaunlich war allerdings ein anderer Befund: Bei der Beprobung für Grenoble und Boston hatte das Präparationslabor vor sechs Wochen in Tomomis Anwesenheit eine Bohrprobe entnommen, indem ein Spezialhohlbohrer senkrecht durch das Himotoshi unter den Schwanzfedern des Adlers eingeführt wurde. Der Schnurkanal führte im Inneren der Schnitzerei nach etwa zwei Zentimetern bogenförmig nach hinten, um im unteren Rücken als das andere Himotoshi schließlich wieder sichtbar zu werden. Die Bohrprobe war exakt senkrecht nach oben im Kernbereich des Netsuke entnommen worden. Der aus dieser Bohrung resultierende zylinderförmige Hohlraum hatte etwa zwei Millimeter Durchmesser und zehn Millimeter Länge und war auf den CT-Abbildungen sehr schön als vertikale ›Abzweigung‹ an der Biegung des Schnurkanals zu erkennen. Etwas konsterniert war Tomomi nun, als zusätzlich noch eine zweite zylinderförmige, etwa zwei Millimeter tiefe Ausbuchtung mit einem Durchmesser von etwa vier Millimetern zu sehen war. Diese lag ebenfalls im Bereich der Biegung, aber fast in einem rechten Winkel zur anderen Bohrung, wies also in der Achse des oberen Himotoshi horizontal in Richtung Adlerbrust. Die Anordnung und regelmäßige Kreisform dieser anderen Erweiterung des Schnurkanals sprachen eindeutig gegen einen Materialausbruch oder Schnitzfehler, sondern für eine gezielte Bohrung. Diese war jedoch im Gegensatz zur UNTACH-Beprobung nicht vom unteren Himotoshi, sondern vom oberen aus durchgeführt worden war.
Marco schaute Tomomi fragend an, die perplex Stellung nahm: »Also das stammt definitiv nicht von unserer Beprobung vor einem Monat, Marco.

Ich war wirklich während der gesamten Maßnahme ohne Unterbrechung dabei. Kein vernünftiger Mensch würde außerdem an einem solchen Objekt eine so breite Bohrung derart riskant in Richtung der Adlerbrust ansetzen. Die Gefahr einer Beschädigung durch Rissbildung wäre viel zu hoch. Was mich jetzt ärgert ist, dass wir nicht vor der Beprobung eine Endoskopie der Himotoshi vorgenommen hatten. Naja, aber wir standen eben noch lange auf der Warteliste und ich wollte die externen Spurenelement- und Genanalysen möglichst früh auf den Weg bringen. Mit bloßem Auge und Leuchtlupe war mir diese seitliche Erweiterung im Schnurkanal nicht weiter aufgefallen.«

Marco beruhigte sie rasch, indem er das gleiche Versäumnis einräumte: »Tomomi, ich habe etliche Stunden mehr als du am Mikroskop mit unserem Netsuke verbracht, aber die Ausbuchtung im Innern des Himotoshikanals war auch mir nicht ungewöhnlich vorgekommen – also mach dir keine Gedanken. Ich hatte sogar ein Otoskop mit 20-facher Vergrößerung benutzt, um in die Himotoshi hinein zu schauen, aber diese Anomalie direkt im Knie des Schnurkanals als kleine Erweiterung zur Aufnahme des Schnurknotens interpretiert. Außerdem wissen wir noch gar nicht, wann diese zweite Beprobung – denn danach sieht es jetzt bei höherer Vergrößerung aus – durchgeführt wurde. Aber bei dieser Frage kommen wir später in der Endoskopie vielleicht weiter. Lasst uns jetzt hier in der CT alles ausnutzen, was diese Technik uns noch verraten kann.«

Zunächst konzentrierten sie sich auf die Augen des Adlers und waren begeistert von der handwerklichen Meisterschaft, mit der Masanao diese aus schwarzer Koralle eingearbeitet hatte. Der dreidimensionale Einblick mittels der CT-Bilder zeigte zwei am vorderen Ende kugelig geschliffene, ansonsten quaderförmige Stäbchen von etwa fünf Millimeter Länge aus in Japan ›Umimatsu‹ genanntem Material. Diese Korallen-Inlays waren in jeweils exakt passende Hohlräume im Elfenbein eingefügt und vermutlich mit einer winzigen Menge pflanzlichem Harz verklebt worden. Der Schnitzer hatte die Konturen der aufnehmenden Höhlungen und der Stäbchen einander so exakt angepasst, dass selbst mit höchster Vergrößerung kein Spalt um die Augenintarsien zu erkennen war. Die Wissenschaftler waren tief beeindruckt, wie realistisch die schwarzen Augen unter den Lidrändern durch diese Kunstfertigkeit wirkten.

Als weiteren Befund zum Gesamtkorpus des Netsuke lieferte ihnen die anschließende Digitale Volumentomographie noch die Bestätigung, dass es sich um feinstes Elfenbein aus der vordersten Stoßzahnspitze handelte, das die Japaner als ›marusaki‹ bezeichnen. Der selbst im CT kaum erkennbare Nervenkanal des Zahns war spaltfrei und fast ohne Kontrast natürlich zugewachsen und mit Dentin gefüllt, eine weitere Bestätigung für die herausragende Qualität dieses Elfenbeins. Hierfür hatten japanische Netsuke-Schnitzer eine eigene Bezeichnung, wie Marco erläuterte, und solches ›nemuri shin‹ galt als bevorzugtes Ausgangsmaterial für besonders edle Schnitzereien. So ging es noch eine Weile weiter, bis sich die drei Forscher nach über zwei Stunden darin einig waren, alle instrumentellen Möglichkeiten voll ausgereizt zu haben.

Marco und Tomomi dankten Peter Hanks herzlich für seine großartige Unterstützung und versicherten ihm, dass diese Untersuchung wertvolle Ergebnisse für ihr Forschungsprojekt erbracht hatte. Hanks sagte zu, dass ihnen noch heute alle Dokumentationsbilder und Messdaten elektronisch zugeschickt würden. Per Hauskurier werde er Tomomi im Laufe der Woche außerdem ein kleines Erinnerungspräsent an diese CT-Sitzung zukommen lassen. Sie solle sich überraschen lassen und jetzt nicht nachfragen, worum es sich handelte.

Nachdem das Netsuke wieder in seiner Transportbox verstaut war, machten sie sich auf den Weg in die nicht weit entfernte Endoskopie-Abteilung. Dort angekommen, versorgten sie sich mit Sandwichs und Softdrinks aus einem Automaten, machten es sich in einer Lounge-Ecke im Foyer bequem und plauderten bei ihrem Snack noch eine Viertelstunde über die neuen Ergebnisse, bevor sie sich pünktlich um dreizehn Uhr an der Abteilungsrezeption anmelden ließen.

Diesmal war der Empfang weitaus entspannter, denn nach kurzem Warten begrüßte sie ein netter junger Chinese, Doktor Li Pei, einer der vier Laborwissenschaftler der Abteilung: »Verehrte Frau Kasai, sehr geehrter Herr Doktor Renke, ganz herzlich willkommen bei uns. Mein Chef lässt sich entschuldigen, er ist zurzeit auf einer Konferenz in London und hat mich gebeten sicherzustellen, dass es Ihnen bei uns an nichts fehlt. Sie wissen schon, AA-Status, da rollen wir immer im übertragenen Sinne den roten Teppich aus, aber das sind Sie sicher schon gewohnt. Haben Sie schon etwas gegessen oder kann ich Ihnen zuerst eine kleine Stärkung oder Erfrischung anbieten?«

Sie bedankten sich und signalisierten dem sympathischen Kollegen, dass es ihnen am liebsten wäre, gleich mit der Arbeit loszulegen, sie seien leider etwas in Zeitdruck. Schnell einigte man sich nach Marcos Vorschlag auf die vertraulichere Anrede mit den Vornamen und besprach noch im Foyer kurz ihre Zielsetzungen und Prioritäten.

Li erwies sich als exzellent vorbereitet, hatte erkennbar die eingereichten Unterlagen zu den gewünschten Untersuchungen sorgfältig gelesen und führte sie umgehend in die weitläufigen Räumlichkeiten seiner Abteilung. Auf dem Weg durch etliche, verschlungene Gänge, von denen Wände aus Glas Einsicht in die benachbarten Messräume ermöglichten, gab er ihnen einen kurzen Überblick über die vorhandenen technischen Einrichtungen. Für ihre speziellen Fragestellungen empfahl er neben einer Sonderapparatur für mikroendoskopische Untersuchungen auch gleich noch eine neu verfügbare Röntgenfluorenzenz-Mikroanalyseeinheit. Für eine chemische Charakterisierung von Oberflächen in einem Himotoshi sei dies wesentlich genauer und zuverlässiger als die von ihnen angefragte Analytik-Variante. Aber die Entscheidung läge natürlich ganz bei ihnen, er hätte Messzeiten an beiden in Frage kommenden Systemen für den Nachmittag freigehalten. Er solle sie übrigens von Herrn Ken Watamote grüßen, der vorige Woche diese Methodik an den Himotoshi eines anderen Netsuke genutzt hatte und hiervon begeistert war.

Gerne gingen sie auf die Empfehlung ein und die Untersuchungen starteten mit der Fixierung ihres Netsuke in einem mit Spezialkunststoff gepolsterten Stativ. Ein davor positionierter massiger Robotikarm mit einem etwa zehn Zentimeter langen, sehr dünnen Endoskop-Röhrchen an der Spitze fuhr automatisch bis gefährlich nahe an das Netsuke heran, aber Li beruhigte Marco sofort: »Sie müssen keine Bedenken haben, Ihr Objekt ist absolut sicher. An der Spitze des Endoskops wie auch entlang der gesamten Schlauchlänge befinden sich Abstandssensoren, die auf eine Sicherheitsdistanz von null Komma zwei Millimeter kalibriert sind. Näher können weder die Bewegungsrobotik noch ich bei manueller Steuerung an die Oberfläche des Untersuchungsobjekts heranfahren, das Endoskop wird dann automatisch gestoppt. Wenn Sie genau hinschauen, werden Sie bemerken, dass der vordere Endoskopbereich unter der hauchdünnen Schlauchhülle einem feingliedrigen Kettengewebe gleicht. Diese gesamte Endoskopspitze ist aus über zweitausend Mikromotoren und individuell manipulierbaren Gelenken so flexibel aufgebaut, dass per Steuerungssoftware praktisch jede erforderliche Formgebung möglich ist. Die Endoskopspitze kann sich mit ihren optischen und sonstigen Sensoren auch in engen Hohlräumen mit sehr verschlungenen Geometrien bewegen. Das ganze System ist übrigens starr auf einem fünfzehn Tonnen schweren, vom restlichen Raum vibrationsfrei getrennt gelagerten Fundament fixiert. Keine Schwingungen oder Erschütterungen können die empfindliche Mechanik und die feine Bewegungssteuerung beeinträchtigen.«

Als die Endoskopspitze, von Li nun Computer-unterstützt gesteuert, sehr langsam und mittig in das untere Himotoshi einfuhr, bot sich ihnen auf dem 3D-Bildschirm ein fantastischer Einblick. Es war, als wären sie selbst auf die Größe eines Stecknadelkopfs geschrumpft worden und würden in eine riesige Höhle hineinschweben, denn genau so waren die Dimensionen. Rasch bemerken sie, dass Li die Blickrichtung beliebig verändern, näher an die Wände des Himotoshi heranfahren und den Blickwinkel anpassen konnte. Je nachdem ob man wie durch ein Weitwinkel-, ein Tele- oder ein Makroobjektiv sehen wollte. Die Bildschärfe war exzellent und selbst zarteste Oberflächenstrukturen im Schnurkanal waren auf dem Bildschirm deutlich ausgeprägt. Kleinere Schmutzablagerungen wirkten wie Geröllhalden und feine Kratzer wie tiefe Furchen. Es dauerte eine Weile, bis sich Tomomi und Marco dieser Faszination entziehen und schließlich ganz sachlich die zahlreichen Befunde erfassen und dokumentieren konnten.

Es war eindeutig festzustellen, dass der gesamte Schnurkanal vom Schöpfer dieses Netsuke mit höchster Perfektion geschliffen und poliert worden war. Durch die jahrelange Reibung der Trageschnur wiesen die Seitenflächen zusätzlich einen wunderbaren Glanz und goldgelbe Oberflächenpatina auf. Die vertikale, exakt zylinderförmige Bohrung, die vor einem Monat im UNTACH zur Probenahme erfolgt war, zeigte eine wie erwartet recht glatte

Struktur, die für ein sehr präzises Werkzeug und professionelle Handhabung sprach. Ganz anders stellte sich die zweite, horizontale Vertiefung dar, die im Endoskopbild wie eine tiefe, runde Grube mit unebenen, teilweise schräg und ungleichmäßig verlaufenden Wänden aussah. Hier hatte jemand relativ dilettantisch gearbeitet und das Material wahrscheinlich Span um Span abgetragen und entnommen. Definitiv war diese Misshandlung am Objekt einerseits lange nach der Herstellung des Netsuke, aber andererseits auch nicht in jüngster Zeit erfolgt, wie aus vielen Schmutzablagerungen sowie den Patina-Unterschieden abzuleiten war. Mittels der qualitativen Mikroanalytik waren an der Profi-Bohrung keinerlei Rückstände des Werkzeugs festzustellen, was Tomomi damit kommentierte, dass vor einem Monat hierfür ein Diamantbohrer verwendet worden war. Auf den Riefen in der anderen Vertiefung dagegen konnten sie typische Edelstahlelemente wie Chrom, Vanadium und Molybdän in Spuren nachweisen, was für eine Bearbeitung mit einem handelsüblichen Schneidwerkzeug sprach. Auch dies belegte, dass der Eingriff in der Neuzeit erfolgt war, denn den Netsuke-Schnitzern des achtzehnten Jahrhunderts standen solche komplex legierten Stahlqualitäten nicht zur Verfügung.

Plötzlich hatte Marco eine Eingebung und fragte Li, ob es möglich sei festzustellen, wann die dubiose zweite Vertiefung zu datieren sei – vor oder nach der Einlieferung ins UNTACH. Dieser zögerte einen Moment, rang sich schließlich zu einem klaren «Ja, das ist möglich.« durch und wählte einen neuen Spektralbereich für die Oberflächenanalysen aus. Bereits nach wenigen Blicken auf die Unterschiede in den Spektrallinien von den Oberflächen des polierten Schnurkanals, der UNTACH-Bohrung sowie des fraglichen anderen Bohrkraters stand seine Aussage fest: »Ich kann Ihnen mit absoluter Sicherheit mitteilen, dass diese wohl von einem Laien vorgenommene Probenahme definitiv *vor* der Einlieferung ins UNTACH zu datieren ist. Die dünne, professionelle Bohrung wurde dagegen definitiv nach der Einlieferung vorgenommen. Aber bitte drängen Sie mich nicht, Ihnen offenzulegen, warum ich dies versichern kann, das würde mich in Schwierigkeiten bringen. Aber verlassen Sie sich darauf, dieser Befund ist absolut eindeutig.«

Das war natürlich für Marco und Tomomi eine sehr mysteriöse Aussage, die sie einigermaßen verblüffte. Sie respektierten den Wunsch des Kollegen und bedankten sich für seine Offenheit und Hilfe, ohne um eine weitere Erklärung zu bitten. Aber Marco hatte sich das Spektrum auf dem kleinen Röntgenfluoreszenzmonitor eingeprägt und war sich ziemlich sicher, später im Büro daraus einiges ableiten zu können.

Es folgten Untersuchungen an diversen mikroskopisch kleinen Ablagerungen in Kratzern und insbesondere in einem winzigen Mikroriss im Schnurkanal nahe dem unteren Himotoshi. Marco erklärte, dass dieser Riss vermutlich aufgrund einer Austrocknungsphase im Leben des kleinen Kunstwerks entlang einem der bei diesem Elfenbeinmaterial zwar nicht sichtbaren, aber dennoch vorhandenen ›Owen´schen Ringe‹ entstanden war. Dies seien konzentrische Strukturen, wie Wachstumsringe von Bäumen, die bei Feuchte- und Temperaturschwankungen manchmal Abplatzungen und Schalenbildungen verursachten. Bei prähistorischen Objekten aus Mammutelfenbein seien diese Effekte besonders häufig und ein schwerwiegendes konservatorisches Problem.

Im Falle ihres kleinen Adlers wertete Marco diesen Mikroriss dagegen eher als Glücksfall. Er stellte sicher keine Gefahr für das Objekt dar, fing aber erfreulicherweise wie in einer natürlichen Falle manches, was auf das Netsuke im Laufe der Zeit eingewirkt hatte. Der Mikroriss war etwa fünfhundert Mikrometer lang und an der breitesten Stelle siebzig Mikrometer breit, und die Wissenschaftler beprobten und analysierten darin nun mit dem Röntgenfluoreszenz-Sensormesskopf des Endoskops etwa zwanzig verschiedene Materialeinlagerungen unterschiedlichster Natur. Neben organischem Material fanden sie einige Salzkristalle, diverse anorganische Partikel und mehrere Faserstoffe. Li speicherte die jeweils aufgezeichneten Spektren samt optischer Dokumentation sorgfältig ab. Er versprach den Gastforschern, die detaillierte Auswertung der Analysen spätestens bis Mittwoch zu erledigen und ihnen zu senden.

Die akribische Feinarbeit fesselte die drei sich wie Höhlenforscher vortastenden Wissenschaftler insgesamt fast vier Stunden in dieser kleinen Himotoshi-Welt. Es war bereits gegen siebzehn Uhr, als sich Tomomi und Marco von Li verabschiedeten.

Schon auf dem anschließenden Rückweg zu ihren Büros wurden die gerade erarbeiteten Befunde intensiv diskutiert. Tomomi kam, kaum dass die Labortür hinter ihnen geschlossen und Li außer Hörweite war, sofort auf dessen Zeitaussage zu den beiden Bohrlöchern im Himotoshi-Kanal zu sprechen: »Du hast den Holmium-Peak im Spektrum auch sofort erkannt, stimmt´s, Marco? Also für mich gibt´s da eigentlich nur eine logische Erklärung: Bei der Einlieferung ins UNTACH werden vermutlich alle Objekte mit einer Holmium-Markierung versehen, wohl so im Sinne eines geheimen Wasserzeichens oder als Diebstahlsicherung oder wer weiß, vielleicht sogar gekoppelt mit einem individuellen molekularen Identifizierungscode! Ich vermute, das machen sie hier durch längere Bedampfung mit einer speziellen Holmiumverbindung, sodass die Marker-Moleküle in die gesamte Objektstruktur hinein diffundieren. Diese unsichtbare Dotierung scheint allerdings nur recht oberflächlich ins Objektmaterial eingelagert zu werden. Die tiefer liegenden Wände des neuen Bohrkanals aus der Beprobung vor vier Wochen waren holmiumfrei, während die oberflächennahen Bereiche sowie der gesamte andere Bohrkrater eine genauso hohe Holmium-Anreicherung aufwiesen wie die unbeschädigte Oberfläche des Schnurkanals. Also das ist ja genial, jetzt ist mir auch klar wie effizient und eindeutig die Security-Schleusen alle UNTACH-Archivbestände von anderen Objekten unterscheiden können: Dort sind hochsensitive Holmium-Detektoren installiert! An den Außentoren des UNTACH kann man so absolut zuverlässig verhindern, dass etwas die Anlage verlässt, was hierzu nicht freigegeben ist!«
Marco hatte keineswegs das Spektrum eindeutig zuordnen können, was er Tomomi lachend eingestand – aber ein Verdacht in diese Richtung war auch ihm gekommen und er teilte alle ihre Schlussfolgerungen hieraus. Damit war das Rätsel um die bisher unerklärlichen Holmium-Werte bei den Analyseergebnissen aus Grenoble und Boston gelöst – wenigstens ein Problem weniger, das ihnen in den letzten Tagen Kopfzerbrechen bereitet hatte.
Sehr frustriert waren beide über den zweiten Bohrkrater. Die Idee, dass jemand unprofessionell eine Materialprobe herauspräpariert hatte, war nur eine von vielen denkbaren Interpretationen. Marco und Tomomi zogen vor allem eine andere, sogar wahrscheinlichere Möglichkeit in Erwägung:

Vielleicht war von jemandem eine Inschrift entfernt worden, die an dieser Stelle auf der Wand des Schnurkanals existiert hatte. Auf der abgetragenen Fläche hätte ein japanisches Silbenzeichen leicht Platz gehabt, sei es eingeschnitzt oder aufgemalt. Dies wäre zudem die optimale Stelle gewesen, einen versteckten Hinweis zu applizieren, denn das genau gegenüber liegende Himotoshi bot einen einfachen Zugang.
Aber das war reine Spekulation, sie verdrängten diese deprimierenden Gedanken und konzentrierten sich in ihrem Gespräch auf die Fakten, und solche hatten die heutigen Untersuchungen in großer Fülle ergeben.
Kurz vor neunzehn Uhr trafen sie in ihren Büros ein, wo nur Claudia anwesend und in eine ihrer Recherchen vertieft war. Wie sie von ihr erfuhren, war Rebecca weiterhin mit der Datensicherung bei Sunjub beschäftigt und Frank wohl noch bei Dolph. Mit einem Informationsaustausch im gesamten Team wurde es also nichts mehr an diesem Tag, das musste bis zum nächsten Morgen warten.

Absturz und Höhenflug

Zu diesem Zeitpunkt befand sich Aritomo in Gesellschaft von Nagisa, Naomi und Masato in zwölftausend Meter Höhe über Korea auf dem Weg nach Tokyo. Nach einem späten Lunch beim russischen Botschafter in dessen Residenz im Süden von Peking war er gerade auf dem Weg zurück zum Tamagi Tower gewesen, als ihn gegen siebzehn Uhr eine mit höchster Dringlichkeit markierte Nachricht von Naomi erreichte. Als er sie zurückrief, teilte ihm seine persönliche Assistentin mit Worten des tiefsten Bedauerns mit, dass Musashi, sein zweitältester Sohn, in Kyoto bei einem Verkehrsunfall ums Leben gekommen sei. Die Nachricht traf ihn mitten ins Herz.

Aritomos Verstand schützte sich zunächst vor dem seelischen Schmerz, indem er reflexartig eingeübte Geschäftsroutinen ablaufen ließ. Der Tamagi-Konzern steckte gerade mitten im harten Wettbewerb einer Übernahmeschlacht um einen großen US-Zulieferer und Aritomo hatte diese Angelegenheit vertrauensvoll in die Hände seines Sohnes Musashi gelegt. Im Sinne einer Übersprunghandlung fixierte sich der Verstand des Konzernchefs hierauf, die Todesnachricht verdrängend. Er erteilte Naomi wie in Trance etliche Anweisungen hinsichtlich seiner sofortigen Rückkehr nach Tokyo und wies den Chauffeur an, direkt zum Flughafen zu fahren. Dort wartete sein Firmenjet bereits und innerhalb von einer halben Stunde war er zusammen mit den genannten Mitarbeitern in der Luft.

Nachdem Aritomo sich in diesem Schockzustand eine Weile mit dringend neu zu regelnden Angelegenheiten in der Konzernführung und einer diesbezüglichen Beratung mit Nagisa abgelenkt hatte, setzte sich schließlich das Bewusstwerden des persönlichen Verlustes durch. Aritomo war vom Tod des Sohnes tief erschüttert und zog sich im Jet in seine Privatkabine zurück.

Sein ältester Sohn Akita hatte sich schon früh vom Vater abgenabelt. Nach einem exzellenten Jura-Abschluss in Stanford begann er als Juniorpartner in einer Kanzlei in Baltimore, sich eine eigene Karriere weitab vom Tamagi-Konzern aufzubauen. Aritomo ließ dies gerne zu und unterstützte ihn im Hintergrund sogar hierbei. Schon sehr früh setzte er in seinen zwei Jahre jüngerer Sohn Musashi die größeren Erwartungen, was die Nachfolge im Unternehmen und die Fortführung der Familientraditionen betraf. Während sich Akita und sein Vater zunehmend entfremdeten, hätten die Harmonie und Seelenverwandtschaft zwischen Musashi und ihm nicht besser sein können. Nach dem Volkswirtschaftsstudium in Tokyo arbeitete sich der zweitälteste Sohn solide und zielstrebig in die wesentlichen Bereiche des Konzerns ein und rückte schließlich im Alter von fünfunddreißig Jahren als Vizepräsident direkt an die Seite seines stolzen Vaters.

Ähnlich wie zu Akita konnte Aritomo auch zu seinen jüngsten Söhnen Amida und Kaito sowie seiner Tochter Sachiko nie das gleiche, innige Verhältnis aufbauen wie zum Zweitgeborenen. Er sorgte dennoch für eine ausgezeichnete Ausbildung und hielt aus der Ferne seine fördernde und schützende Hand über sie. Es fehlte ihnen nie an irgendetwas, von der liebevollen Zuneigung ihres Vaters abgesehen. Die räumliche Distanz hatte eine emotionale Nähe zwischen ihnen kaum zugelassen. Die neunzehnjährige Sachiko lebte seit ihrem zehnten Lebensjahr, nachdem ihre Mutter verstorben war, in einem exklusiven Internat in der Schweiz. Der zweiundzwanzigjährige Amida studierte inzwischen in Kalifornien Informatik und der fünfundzwanzigjährige Kaito hatte nach seinem Journalismus-Studium in Kyoto vor zwei Jahren bei einer Wirtschaftszeitschrift in Singapur eine Stellung aufgenommen.

Seinen Hoffnungsträger Musashi gab es jetzt nicht mehr.

Aritomo empfand in diesem Moment eine besonders große Verzweiflung darüber, dass er seinem geliebten Sohn nie die Wahrheit über ihre glorreichen Vorfahren mitgeteilt hatte. Ihm war schmerzlich bewusst, wie viel es gerade Musashi bedeutet hätte, von ihrer wahren Vergangenheit zu erfahren. In seinem Kopf tobte ein Gefühlschaos zwischen Demut, Wut und vor allem quälenden Vorwürfen gegen sich selbst. In ihm wuchs ein unbändiges Verlangen, die alten Familiengeheimnisse endlich offenzulegen, seine ihm verbliebenen vier Kinder ins volle Vertrauen zu ziehen. Aritomo wollte eine hierauf basierende gemeinsame Verantwortung für den Umgang mit ihrer Herkunft und ihrer Zukunft möglich machen. Dieser Schicksalsschlag hatte seine Persönlichkeit drastisch verändert.

Es fiel ihm, der bislang so rationalen und starken Führungspersönlichkeit schwer, seine Gedanken zu ordnen und er zwang sich, eine halbe Stunde zu meditieren. Er würde viel Kraft brauchen nach der Landung in Tokyo, durfte keine Schwächen zeigen und musste diszipliniert die Verhandlungen mit den Amerikanern übernehmen. Unterschwellig jedoch wuchs vor allem der Drang, sich gemeinsam mit seinen drei Söhnen und seiner Tochter im ehrenvollen Angedenken an Musashi mit ihrer Familiengeschichte auseinandersetzen. Alle waren inzwischen durch Naomi informiert worden und würden in den nächsten zwei Tagen in Tokyo eintreffen. Auf Aritomo wirkte diese Aussicht seltsam erleichternd. Er fühlte sich jedoch beschämt, dass es eines solchen Anlasses bedurft hatte, um die Familie wieder zusammen zu führen – es lag vier Jahre zurück, als sie das letzte Mal um einen Tisch saßen, anlässlich seines sechzigsten Geburtstags.
Als der Jet landete, hatte Aritomo sich wieder gefangen.
Dem Adler-Netsuke und dem Projekt im UNTACH widmete er an den folgenden Tagen kaum Aufmerksamkeit, zum ersten Mal seit langer Zeit. Selbst die regelmäßigen Berichte von Abe Tomoji zu den jüngsten wissenschaftlichen Ergebnissen von Doktor Renke und dessen Team überflog er nur flüchtig, zumal darin wenig Positives auf der Fährte zum Masamune-Schwert zu erkennen war. Dass möglicherweise bereits vor Jahrzehnten eine im Innern des Himotoshi vermutete Inschrift weggekratzt wurde, war deprimierend. Diese Hiobsbotschaft fügte ihm eine weitere mentale Wunde zu. Dennoch schaffte er es, sowohl die familiären Angelegenheiten in Würde wahrzunehmen als auch mit bewundernswerter Konzentration die geschäftlichen Aufgaben zu handhaben. Als die Übernahme der amerikanischen Technologiefirma weitgehend gelungen war, delegierte er alles weitere an seine Vorstandskollegen und Anwälte.

Endlich konnte Aritomo sich voll der Trauerarbeit widmen, indem er mit seinen Kindern und den engsten Vertrauten ein kleines, intimes Landhaus am Ashi See zu Füßen des Berges Fuji bezog. Das im Stil einer traditionellen Ryokan-Herberge geführte Anwesen gehörte Hatashi Sota, der ihn schon seit Tagen darum bat, seine Einladung anzunehmen und sich in dieser meditativen Umgebung zu erholen. Die Yamagata verbrachten

dort einige harmonische Tage und Aritomo war gerührt vom warmherzigen Verhalten seiner Kinder ihm gegenüber. Dies empfand er als unverdient, da er sich weiterhin mit Selbstvorwürfen quälte.
Befreit von der ablenkenden Last der organisatorischen und geschäftlichen Aufgaben fiel es ihm weiterhin schwer, den Verlust von Musashi zu verarbeiten und die Vorsätze umzusetzen, die er sich auf dem Flug von Peking nach Tokyo im ersten Schmerz vorgenommen hatte.

Die Wende kam erst mit seiner Idee der gemeinsamen Besteigung des heiligen Berges Fuji. Diese sehr besondere Wanderung nahmen viele Japaner einmal in ihrem Leben als gleichermaßen spirituelle wie körperliche Herausforderung auf sich.
Aritomo verband mit dem Vorschlag außerdem etwas anderes: »Was haltet ihr davon, meine Söhne, meine Tochter, wenn wir im Angedenken an euren Bruder Musashi gemeinsam den Pilgerweg auf den Fuji-san gehen? Er hatte es sich so oft vorgenommen, aber immer waren andere Pflichten wichtiger und nun ist es für ihn zu spät, diese Erfahrung zu machen. Aber nicht für uns. Wie ich überhaupt hoffe, dass es für uns nicht zu spät ist für einen Neuanfang. Oben auf dem Gipfel möchte ich euch daher etwas eröffnen, was mich viel Überwindung kosten wird. Ich werde mit einer bislang heiligen Familientradition brechen, die seit vier Generationen besteht. Aber eine gemeinsame Zukunft in voller Offenheit mit euch ist mir ab jetzt wichtiger als der Gehorsam gegenüber alten Konventionen. Bitte gebt mir diese Möglichkeit!«
So kam es zu diesem Aufstieg, eingereiht in die lange Karawane von hunderten Pilgern, die in den Sommermonaten den beschwerlichen, steilen Weg über die gewaltigen vulkanischen Geröll- und Lavaflanken des Fuji auf sich nahmen. Gemäß der Tradition hatten sie sich mit Pilgerstäben aus Fichtenholz sowie weißen Baumwollhandschuhen ausgestattet, um sich am scharfkantigen Gestein festhalten zu können, ohne die Haut aufzureißen. Die fünf Yamagata waren begleitet von Masato sowie drei weiteren Bodyguards angereist. Wie fast alle anderen Touristen benutzten sie hierfür den Zug sowie den öffentlichen Shuttlebus bis zur Kawaguchiko-Station in zweitausenddreihundert Meter Höhe. Von dort begann am späten

Vormittag in guter Bergausrüstung ihr Aufstieg über nicht enden wollende Spitzkehren bis auf den fast dreitausendvierhundert Meter hohen Fuji. Sie erreichten das Gipfelplateau am späten Nachmittag und genossen tief bewegt den Sonnenuntergang. Den Abend und die Nacht verbrachten sie, wie vorher von Naomi problemlos arrangiert, in einer der zahlreichen oben im Gipfelareal verstreuten kleinen Hütten, allerdings ohne Schlaf und ohne die fröhliche Stimmung, die von den anderen Pilgergruppen in der Nachbarschaft herüber klang. Die Leibwächter verteilten sich draußen um die Hütte und als Aritomo mit seinen Kindern bei Kerzenschein um die Feuerstelle zusammen saß, begann er seine Lebensbeichte, wie er es nannte. Er offenbarte ihnen in aller Ausführlichkeit ihre wahre Familiengeschichte: von den Wurzeln des Ikeda-Geschlechts über die dramatischen Ereignisse im neunzehnten Jahrhundert und das Geheimnis des Masamune-Schwerts sowie des Masanao-Netsuke bis hin zu der Verbindung mit der Hatashi-Familie und den hierauf basierenden Beziehungen zu den Aizukotetsu-kai. Er beschönigte nichts, ließ nichts aus und endete mit dem momentan arrangierten UNTACH-Projekt und bisherigen Wissensstand dort.
Die Reaktion seiner vier Kinder beeindruckte und bewegte ihn zutiefst. Er hatte mit harscher Kritik, ja vielleicht Verachtung gerechnet, insbesondere aufgrund der Geschäftspraktiken in Zusammenarbeit mit den Yakuza. Aber stattdessen hinterfragten alle, sogar die junge Sachiko, sehr ruhig und bedacht die Zusammenhänge und verhielten sich ihm gegenüber weiterhin respektvoll. Es war ihm fast unheimlich, dass sie nicht schockiert über diese Eröffnungen waren, sondern stattdessen Verständnis und sogar Bewunderung für die Lebensleistungen ihres Vaters und ihrer Vorfahren zeigten. Ihre Abstammung von den Ikeda nahmen sie interessiert, jedoch nicht sonderlich bedeutungsvoll zur Kenntnis. Ihm wurde klar, dass die international und modern geprägte Welt, in der sie aufgewachsen waren, andere Wertvorstellungen in ihnen geprägt hatte als er selbst und seine Generation noch verinnerlichten. Aus einigen ihrer Äußerungen konnte Aritomo ableiten, dass seine Söhne Akita und Kaito schon lange etwas von den geheimen Verquickungen des Tamagi-Konzerns mit Machenschaften des Hatashi-Clans geahnt hatten. Der Jurist Akita überraschte seinen Vater mit sehr pragmatischen Vergleichen. Er sah im Agieren der meisten

amerikanischen Großunternehmen und vieler US-Regierungsstellen durchaus Praktiken, von denen sich die Geschäfte des eigenen Familienunternehmens keineswegs negativ abhoben. Sachiko stand dieser Seite ihrer Familiengeschichte deutlich kritischer gegenüber und wollte von Aritomo vor allem wissen, wie er die Zukunft gestalten wolle und was für eine Rolle er ihnen hierbei einzuräumen gedachte.

Amida sorgte schließlich für die größte Überraschung, als er lächelnd gestand: »Vater, du solltest wissen, dass einer meiner Mitstudenten in Pasadena der Neffe von Hatashi Yuma ist, wir wohnen sogar zusammen in der gleichen Wohngemeinschaft, schon seit zwei Jahren. Wir kannten uns ja von der gemeinsamen Zeit in Tokyo, als unsere Mutter noch lebte und wir immer viele Gäste zuhause hatten, auch die Hatashis. Ich bin schon lange bestens im Bilde sowohl über die Geschäfte der Aizukotetsu-kai als auch ihre Verbindungen zu Großvater und dir und dieses Wissen war bei mir stets bestens aufgehoben. Ich hatte das nie angesprochen, weil du es nie getan hast. Aber sei versichert, dass wir alle vier sehr loyal zu dir stehen und gerne auch an deiner Seite, wenn du dies wünschst.

Bitte verzeih mir die Offenheit jetzt: Wir haben deine Entscheidung, dein Herz und dein Vertrauen vor allem unserem Bruder Musashi zu schenken, stets ohne Widerspruch oder Bitterkeit akzeptiert, auch wenn manche von uns hierunter durchaus gelitten hatten. Du hast immer für uns gesorgt und was wir heute sind, hast du uns ermöglicht und wir danken dir hierfür von Herzen. Aber wenn du uns in Zukunft näher um dich haben willst, akzeptiere bitte, dass wir inzwischen erwachsen sind und unsere eigenen Vorstellungen von einem familiären Miteinander haben. Dass wir dir Respekt schulden und zollen, weißt du, aber ganz traditionell japanischer Gehorsam gegenüber dem Oberhaupt kann sicher nicht die Basis unserer neuen Beziehung werden. Unsere Abstammung von den Ikeda Daimyo gereicht uns zur Ehre und ich denke, dass wir alle vielleicht die Tugenden des Bushido in uns tragen. Aber wir erwarten mehr von dir als diese neu gewonnene Offenheit und Umarmung. Wir wollen, dass du uns so akzeptierst, wie uns das Leben außerhalb deiner Welt hat werden lassen. Kannst du das?«

Noch nie zuvor hatte Aritomo ein so ehrliches und gutes Gespräch mit seinen Kindern geführt wie in dieser Nacht. Ihre intelligenten und wohldurchdachten Positionen erfüllten ihn mit Bewunderung und Stolz. Vieles wurde zunächst nur sehr bedacht und vorsichtig formuliert, konstruktiv aufgenommen und harmonisch besprochen. Auch Aritomo war in seiner neuen Haltung in der Lage, nicht mehr der allein Dominierende zu sein, der er sein bisheriges Leben über war. Er zeigte sich ihnen gegenüber offen für neue Einsichten. Als durch die kleinen Fenster an der Morgendämmerung erkennbar wurde, dass die Nacht zu Ende ging, hatten sie gemeinsam ein solides Fundament für die neue Ära der Ikeda- beziehungsweise Yamagata-Familiengeschichte gelegt.

Zusammen mit Hunderten anderer Fuji-Pilger standen sie wenig später schweigsam auf dem Gipfelplateau und blickten wie schon Tausende vor ihnen fasziniert auf den majestätischen Sonnenaufgang am Horizont. Doch sie blickten zugleich in eine neue Zukunft und jeder von ihnen war nach dieser bewegenden Nacht auf dem Fuji ein anderer als noch am Tag zuvor.

Forschung im Verborgenen

In den zwei Wochen, die das Leben von Yamagata Aritomo und seinen Kindern nachhaltig veränderten, spielten sich auch im Team von Marco Renke einige gravierende Ereignisse ab, die so niemand erwartet hatte.

Am frühen Dienstagmorgen waren sie total aufgekratzt und gierig vor Wissenshunger und man traf sich schon ungewohnt früh in den Büros, kurz nach sieben Uhr. Alle hatten spannende Neuigkeiten zu berichten, taten dies aber nur kurz, denn jeder war in Eile und am Donnerstag würde bei der Team-Runde mehr Zeit für den Informationsaustausch sein. Gegen acht machten sich Tomomi und Marco mit dem Netsuke auf den Weg in die Laborabteilungen. Frank hatte um acht Uhr dreißig erneut eine Verabredung mit Ken, der diesmal noch einen Kollegen aus der Abteilung für japanische Farbholzdrucke hinzuziehen wollte. Anschließend stand ein Termin in der Arbeitsgruppe eines Antonio Casalle auf seiner Agenda, wo angeblich Hintergrundwissen zu ihrer seltsamen Holzkugel vorhanden sein könnte. Rebecca war ab neun Uhr wieder bei Sunjub und Claudia speiste den ganzen Vormittag über jene Informationen in ihre Ablage ein, die ihr die anderen am Vorabend elektronisch zugeschickt hatten. Ab dreizehn Uhr würde sie Rebecca und Sunjub helfen, auch die neuen Datensätze aus ›The Wall‹ zu importieren.
Der Tag wurde erwartungsgemäß für alle intensiv und lang. Die jeweiligen Arbeiten zogen sich bis in den frühen Abend hin, sodass sie am Dienstag keine Zeit mehr fanden, sich gemeinsam über die Projektfortschritte auszutauschen. Jeder von ihnen saß bis in die Nacht alleine in seinem Apartment und fasste Befunde zusammen, um diese beim nächsten Meeting mit den anderen zu teilen. Auch der Mittwoch verlief so. Aus Zeitgründen fiel der übliche informelle Austausch erneut bis auf wenige Worte aus – was aber sein Gutes hatte, wie sich wenig später herausstellen sollte!

Am Donnerstag um zehn Uhr kamen sie endlich wieder einmal ohne Zeitdruck zum Team-Meeting zusammen und brannten darauf, ihre neuen

Erkenntnisse gegenseitig zu präsentieren und zu diskutieren. Doch sobald Rebecca, Tomomi und Frank jeweils eintrafen, legte Claudia sofort ihren gestreckten Zeigefinger an die geschlossenen Lippen. Mit dieser Geste drückte sie jedem einen handgeschriebenen Zettel in die Hand: ›Bitte erst einmal schweigen und dies lesen! Wir sind verwanzt und werden abgehört. Marco übernimmt gleich das Gespräch, wenn er zu uns stößt, und fordert uns dann unter einem Vorwand auf, mit in den Tresorraum zu kommen. Bitte reagiert unverdächtig und normal hierauf und lasst euch nicht anmerken, dass etwas nicht in Ordnung ist! Der Tresorraum ist garantiert abhörsicher, dort können wir frei sprechen. Aber bis dahin bitte nur Small Talk, keine Projektdetails, tut am besten so, als würde jeder noch schnell etwas lesen müssen.‹

Die Reaktion der Betroffenen war zunächst großes Erstaunen, aber nach der ersten Schrecksekunde fand sich jeder rasch in die Situation und spielte mit, wenn auch recht verkrampft und innerlich besorgt.

Wenig später kam Marco und übernahm die Regie: »Guten Morgen zusammen! Tut mir leid, wenn ich euch in eurer Lektüre stören muss. Aber ich habe gleich eine unplanmäßige Verabredung und wir müssen deshalb die Team-Besprechung auf einen anderen Termin verschieben. Ich wollte euch noch schnell ein paar materialtechnische Hinweise zu Masanaos Schnitz- und Poliertechnik an unserem Netsuke geben, auf die ich gestern Abend in der Literatur gestoßen bin. Am besten wir machen das gleich drinnen im Tresorraum am Objekt, es wird nicht lange dauern. Kommt also bitte mit!«

Als sich die schwere Tresortür hinter ihnen geschlossen hatte, fuhr er fort: »Danke, dass ihr so spontan und gut auf diese Inszenierung eingegangen seid, das ist schon irgendwie verrückt! Als mich vorgestern am späten Abend Claudia anrief und fragte, ob ich Lust auf einen kleinen Spaziergang im Park hätte, war ich zunächst perplex, dachte mir aber, dass sie mit Sicherheit einen guten Grund hierfür hätte. Und den hatte sie auch – aber das soll sie euch am besten selbst erzählen!«

Claudia legte sofort los: »Leute, wir sind da irgendwie in einen furchtbaren Schlamassel hineingeraten und ich will euch im Telegrammstil das Wichtigste mitteilen: Jemand hat sich in unsere Datenablage gehackt und

versucht, diverse Dokumente herunterzuladen – und das ist teilweise wohl gelungen.
Auch unsere Rolix- und E-Mail-Kommunikation wurde zumindest zeitweise abgehört und in Marcos Büro befand sich eine Audioinstallation, mit der man unsere gesamten Besprechungen mitverfolgen konnte. Die wurde inzwischen entfernt, aber ich bin mir nicht sicher, ob nicht noch weitere existieren. Außerdem sind unsere Computer und sonstige IT-Hardware angezapft worden, also: Irgendjemand überwacht uns höchst professionell!
Aber nun chronologisch, wie ich dahinterkam und was ich bisher über diese Sache weiß: Es begann damit, dass Marco mich bat, Erkundigungen über unsere Finanzierung einzuholen und eventuelle Hintermänner herauszufinden. Ich hatte neben einigen Datenbank-Recherchen auch direkt hier in der Administration nachgefragt – Transparenz wird in UN-Einrichtungen wie dieser zum Glück großgeschrieben. Nach ersten Hinweisen bohrte ich tiefer, mittels vertraulicher Kontakte draußen – Ex-Kollegen von mir, um genau zu sein, die mir noch einen Gefallen schuldeten. Ergebnis war, dass ein Industriefonds die Mittel für unser UNTACH-Forschungsvorhaben gestiftet hat. Der Fonds gehört zum Nanoelektronikriesen Tamagi, dessen Vorstandsvorsitzender der japanische Milliardär Yamagata Aritomo ist. Das Masanao-Netsuke soll früher ein Erbstück der Yamagata gewesen sein, das irgendwann verloren ging. Dieser Familie wurden in der Vergangenheit Verbindungen zu einem mächtigen Yakuza-Clan nachgesagt – seit Aritomo die Konzernleitung übernahm gibt es jedoch keine Anzeichen in diese Richtung mehr. Was nach meinen Erfahrungen nicht viel besagen will, alles klang sehr verdächtig. Als nächstes ließ ich deshalb ein leistungsstarkes Anti-Spy-Programm durch unser System laufen, das ich aus früheren Jahren besitze und wurde prompt fündig. Es gab Zugriffsversuche von außen auf einige unserer Dokumente. Das war für mich Anlass genug, nach vertraulicher Rücksprache mit Marco – ihr vermutet richtig, bei dem bewussten Spaziergang im Park – die Sicherheitsabteilung um Überprüfung unserer IT-Systeme auf Unregelmäßigkeiten zu bitten. Der AA-Status half da ungemein und ich gab als Begründung an, dass in der Fachszene im Außenraum vertrauliche wissenschaftliche Informationen aufgetaucht seien, die wir bisher nur intern kommuniziert hätten, daher unser Verdacht.

Während ihr gestern unterwegs gewesen seid, führten Security-Experten des UNTACH in unseren Büros und an den IT-Geräten sorgfältige Untersuchungen durch. Man fand tatsächlich in unseren Systemen diverse Spy-Malware, also Abhörprogramme, sowie eine Hightech-Audiowanze in der Deckenbeleuchtung von Marcos Büro. Die Computerviren müssen ganz außergewöhnlich clevere Mistviecher gewesen sein, denn sie hatten alle Firewalls und Anti-Viren-Programme problemlos und unerkannt überwunden, obwohl wir diesbezüglich auf dem aktuellsten Stand waren. Außerdem wurden Manipulationen in unserer Rolix-Konfiguration festgestellt, die darauf hindeuten, dass auch dieser Kommunikationsweg abgehört wurde. Wie das appliziert werden konnte, ist den Security-Leuten angeblich ein Rätsel. Es sieht danach aus, dass das in der Behörde bereits eine riesige Welle an Aktivitäten verursacht hat, um diesen Skandal aufzuklären. Da wir allerdings nicht wissen, wem wir trauen können und wem nicht, habe ich euch sicherheitshalber dieses kleine Versteckspiel heute zugemutet. Obwohl unser System und die Büros angeblich wieder ›sauber‹ sind, wie man mir heute Morgen mitteilte. Aber wer weiß?
Ohne Marco vorgreifen zu wollen möchte ich gleich einen Vorschlag machen: Wie wäre es, wenn wir für alle sensitiven Inhalte zumindest vorübergehend auf antiquierte Methoden wie handschriftliche Notizen und direkte mündliche Mitteilungen in unkritischer Umgebung zurückgreifen? Ich denke, alles was unsere normale wissenschaftliche Arbeit am Netsuke betrifft, ist unproblematisch und können wir weiterhin wie gehabt handhaben, auch um gegenüber unseren potentiell weiterhin aktiven ›Überwachern‹ nicht aufzufallen. Aber alles mit möglichem Bezug zu dieser Schwert-Thematik sollten wir anders regeln. Unsere handschriftlichen Aufzeichnungen könnten wir hier im Tresorraum ablegen, der vermutlich sicher ist und wo nur wir selbst Zugang haben. Auch alle Besprechungen vertraulicher Natur sollten wir auf diesen Ort beschränken, so wie jetzt. Das war´s von meiner Seite.«
Das bisher herrschende betretene Schweigen wurde von einem aufgeregten Gemurmel und schließlich Empörung abgelöst. Man war sichtlich schockiert und einige sprudelten Vorwürfe gegen die UNTACH-Behörde heraus, denn es sei davon auszugehen, dass so eine Überwachung nur für Insider möglich war.

»Also wir sind uns sicher einig in der Bewertung, dass hier etwas entschieden schief läuft mit unserem Projekt«, ergriff Marco wieder das Wort. »Aber lasst uns positiv denken. Wir kennen nun die Situation und können entsprechend reagieren. Bisher hatten wir nur den Verdacht, vielleicht manipuliert zu werden – jetzt haben wir konkrete Anhaltspunkte zum Hintergrund dieser Sache und hinsichtlich potentieller Akteure. Die Vorschläge von Claudia unterstütze ich, so sollten wir es ab jetzt handhaben. Was meint ihr?«

In der anschließenden Diskussion wurde ausgiebig darüber gesprochen, wie jeder einzelne von ihnen die Angelegenheit für sich bewertete, bis hin zum möglichen Abbruch des Projekts. Aber das hielten sie einvernehmlich für keine wünschenswerte Option, auch wenn die von Claudia erwähnte Yakuza-Verbindung dieses Yamagata ihnen ernsthaft zu denken gab. Dennoch war man sich einig, vorerst weiter zu machen. Ihre wissenschaftliche Neugier, aber vermutlich auch latente Abenteuerlust drängten mehr denn je nach der Fortsetzung dieser spannenden Forschungsarbeit. Sie empfanden es nun sogar noch wahrscheinlicher als vorher, dass sie dem Schwert des Masamune tatsächlich auf der Spur waren.

Als sich ihr lebhaftes Gespräch immer mehr auf dieses Thema konzentrierte, kam Marco auf ihre jüngsten Forschungsergebnisse aus den vergangenen Tagen zu sprechen: »Gut, ich denke wir haben den Konsens, dass wir unter Wahrung der genannten Vorsichtsmaßnahmen erst einmal weitermachen an unserem Projekt über den Masanao-Adler. Es gibt wie ich weiß jede Menge, was wir uns da gegenseitig mitzuteilen haben und das sollten wir gleich tun. Okay? Starten wir doch in erprobter Reihenfolge, Frank, was gibt es von dir Neues?«

Frank ging in seinem mündlichen Bericht zunächst ausführlich auf seine Treffen bei Ken im Archiv ein. Er war begeistert vom vorhandenen Fundus an Netsuke aus dem achtzehnten Jahrhundert, viele aus Kyoto und etliche hiervon aus der Hand des Masanao und seiner Schüler. Seine neuen Informationen bestätigten die bisherigen Befunde zu ihrem Adler und ergaben einiges an kunsthistorisch interessantem Zusatzwissen. Insbesondere vertieften die Hinweise eines von Ken hinzugezogenen anderen Wissenschaftlers das Bild des damaligen Lebensumfelds der Kyoto-Künstler und ihrer Beziehungen zum Adel sowie zu den reichen Kaufleuten der Kaiserstadt. Es wurden jedoch keinerlei neue Erkenntnisse zum Thema ›Adler mit Affe‹ gewonnen.

Wesentlich spannender fanden seine Kolleginnen, was die Gespräche mit Dolph Skarsgård sowie Antonio Casalle zur Holzkugel ergeben hatten. Frank fasste dies kurz zusammen: »Ich muss euch sagen, dass mir ein kalter Schauer über den Rücken lief, als mir Dolph mitteilte, dass sich im Innern der Holzkugel ein rundgeschliffener Kern aus Meteoriteneisen befindet! Könnt ihr euch vorstellen, was ich empfand, als er mir diesen in die Hand legte? Zu ahnen, dass ich gerade womöglich eine Erzprobe jenes Rohmaterials vor mir hatte, aus dem im dreizehnten Jahrhundert Masamune das Schwert der Tokugawa-Shogune geschmiedet hatte! Aber dieses Gefühl könnt ihr gleich auch genießen, denn ich habe das Objekt zurückgebracht. Einverstanden, Marco?«

Marco war von Frank bereits am Dienstag telefonisch ins Bild gesetzt worden, freute sich genauso über die allgemeine Begeisterung und holte die Metallkugel sowie ihre zwei hölzernen Halbschalen aus einer Schachtel im Wandregal.

Während sie von Hand zu Hand ging, fuhr Frank fort: »Die äußere Schale aus Holz hatte tatsächlich eine entlang der Maserung verlaufende Naht, wo die beiden Hälften mit einem Kleber unsichtbar miteinander verbunden waren. Die Experten im Labor konnten diesen mit einer speziellen Toluolmischung auflösen und absaugen und so die Metallkugel herauspräparieren. Nachdem auch die das Metall umgebende dünne Beschichtung aus Lack mittels Lösungsmitteln auf einer Hälfte entfernt war, kam diese wunderschöne Oberfläche zum Vorschein, die ihr nun seht.

Antonio Casalle leitet die Abteilung ›Metalle und Metalltechnik‹ hier im Haus und hat mir ausführlich erklärt, was er über dieses Objekt wusste. Die Kugel war von jemandem kunstvoll aus einem sogenannten ›Oktaedrit‹, also Eisen-Nickel-Meteoriten, hergestellt worden. Die charakteristischen Effekte, die ihre Oberfläche aufweist, werden ›Widmanstätten-Strukturen‹ genannt und kommen ausschließlich bei solchem meteoritischen Material zum Vorschein, wenn man es schleift, poliert und mit Salpetersäure anätzt, wie hier geschehen. Hinterher wurde zum Schutz und als Zwischenschicht zur äußeren Holzschale ein Lack aufgetragen. Wir haben übrigens sowohl vom Klebstoff der Hülle als auch von diesem Lack Proben genommen, die ich bereits zur genauen Analyse sowie Alters-Bestimmung eingereicht habe. Die Ergebnisse sollten nächste Woche vorliegen.

Spannend ist aber vor allem Antonios Aussage, welchem Zweck diese Kugel einmal gedient haben könnte. Dolph und er nannten mir mehrere Literaturquellen hierzu und ihr könnt das nachlesen, ich habe es schon an Claudia weitergeleitet, damit sie es in unsere Projektablage aufnimmt – ja, ich weiß, möglicherweise hatten nun auch andere Zugriff hierauf …«

Claudia bestätigte das und obwohl diese Vorstellung allen die gerade noch begeisterte Stimmung etwas verdarb, fuhr Frank nach einer kleinen Pause fort: »Ich will jetzt nur das Wichtigste zusammenfassen, was mir Antonio sagte. Er glaubt aufgrund der Ähnlichkeit mit anderen Kugeln dieser Art, dass es sich um eine historische Qigong-Kugel handelt. Die Technik und Tradition solcher immer paarweise hergestellten Trainings- und Gesundheitskugeln waren während der Yuan-Dynastie aus China in die Nachbarländer gebracht worden. Angeblich fördert das berührungslose Drehen zweier Kugeln in einer Hand nicht nur die Fingerfertigkeit, sondern aktiviert auch verschiedene Akupunkturpunkte und löst Blockaden im Qi-Energiefluss. Mit den Übungen erreicht man eine Harmonisierung des Körpers und erweitert die Möglichkeiten zur geistigen Entwicklung des Individuums. Klingt komisch, aber da scheint was dran zu sein, zumindest sprechen viele medizinische Vergleichsstudien dafür.

Es gibt Quellen, nach denen in der Kamakura-Zeit, also vom zwölften bis vierzehnten Jahrhundert, japanische Schwertschmiede ihre Meisterwerke manchmal mit aus dem gleichen Stahl hergestellten Objekten ergänzten. Vor allem ist das von Dolchen und Messern bekannt, aber eben auch von Zweiersätzen solcher Qigong-Kugeln. Genau das vermutet Antonio in unserem Fall, denn die Umhüllung mit der Holzschale, die Klebstoffe und der aufgetragene Lack deuten auf einen japanischen Ursprung aus dieser Zeit hin. Passt das nicht perfekt zur These, dass dieses Netsuke, Marcos Schatulle und das Masamune-Schwert in einem engen Zusammenhang stehen? So, das war das Wichtigste meinerseits. Ach ja, bis auf die Info, dass ich aus Holland noch nichts gehört habe hinsichtlich dieser Opperhoofd-Schatulle, ich bleibe aber dran.«

Marco räumte die Kugel wieder ins Regal und gab das Wort an Rebecca. Diese berichtete über ihre Recherche zu der arabischen Ladeliste und sorgte insbesondere durch eine Sache für einiges Staunen bei ihren Kollegen: »Besonders spannend fand ich den Hinweis, dass der außergewöhnlich große Elefantenstoßzahn an Bord dieser Dhau eine Aufschrift in Gedichtform hatte. Wäre das nicht toll, wenn sich dieses andere Dokument in der altarabischen Mehri-Sprache darauf bezieht? Schließlich wurde Mehri auch im Oman gesprochen und von dort aus stach vermutlich dieses Schiff im sechzehnten Jahrhundert Richtung Asien in See!«

Leider musste Marco hierzu mitteilen, dass von dem Universitäts-Institut in Kairo, wohin er die Anfrage wegen des Mehri-Textes geschickt hatte, noch immer keine Antwort eingegangen war. Claudia ergänzte, dass auch der UNTACH-Sprachendienst die beauftragten Übersetzungen noch nicht geliefert hatte. Sie würde aber noch heute nachhaken bei diesen beiden Einrichtungen. Nun kam die Reihe an Tomomi, die zunächst die Befunde aus der Computer-Tomographie und der Endoskopie vom Montag vortrug. Etwas ausführlicher erläuterte sie die vermutliche Holmium-Dotierung und ging näher auf die mysteriöse zweite Vertiefung im Schnurkanal ein. Der Verdacht, dass hier jemand eine kleine Inschrift entfernt haben könnte, löste im Team eine lebhafte Diskussion aus.

Frank war es, der die erkennbare Frustration bei seinen Kolleginnen etwas abmildern konnte: »Also selbst falls jemand gezielt so eine Inschrift entfernt haben sollte, heißt das ja nicht, dass dieser Hinweis für immer verloren sein muss. Das Geheimnis ist nur vom Netsuke auf diesen Menschen übergegangen und über ihn könnte man vielleicht wieder auf die Fährte des Schwerts gelangen. Ob wir selbst dies wirklich wollen, ist eine andere Frage!«

Solche grundsätzlichen Überlegungen wurden erneut eine Weile erörtert, bis Marco darum bat, dies vorerst zurückzustellen und sich wieder auf die neuen Ergebnisse ihres Projekts zu konzentrieren.

Tomomi fuhr mit ihrem Bericht zum Dienstag und Mittwoch fort: »Die quantitativen Ergebnisse der Mikrospektralanalysen von verschiedenen

Partikelablagerungen auf der Oberfläche unseres Netsuke liegen zwar noch nicht vollständig ausgewertet vor, aber manches können wir schon sagen: Es deutet vieles darauf hin, dass unsere Schnitzerei früher einmal längere Zeit in einem Beutel aus Hirschleder zusammen mit Tabakresten aufbewahrt wurde. Ihr denkt jetzt sicher an den perlenbestickten Lederbeutel aus der Truhe – ich habe diesen gestern bereits zum Vergleich mit den Spuren am Netsuke ins Labor geschickt. Das Ergebnis hat man uns für nächsten Montag zugesagt. Ich habe gleich am Dienstag einen Termin in der Lederabteilung und bin gespannt, was man uns dort Weiteres sagen kann.
Auch feinste eingetrocknete Blutspuren waren noch am Netsuke festzustellen, in der tieferen Einkerbung zwischen dem Arm und Körper des kleinen Affen. Der winzige, chemisch zersetzte Rest ermöglicht jedoch keine weitergehende Untersuchung, auch nicht für genetische Zuordnungen. Was spannend werden könnte ist die Einlagerung mehrerer Pflanzensporen und Faserteilchen in dieser Kerbe. Die Substanzmenge sollte für eine exakte botanische Zuordnung ausreichen. Wenn das klappt, hätten wir eine geographische oder sogar zeitliche Einordnung dieser Fremdpartikel und damit Hinweise auf frühere Aufenthaltsorte des kleinen Adlers. Die Proben gingen schon an die entsprechende Fachabteilung und nächste Woche sind wir hoffentlich diesbezüglich schlauer.«
Marco ergänzte kurz zwei Details zur Mikrosonden-Untersuchung an der Signatur des Netsuke, die deren Authentizität bestätigte, und zu den Augenintarsien aus Koralle, die Tomomi nicht erwähnt hatte. Dann ging er auf seine Korrespondenz mit der Max-Planck-Zentrale in München ein. »Also gestern am späten Abend hat sich mein Freund Hermann mit wirklich interessanten Hinweisen bei mir gemeldet. Im Aktenarchiv des Stuttgarter Instituts fanden sich tatsächlich Eintragungen aus dem Jahr 1982, die uns einiges zu der Serientestprobe verraten, welche in der Zusammensetzung so sehr dem Elfenbein unseres Netsuke gleicht.
Dieses Institut baute damals gerade eine Abteilung auf, die sich mit Bionik, also der Nachahmung von in der Natur vorkommenden Phänomenen für innovative technische Entwicklungen beschäftigen sollte. Ein Team dort konzentrierte sich auf die künstliche Nachbildung von anorganisch-organischen Verbundmaterialien nach dem Vorbild von Knochen- und

Zahnsubstanzen, speziell für medizinische Implantate und Prothesen. Um die eigenen analytischen Methoden hierfür zu überprüfen und zu verbessern, wollte man an jenem internationalen Ringversuch teilnehmen, auf den uns der Kollege aus Boston hingewiesen hatte. Da dies den Stuttgartern aber nur möglich war, wenn sie wie alle anderen teilnehmenden Forschungsinstitute eine Elfenbein-Standardprobe für die Testserie beisteuerten, ging man im Fundus des Instituts auf die Suche und fand etwas Geeignetes. Im Jahr 1920 hatte das Kaiser-Wilhelm-Institut für Silicatchemie in Berlin-Dahlem im Rahmen einer Zusammenarbeit mit der Sammlung des Grünen Gewölbes in Dresden Restaurierungsarbeiten an Elfenbein-Preziosen naturwissenschaftlich mitbetreut. Einer der hierbei aktiven Wissenschaftler war nach dem Zweiten Weltkrieg und der Auflösung der Kaiser-Wilhelm-Gesellschaft in die Max-Planck-Gesellschaft gewechselt. Zusammen mit ihm und seinem beruflichen Umzugsgut kam ein Elfenbein-Bruchstück aus diesem früheren Projekt in den Fundus in Stuttgart. Beschriftet mit ›GG37288‹ fand man 1982 diese Probe wieder, zusammen mit dem dazugehörigen Laborjournal. Leider sollen in diesem allerdings keine näheren Angaben enthalten sein, die sich auf das Objekt beziehen, von dem das Bruchstück stammt. Die verantwortlichen Wissenschaftler sahen in diesem Fund eine glückliche Fügung, zerkleinerten, pulverisierten und homogenisierten dieses Elfenbein und konnten hiermit in den Ringtest einsteigen.

Ist das nicht sensationell, wie die Dokumentation da funktioniert hat, sodass heute noch, über einhundert Jahre nach dem Projekt im Grünen Gewölbe, diese Spur wieder aufgegriffen werden kann? Wenn die Hinweise stimmen, dann heißt das doch, dass im Bestand des Grünen Gewölbes in Dresden der restliche Stoßzahn oder zumindest Teile davon noch existieren könnten. Also vielleicht auch weitere Informationen zur Geschichte dieses Elfenbeins. Im Moment kann ich mir zwar nicht vorstellen, dass das einen Bezug zur Suche nach dem Schwert des Masamune haben könnte. Einen Zusammenhang mit unserem Netsuke dürfte es nach Bewertung aller Aspekte aber auf jeden Fall geben und daher sollten wir dieser Sache nachgehen.

Um eurer Frage gleich vorzugreifen: Ja, ich habe früher einmal im Grünen Gewölbe Dresden an einem Projekt in der Elfenbein-Sammlung mitgewirkt, das war im Jahr 2004. Aber mir ist kein einziges Exponat in Erinnerung, das irgendwie zu unserem Thema passen könnte. Der Bestand an nicht ausgestellten Objekten in den Kellern dort ist allerdings gigantisch, wie überall in großen alten Sammlungen. Vielleicht schlummert der restliche Stoßzahn in irgendeiner Truhe, die seit hundert Jahren niemand mehr beachtet hat?«

»Also das erinnert mich gewaltig an dieses Schriftstück mit dem seltsamen philosophischen Erguss, das in der Schatulle war«, meldete sich Claudia zu Wort. »Der Autor war scheinbar sehr berührt vom trostlosen Dasein, das manche Dinge, auch Kunstschätze, im Dunkel der Museumskeller fristen. Es ist offensichtlich, dass vor uns schon einmal jemand auf Spurensuche zum Adler-Netsuke und zum Masamune-Schwert war. Zumindest der frühere Besitzer dieser Schatulle und eventuell auch derjenige, der im Himotoshi herummanipuliert hat. Wer weiß, vielleicht ist das ja ein und dieselbe Person. Es liegt doch nahe zu vermuten, dass dieser Jemand in diesem Konvolut Hinweise gesammelt und darauf aufbauend weiter recherchiert hatte. Neben unseren Untersuchungen am Netsuke und an diesen Objekten und Dokumenten könnte uns vor allem die Suche direkt nach dieser Person weiterhelfen, oder noch weiter gefasst, nach allen Personen durch deren Hände unser Netsuke gewandert ist. Tomomi hat gerade gesagt, dass die Auskratzung im Schnurloch mit modernem Werkzeug durchgeführt wurde. Also können wir uns zunächst auf die letzten fünfzig Jahre konzentrieren. Sollten wir das nicht zu einem Schwerpunkt unserer nächsten Arbeitsschritte machen? Wir stoßen immer wieder auf Hinweise und Dokumente aus den achtziger Jahren, jetzt schon wieder bei diesen alten Analysen. Inzwischen habe ich herausgefunden, dass die Kölner Netsuke-Expertise aus dem Jahr 1989 von Radebeul aus beauftragt worden war – liegt das nicht direkt bei Dresden? War unser Masanao-Adler auf seiner Reise einmal in Dresden? Was, wenn damals jemandem die Übereinstimmung zwischen dem Elfenbein des Netsuke und eines Objekts im Grünen Gewölbe aufgefallen war? Irgendwie verdichten sich unsere Spuren genau dort und genau zu jener Zeit.«

Das schien den anderen einzuleuchten und Marco ergänzte: »Richtig, Claudia. Zusätzlich haben wir noch einen zweiten Ort, wohin die Spuren führen, nämlich Würzburg. Dort wurde die Schatulle samt Inhalt versteigert und zwar als Nachlass eines Helmut Bauer aus dem nahegelegenen Ort Randersacker. Rebecca, was meinst du, besteht die Chance, dass wir mittels ›The Wall‹ Korrelationen entdecken könnten?«

Das bewertete die Angesprochene eher pessimistisch, denn Personen- und Ortsdaten von damals waren nicht umfassend und langfristig digital gespeichert und somit nun nicht elektronisch auswertbar. Es sei denn, es handelte sich um analoge Dokumente, die später digitalisiert und öffentlich zugänglich gemacht wurden – was aber nur bei Informationen von öffentlichem oder wissenschaftlichem Interesse flächendeckend erfolgte. »Also versuchen sollten wir es auf jeden Fall. Wie wir überhaupt einmal einen umfassenden Abgleich zwischen den Namen und Ortsangaben machen sollten, da hat Professor Wang sicher eine spezielle Suchmaske und Software zur Verfügung. Aber dann haben wir wieder die Problematik der möglichen Ausspähung, denn sobald wir uns in der digitalen Welt bewegen, sind unsere Aktivitäten und Ergebnisse nicht mehr sicher. Wenn wir nicht hier im UNTACH gebunden wären, würde ich fast vorschlagen, direkt vor Ort zu recherchieren. Sehr viel Wissen steckt in den Köpfen der Menschen und wurde nie dokumentiert, wie wir alle nur zu gut wissen!«

Diese Idee von Rebekka löste vor allem bei Tomomi begeisterte Zustimmung aus und spontan bot sie sich als Freiwillige für eine solche Reise nach Deutschland an, wenn auch eher im Scherz. Sie war wie Marco schon fast zwei Monate hier im UNTACH und einen kurzzeitigen Ausflug nach draußen stellte sie sich toll vor. »Also ich würde das liebend gerne übernehmen, sobald wir mit unserer Messkampagne hier in den Labors nächste Woche durch sind. Wäre das denn vorstellbar, Chef?«

Marco schmunzelte und steigerte etwas die Spannung, indem er seine Antwort verzögerte und nachdenklich den Kopf hin und her wiegte, obwohl er längst in die gleiche Richtung nachgedacht hatte. Nach einem Schluck aus seinem Kaffeehumpen hatte er seine Entscheidung getroffen.

»Warum nicht. Ich glaube nach den jüngsten Entwicklungen gibt es eine Reihe weiterer Gründe für eine kurze Auszeit von unserem Untergrundleben hier im UNTACH, und zwar für uns alle. Eigentlich hatte ich Reiseaktivitäten erst für die zweite Hälfte der Projektlaufzeit angedacht, wenn wir bereits über einen reichen Schatz an Ergebnissen verfügen, diese solide ausgearbeitet und formuliert hätten. Aber ich stimme zu, dass wir aufgrund der neuen Rahmenbedingungen vielleicht früher in der ›realen Welt‹ recherchieren sollten als geplant. Ich würde vorschlagen, dass wir zunächst noch die ausstehenden Untersuchungen in den UNTACH-Labors durchführen sowie die Textübersetzungen abwarten und auswerten. Danach analysieren wir das alles sorgfältig und besprechen, wer von uns wohin reist, um Zusatzinformationen vor Ort einzuholen, oder wer hierbleiben möchte. Voraussetzung für mich ist jedoch eine vorherige Abklärung mit dem Förderfonds. Im Projektplan habe ich zwar bereits Freiräume für mehrere externe Reiseaktivitäten vorgesehen, da müssten wir niemanden um Zustimmung bitten. Aber ich will das zum Anlass nehmen, diese Stiftung, beziehungsweise die federführenden Leute, persönlich kennenzulernen. Was haltet ihr von diesem Vorschlag?«

Die Aussicht, UNTACH für eine Weile verlassen und sich wieder in einer normalen Umgebung bewegen zu können, wurde vom Team mit Begeisterung aufgenommen. Sie stimmten ab, wer in den kommenden Tagen welche Aufgaben übernehmen würde. Dann besprachen sie nochmals die von Claudia vorgeschlagenen Sicherheitsmaßnahmen und verabredeten sich für den kommenden Mittwoch zu einem erneuten Treffen im Tresorraum. Vorher würden sie bis auf unkritische Inhalte ihre elektronische und telefonische Kommunikation deutlich reduzieren. Für den Fall ganz dringlicher und wichtiger Informationen vorm nächsten Meeting machten sie ein Codewort aus, auf das hin sich alle eine Stunde später im Park an einem bestimmten Teich treffen würden. Sie fühlten sich wie Filmschauspieler in einem Agententhriller, wobei es aber allem Anschein nach keinem von ihnen wirklich unangenehm war. Im Gegenteil, irgendwie belebte diese Entwicklung ihre Arbeit auf prickelnde Weise!

Kehrtwende

Alle diese konspirativen Vorsichtsmaßnahmen wären nicht mehr nötig gewesen, aber das konnten Marco und sein Team nicht wissen.
Jimmi Lin hatte im gleichen Moment, als am Dienstag Claudia ihr Anti-Spy-Programm einsetzte, ein entsprechendes Signal von seiner Software erhalten und war damit im Bilde, dass der illegale Zugriff auf die Dokumentenablage der Wissenschaftler entdeckt worden war. Er deinstallierte sofort alle Programme auf der Hardware des Teams, auf die er von außen Zugriff hatte, löschte die entsprechenden Spuren auf der Festplatte und deaktivierte auch die Mitschnittfunktionen im Rolix-System. Als er am Mittwoch mitbekam, dass das Security-Team einen Großeinsatz in den Büros der Renke-Gruppe startete, war ihm klar, dass ihre Aktion in Kürze komplett auffliegen und die Spuren die internen Ermittler direkt zu ihm führen würden. Kurz darauf war auch seine Audiowanze im Büro von Renke taub. Er stimmte sich über eine verschlüsselte Geheimleitung sofort mit Abe Tomoji ab und löschte anschließend alles, was seine Kontaktwege nach außen betraf. Als er jegliche Spuren bestmöglich vernichtet hatte, setzte er den restlichen Notfallplan für seinen Ausstieg in Kraft. Er passierte unter falscher Identität problemlos die UNTACH-Außenkontrollen und war vier Stunden später im Tamagi Tower, um sich der wütenden Befragung seines Chefs zu stellen.
»Jimmi, das hätte nie passieren dürfen, wieso konnte diese Mentrose unser Programm aufspüren, das gibt's doch gar nicht! Die ist schließlich nur die Teamsekretärin eines Elfenbein-Forschers und kein in elektronischer Anti-Spionage ausgebildeter James-Bond-Verschnitt! Dass unsere Manipulationen bei einer gründlichen Untersuchung durch die UNTACH-Spezialisten entdeckt würden, war zu befürchten. Aber wie konnte es zu diesem Anfangsverdacht und der anschließenden Überprüfung kommen? Hast du hinter dir wenigstens alles absolut sauber hinterlassen?«
Es stellte sich schließlich heraus, dass keine erkennbaren Fehler gemacht worden waren, sie konnten sich beide nichts vorwerfen. Alles war auf bestmögliche Weise arrangiert worden, es musste irgendein unvorhersehbarer Zufall gewesen sein, der sie auffliegen ließ. Die verschlüsselte Datenleitung

vom UNTACH zum Tamagi Tower war auf nicht verfolgbaren Wegen über mehrere Zwischenstationen gelaufen, an denen sie sofort sowohl alle Hardware zerstört als auch die Datenspuren unwiederbringlich gelöscht hatten, zumindest das war gelungen. Alles, was ihnen nun noch innerhalb des UNTACH zur Verfügung stand, war ihr menschlicher Maulwurf. Da diese Frau von Jimmi nichts wusste, sondern ihre chiffrierten Informationen per Daten-Sticks an einem geheimen, gut gesicherten Ort deponierte, war dieses Problem leicht zu lösen: Jimmi hatte an diesem Depot, bevor er sich absetzte, die kurze schriftliche Nachricht hinterlassen, dass vorerst keine Berichte mehr erwünscht seien, ab sofort gelte absolute Funkstille und Kontaktsperre zum Konzern, man würde sich zu gegebener Zeit wieder bei ihr melden.
Nachdem Abe seinen glücklosen Mitarbeiter Jimmi in ein anderes Einsatzteam in Nagoya abgeordnet hatte, setzte er sich mit Michiko Keiko zusammen, um ihre katastrophale Lage gemeinsam zu analysieren. Auf die Loyalität ihrer in dieser Sache involvierten Mitarbeiter konnten sich beide verlassen, denn auch ihnen würde man Versagen vorwerfen. Nun stellte sich die Frage, wie und wann man Yamagata über das Geschehene in Kenntnis setzen sollte. Ihn sofort über den Zusammenbruch ihres Überwachungssystems im UNTACH zu informieren verbot sich – ihnen waren die persönlichen Konsequenzen bewusst. Der Tod von Musashi und die Abreise ihres Chefs nach Japan gaben ihnen etwas Luft, um vielleicht doch noch einen Ausweg zu finden. Sie beschlossen daher, vorerst die vom Montag und Dienstag vorliegenden Ergebnisse des Wissenschaftler-Teams etwas zu ›strecken‹ und in den kommenden Tagen nur scheibchenweise an Naomi nach Tokyo zu berichten.
Dieses Zögern sollte sich als geniale Idee erweisen, denn keine zwei Wochen später sorgte Yamagata selbst durch eine völlig unerwartete, aber höchst willkommene Entscheidung für eine gravierende Veränderung der Situation.

Es begann am Freitag, dem ersten August, mit einer Mail von Naomi, die Abe und Michiko anwies, am nächsten Montag ab sechzehn Uhr für Yamagata zur Verfügung zu stehen. Dieser würde nach Peking zurückkehren und wünsche sie dann zu sprechen. Nachdem ihnen bei dieser Ankündigung zunächst Böses schwante, sorgte der nächste Satz für freudige Erleichterung und ungläubiges Staunen: ›Die Überwachung der Wissenschaftler im UNTACH sei vorerst einzustellen.‹ Die beiden konnten ihr Glück kaum fassen und stimmten sofort untereinander und bei ihren Mitarbeitern den angeblichen zeitlichen Ablauf des Überwachungsstopps genau ab, für den Fall dass ihr Chef nachfragen würde. An Naomi meldeten sie drei Stunden später, dass wie gewünscht alle Abhöraktionen eingestellt, die technischen Vorrichtungen vorsichtshalber abgebaut und der in den Sicherheitsdienst eingeschleuste Mitarbeiter abgezogen wurde. Dann sondierten sowohl Michiko als auch Abe über persönliche Vertraute in Tokyo, was da Gravierendes geschehen sei, denn sie konnten sich diesen Sinneswandel nicht erklären. Die Antworten von dort deuteten darauf hin, dass sich Yamagata durch den Tod seines Sohnes stark verändert hatte und völlig neue Prioritäten zu setzen schien. Er habe sich in den vergangenen Wochen aus der Konzernleitung sehr zurückgezogen, verbringe viel Zeit mit seinen verbliebenen Söhnen und seiner Tochter und ließe seine Umgebung im Ungewissen, was er vorhabe.

Als sie am Montag zu Yamagata gerufen wurden, erwartete sie im Büro nicht nur ihr Chef, sondern auch dessen Söhne Akita und Kaito. Yamagata gab in gewohnter Eindeutigkeit seine Anweisungen, ohne nach dem aktuellen Stand zu fragen: »Michiko, ich wünsche, dass alle Spuren unserer elektronischen Überwachung von Renke und seinem Team möglichst vollständig getilgt werden. Wir haben beschlossen, uns der Dienste und des Wissens dieser Fachleute auf andere Weise zu bedienen, ohne illegale Mittel. Ab sofort wird mein Sohn Kaito die Federführung bei der Suche nach dem Masamune-Schwert übernehmen. Ich erwarte insbesondere von dir, Abe, dass du ihn hierbei voll unterstützt, genau so als kämen die Anweisungen direkt von mir. Gibt es dazu Fragen?«

Abe und Michiko versicherten, alle notwendigen Maßnahmen hierzu, soweit noch nicht geschehen, sofort zu veranlassen. Sie merkten an, dass leider bereits gewisse Verdachtsmomente im UNTACH-Sicherheitsdienst aufgekommen seien, aber definitiv keine Rückverfolgung bis zum Tamagi-Konzern möglich sei. Abe berichtete, dass auch Jimmi Lin bereits

abgezogen und ins Ausland geschickt wurde. Die Vertrauensperson im Wissenschaftsbetrieb des UNTACH sei jedoch weiterhin präsent, hätte aber derzeit die Vorgabe, nicht weiter aktiv zu berichten. Wie solle er hier verfahren?
Aritomo überlegte kurz und bat dann Kaito, das zu entscheiden. Dieser ließ sich von Abe kurz darstellen, wie die Verbindung zwischen dieser Person und dem Renke-Team zu bewerten sei und überraschte anschließend seinen Vater sichtlich mit der Antwort: »Herr Tomoji, ich denke, wir sollten vorerst diesen Trumpf nicht ganz aus der Hand geben. Weisen Sie die Dame bitte an, sich weiterhin das Vertrauen unserer Zielpersonen zu sichern und zu gegebener Zeit wieder mit Berichten zu unserer Verfügung zu stehen. Ich verlasse mich darauf, dass Sie diese Sache mit Fingerspitzengefühl behandeln. Wir werden demnächst direkt mit Doktor Renke sprechen und ich würde ungern mit Vorwürfen der Bespitzelung konfrontiert werden.«
Abe versicherte den Yamagatas, dass er alles in diesem Sinne arrangieren werde. Nachdem er und Michiko sich entfernen durften, legte Aritomo seinem Sohn Kaito die Hände auf beide Schultern, sah ihm tief in die Augen und sagte lächelnd: »Wir sind uns also doch ähnlicher als ich bisher dachte. Ich habe volles Vertrauen in dich, mein Sohn, du wirst für uns die lange Suche nach dem Schwert des Shogun erfolgreich beenden.«
Dann wandte er sich zu Akita, umarmte seinen Ältesten und sagte voller Kraft, aber dennoch gerührt: »Und wir beide gehen nun in die Vorstandssitzung unserer chinesischen Tochtergesellschaft. Die Damen und Herren werden etwas überrascht sein, aber dein Entschluss, hier ins Unternehmen einzusteigen, ist richtig und ich könnte mir keine bessere Vertretung unserer Interessen vorstellen als durch dich.«

Er hatte zusammen mit seinen Kindern und engsten Beratern, allen voran Nagisa Kinoshita, in den vergangenen Tagen sorgfältig Pläne geschmiedet für die Zukunft jedes einzelnen sowie des Familienunternehmens. Akita würde sich ausgehend von Peking als potentieller Nachfolger seines Vaters im Konzern einbringen. Die Partnerschaft in der Kanzlei in Baltimore ließ er vorerst ruhen. Kaito hatte seine Position in Singapur bereits gekündigt und wollte sich zunächst voll um die Familiengeschichte und die Suche nach dem Schwert kümmern. Was danach kommen würde, ließ er vorerst offen. Amida würde sein Studium an der Caltech abschließen, danach war eine Startposition im konzerneigenen Entwicklungszentrum in Iizuka die nächste Station. Und Sachiko würde nach ihrem Abitur nächstes Jahr aus der Schweiz nach Tokyo zurückkehren und nach eigener Wahl ein Trainee Programm in der Tamagi-Stiftung durchlaufen, da sie sich für die Bereiche Öffentlichkeitsarbeit und Kultursponsoring interessierte.

Aritomo selbst plante sich schrittweise aus der operativen Konzernführung zurückzuziehen und die Vision einer politischen Karriere mit voller Kraft anzugehen. Mit seinen Hatashi-Freunden hatte er vor der Abreise aus Tokyo entsprechende Überlegungen vertieft und sich erneut ihrer vollen Unterstützung hierbei versichert. Die ursprünglich vereinbarte Zuspielung ausgewählter Yamagata-Dokumente an Renke unter Mithilfe der Yakuza war bereits von Tokyo aus gestoppt worden, die Pläne hatten sich geändert. Es standen große Veränderungen an und er brannte darauf, nun in Peking endlich Elsa wiederzusehen, die in zwei Tagen von einem Kundentermin aus Brasilien zurückkehren würde. Die Tage der Trennung hatten ihm bewusst gemacht, dass er auch in dieser Hinsicht einen neuen Weg zu gehen wünschte. Er war wieder bereit für eine enge, langanhaltende Bindung. Ein rundum neues Kapitel seines Lebens sollte beginnen.

Rätsel in vielen Sprachen

In den zwei Wochen nach Entdeckung der Abhörmaßnahmen stürzten unzählige neue Ergebnisse auf das Team von Marco Renke ein. Ihre intensive Arbeit am Netsuke und an den Gegenständen und Dokumenten aus der Schatulle lieferte innerhalb weniger Tage so viel Neues, dass sie bald die selbst auferlegten Sicherheitsmaßnahmen wieder abmilderten. Ohne IT-Unterstützung, ohne elektronische Kommunikation und Dokumentation und ohne Nutzung ihrer Datenbanken war diese Flut an Informationen nicht zu meistern. Es erwies sich als völlig unmöglich, in der Zusammenarbeit mit den anderen Abteilungen im UNTACH auf elektronische Medien zu verzichten, das war nicht vermittelbar. Claudia entwickelte die Routine, täglich ihre Anti-Spy-Software einzusetzen, und als sich nach einer Woche bestätigte, dass ihr System wirklich sauber war, beschlossen sie wieder wie früher zu arbeiten. Nur ihre Team-Meetings fanden weiterhin im Tresorraum statt, denn dies stellte keine Erschwerung für sie dar. Bei aller sonstigen Kommunikation bezüglich der Schwert-Thematik blieben sie sensibilisiert und beschränkten sich hierbei, von den Team-Besprechungen abgesehen, auf kurze und unkritische Aussagen. Eine erneute, eine Woche später akribisch durchgeführte Untersuchung ihrer Büros durch den Sicherheitsdienst bestätigte, dass keine Abhörvorrichtungen vorhanden waren. Bald erschien es ihnen wie ein böser Spuk, der hinter ihnen lag, und sie konnten sich wieder ohne Verunsicherung voll auf ihre Forschung konzentrieren. Diese bot reichlich Stoff für ihre Fantasie und zog sie immer tiefer in ihren Bann.

Nachdem Claudia im Sprachendienst des UNTACH reklamiert hatte, dass ihre Aufträge unerklärlich lange Bearbeitungszeiten hätten, ging es auch dort plötzlich sehr flott. Ihre Anfragen waren noch unter der alten Prioritätskategorie B2 registriert worden. Claudias Hinweis auf ihre neue Einstufung AA wurde mit Erschrecken und einer ernst gemeinten Entschuldigung beantwortet und innerhalb von wenigen Tagen lagen die meisten Übersetzungen vor. Jeder im Team las alles, was an neuen Ergebnissen hereinkam, einer von ihnen übernahm dann jeweils ergänzende Recherchen

und gemeinsam diskutierten sie anschließend den Inhalt und mögliche Schlussfolgerungen für ihr Projekt.
Der portugiesische Text im Notizbuch war reichlich verwirrend, das Fazit der Wissenschaftler entsprechend unklar: Es schien so, als habe ein Mönch seinen Stand aus Liebe zu einer jungen Frau aufgegeben und sich als Schreiber und Übersetzer auf einem Schiff der kaiserlichen deutschen Marine verdingt. Mit jenem Dampfkanonenboot war er auf dem Weg nach Kiel, als er dieses Notizbuch mit überwiegend persönlichen und religiösen Gedanken füllte. Erwähnt wurde mehrfach ein Karl Deinhard, mit dem der Autor des Büchleins anscheinend wichtige Gespräche führte. Am Ende tauchte die Ortsangabe Lowestoft auf und manches deutete darauf hin, dass der Schreiber aus gesundheitlichen Gründen dort abgemustert hatte und von Bord ging. Damit endeten die seltsam geschraubt formulierten Eintragungen. Rebecca hatte hierzu recherchiert und herausgefunden, dass unter dem Kommando eines Kapitänleutnants Karl August Deinhard im Jahr 1873 das Kanonenboot SMS Delphin als Stationsschiff vor Malaga lag und im gleichen Jahr nach Kiel zurückbeordert wurde. Wegen eines Sturms saß dieses Schiff unterwegs eine Woche im Hafen von Lowestoft in der englischen Grafschaft Suffolk fest, bevor es weiterfahren konnte.
Der einzige denkbare Bezug zu ihrem Projekt ergab sich durch die Recherche von Claudia im Zusammenhang mit dieser Insulanergeschichte, die in Malaga geendet hatte. Aus der Schiffsangabe ›Euterpe‹ und dem im Text genannten Abreisehafen Port Blair war rekonstruierbar, dass Manuel, der gestrandete Held jener Geschichte, im Jahr 1871 von den Andamaneninseln kommend in Malaga gelandet sein müsste. Deuteten die portugiesischen Aufzeichnungen darauf hin, dass das Netsuke in Malaga damals irgendwie in die Hände des anonymen Schreibers dieser Zeilen kam und so nach England weitergereist war? Aber das war reine Spekulation und da sie keinen Namen kannten, endete die Spur an dieser Stelle.
Ähnlich dubios war das Ergebnis zu den in Urdu verfassten Zeilen aus der Schatulle. Der kurze Text war ein Fragment aus der Korrespondenz zwischen einem indischen Beamten und einem Silberschmied, das die Vergütung für einen früheren Auftrag zum Inhalt hatte. Auch hier fehlten jegliche Namens- und Zeitangaben und nur die Ortsangabe ›Jaipur‹ und die

Erwähnung ›in unserer neuen Residenzstadt‹ ließen Spekulationen zu. Wie Rebecca hierzu ausführte, war Jaipur erst im Jahr 1727 durch den Maharadscha Jai Singh als neuer Sitz seines Fürstenhofs gegründet worden. Dass das Schreiben in Urdu verfasst war, bezeichnete der Sprachendienst als erstaunlich, da in Jaipur wie in ganz Rajasthan eher Hindi als offizielle Sprache verbreitet sei. Vielleicht gehörte dieser Silberschmied also einer ethnischen Minderheit dort an? Mehr ergab das Dokument nicht, einen Bezug zum Schwert konnte keiner von ihnen ableiten und ihr Netsuke war zu dieser Zeit noch gar nicht erschaffen worden.

Die größte Überraschung bescherte ihnen am dreißigsten Juli beim Team-Meeting die Übersetzung jener Zeilen, die in einer Schrift vorlagen, welche Marco und selbst der Leiter des UNTACH-Sprachendienstes noch nie zuvor gesehen hatten. Die zwei Seiten waren, wie die Expertise offenbarte, in der Cherokee-Sprache ›Tsalagi‹ geschrieben. Die Übersetzung war über einen Kontaktmann in Tahlequah, der Hauptstadt des Cherokee County in Oklahoma beauftragt worden, wo sogar eine Zeitung zweisprachig in Tsalagi und Englisch erschien. Anfang des neunzehnten Jahrhunderts hatte ein Cherokee-Indianer namens Sequoiah diese Schrift für ihre traditionelle Sprache neu erfunden, um seinen Stamm vom Analphabetismus zu befreien, was ihm auch langfristig gelang. Dass in ihrer mit einem Netsuke und einem Schwert aus Japan in Verbindung stehenden Schatulle ein indianisches Schriftstück existierte, war natürlich an sich schon erstaunlich. Als sie jedoch den übersetzten Text jetzt im Meeting gemeinsam durchgingen, machte sie der Inhalt fassungslos:

Nachdem der Krieger seine stark blutenden Wunden notdürftig gereinigt und mit Kräutern und einem Fetzen von seinem Umhang verbunden hatte, baute er sich unter einer halb umgekippten Kiefer aus Zweigen ein Notlager, um das Ende des Unwetters abzuwarten. Sein Beutel enthielt noch etwas Tabak. Er erwärmte sich am Rauch der Pfeife und die berauschende Wirkung linderte seine Schmerzen. Sein kleiner Talisman, den er hierbei andächtig ansah, erinnerte ihn an glücklichere Tage, als er mit seinem Freund Balavan zusammen jagte. Er dachte daran zurück, wie sie gemeinsam den weißen Jäger erschlugen, der die Brunnen ihres Stammes vergiftet hatte. Als sie in dessen Wamstasche das Amulett des heiligen Vogels A-wa-hi-li fanden, der einen Zwerg gefangen hatte, überließ sein Freund ihm diese wertvolle Beute, die er seither in seinem

Medizinbeutel mit sich führte. Später hatte er von anderen Fremden gelernt, dass es kein Zwerg, sondern ein wildes Tier sei, das in fernen Ländern lebte. Es erfüllte ihn mit Stolz, dass ihre Adler-Gottheit auf der ganzen Welt jagte und ihm dieses Totem gesandt hatte. Als er das Zeichen den Stammesältesten zeigte, fiel ihrer aller Wohlgefallen auf ihn und sie machten ihn zum neuen Adler-Töter ihres Clans. Nachdem er in der üblichen Zeremonie die Adler-Tätowierungen auf der Stirn, dem Rücken und den Armen erhalten hatte, oblag fortan ausschließlich ihm die ehrenvolle Aufgabe, zu den vorgeschriebenen Zeiten und auf die überlieferte Weise den mächtigen Adler zu jagen. Damit dessen Federn die Weisen und Tapfersten von ihnen später zieren konnten. Er lernte die Riten, mit denen er vor und nach der Jagd die Tat segnen lassen musste, um so Unheil vom Stamm abzuhalten. Er legte seinen Kindernamen Asim ab und wurde fortan nach seiner neuen Berufung benannt. All dieses wanderte durch sein schwindendes Bewusstsein, während sein Herzschlag langsamer wurde, dann zu rasen anfing und schließlich ganz endete.

Nachdem Späher seines Stammes eine Woche später den von Aasfressern verunstalteten Leichnam unter der Kiefer fanden, brachten sie ihn zu den heimischen Wigwams und ehrten ihn mit der großen Zeremonie, die einem Medizinmann zustand. Sein Adler-Amulett wurde vom Stammesältesten an den vom Rat auserwählten neuen Adler-Töter weitergereicht. So sollte es auch in Zukunft geschehen, ganz wie es die Überlieferung befahl.

Frank sprach nach der gemeinsamen Lektüre dieses seltsamen Textes deutlich aus, was auch anderen unter ihnen mehr und mehr in den Sinn kam: »Tut mir leid, also das nagt bei mir schon sehr an dem langsam aufgebauten Vertrauen zu diesen Schatullen-Dokumenten. Es ist einfach völlig abwegig, dass solche Geschichten quer über den ganzen Globus tatsächlich etwas mit der Realität unseres Masanao-Netsuke zu tun haben könnten. Dieses Konvolut ist wohl etwa fünfzig Jahre alt. Wie in aller Welt sollte jemand solche weit verstreuten Spuren aufspüren und zusammenfügen können? Das hat sich doch jemand zusammenfantasiert, anders kann ich mir das nicht erklären.«

Claudia gab – eher scherzhaft – zu bedenken, dass ihnen der Hollywood-Film ›Last Samurai‹ Verbindungen zwischen Japan und dem Wilden Westen von Amerika doch eindrücklich vor Augen führte. »Vielleicht hatte ja dieser

Captain Nathan Algren höchstpersönlich das Netsuke mit zurück nach USA genommen! Nein, ich will das nicht ins Lächerliche ziehen, zumal uns Frank erklärt hatte, dass die Amerikaner überhaupt nicht in die damaligen Geschehnisse involviert waren, sondern die Franzosen. Also ehrlich gesagt ist auch mir das alles inzwischen etwas zu abwegig und versponnen.«

Im Grunde war ihnen allen dieses Sammelsurium an skurrilen Geschichten, wie man sie eher aus alten Abenteuerromanen als aus der Wirklichkeit kannte, zunehmend suspekt.

Dennoch sagte Marco: »Ich kann´s wie gesagt selbst kaum glauben, dass das einen realen Hintergrund haben sollte. Aber was ist mit den Analyseergebnissen, die für diese Geschichten sprechen? Was ist mit den Genanalysen, die perfekt zur Elefantengeschichte passen? Wie können die historisch belegten Namen und Orte der verschiedenen Schiffspassagen so gut zu Manuels Robinsonade und zum portugiesischen Büchlein passen? Was ist mit der Analyse des Lederbeutels, der als amerikanisches Wapiti-Leder aus dem späten neunzehnten Jahrhundert nachgewiesen wurde? Wieso finden wir bei der Mikroanalyse am Netsuke Baumsamen von einer Eschenspezies aus dem mittleren Westen der Vereinigten Staaten und Spuren von Lobelia Inflate, also Indianertabak, wie er im Lederbeutel festgestellt wurde? Dass diese Holzkugel als Kern ein Stück Meteoriteneisen enthält, wie es von Masamune verwendet wurde, kann man doch nicht wegdiskutieren. Es gibt zu viele Indizien, die gegen eine reine Erfindung dieser Geschichten sprechen, das muss irgendwie anders zusammenhängen!«

Claudia vermittelte, wie so oft: »Dann wäre immer noch eine Mischung aus beidem möglich: Könnte es nicht sein, dass jemand auf konkrete Hinweise und Zusammenhänge gestoßen war und das mit erfundenen Geschichten ausmalte, vielleicht zum eigenen Vergnügen?«

Tomomi griff diese Idee auf und spann sie weiter aus: »Genau, vielleicht hat er sogar gezielt Dinge und Indizien zu seinen Geschichten dazu gesammelt, quasi um die vermutete Lebensgeschichte dieses Netsuke auszuschmücken und realistischer zu gestalten! Bleibt noch die große Frage, wie man an derart gut passende Originaldokumente und Objekte kommt, aus aller Herren Länder.«

»Das wäre wahrscheinlich sogar in den achtziger Jahren möglich gewesen …«, merkte Rebecca an. »… die entsprechende Qualifikation, Verbindungen und Mittel vorausgesetzt. Dieser Text in Cherokee zum Beispiel: Ich habe gestern, als uns die Unterlagen zugestellt worden waren, mit der Indianerbehörde in Oklahoma telefoniert, welche die Übersetzung geliefert hatte. Angeblich stimmen die Formatierungen unseres Dokuments auffallend genau mit jenen einer früheren Zeitung überein, die im Cherokee County über Jahrzehnte erschienen war. Wenn solche Printmedien teilweise zweisprachig erschienen sind, wie berichtet, wäre es durchaus möglich gewesen, eine passende Geschichte von dort auszusuchen oder sogar zusammenzuschneiden, oder nicht? Es könnte doch sein, dass jemand auf seiner intensiven Suche nach Spuren des Schwerts die Qigong-Kugel gezielt aufgespürt hatte. Vielleicht gab es früher Aufzeichnungen, die wir heute nicht kennen und aus denen solche Zusammenhänge abgeleitet werden konnten?«

Dem konnte Tomomi nur zögerlich zustimmen und sie gab zu bedenken: »Zu manchen Dokumenten könnte das passen. Aber zu diesen genetischen Eigenschaften des Albino-Elefanten fällt mir ehrlich gesagt überhaupt keine denkbare Erklärung ein, denn sowas konnte man vor fünfzig Jahren wirklich nicht mittels einer Miniprobe von einem Netsuke analysieren. Unmöglich!«

Das wiederum relativierte Frank: »Stimmt, nicht vom Netsuke – aber wir wissen doch inzwischen, dass vermutlich größere Teile dieses Stoßzahns existierten, vielleicht in Dresden. Was, wenn aufgrund der gleichen Zusammensetzung jemand durch dieses andere Objekt weitere Informationen gewinnen konnte? Selbst genetische Aussagen schließe ich nicht aus, meines Wissens wurden Proteinanalysen an Elfenbein bereits Mitte des letzten Jahrhunderts durchgeführt.«

Marco bestätigte das, allerdings steckten diese ersten Proteinanalysen an Dentin-Materialien damals noch sehr in den Kinderschuhen und die Ableitung von genetischen Interpretationen war hieraus sicher noch nicht möglich. So ging die lebhafte Diskussion über den Inhalt der Schriftstücke noch eine Weile weiter, bis Marco auf seine neuen Ergebnisse aus der Dokumentenabteilung zu sprechen kam: »Vielleicht hilft uns in dieser Frage zur Authentizität unserer Schatullen-Dokumente das weiter, was man mir in der Arbeitsgruppe von Paul Jennings bisher sagen konnte. Die Tusche- und Tintenanalysen, die Gieun derzeit freundlicherweise durchführt, werden zwar noch einige Tage beanspruchen, aber bereits die ersten Einschätzungen der Dokumenten- und Schriftexperten sind interessant, ich gehe das mal der Reihe nach durch.

Erstens: Die Papiermaterialien der drei in deutscher Sprache handgeschriebenen Texte sind eindeutig den 70er oder 80er Jahren des zwanzigsten Jahrhunderts zuzuordnen. Die Schrift hierauf besteht aus jeweils unterschiedlichen Tinten. Die Handschriften scheinen von verschiedenen Personen zu stammen, aufgrund einiger Übereinstimmungen kann aber der Graphologe von Jennings nicht ganz ausschließen, dass es auch eine brillant gemachte Täuschung sein könnte, also dass ein und dieselbe Person diese Texte mit verstellter Handschrift niederschrieb. Claudia, das deckt sich mit deinem Verdacht, den du einmal aufgrund des Schreibstils geäußert hast.

Zweitens: Die arabische Ladeliste von der Dhau stammt tatsächlich aus dem sechzehnten Jahrhundert, die Papierqualität entspricht in Zusammensetzung und Struktur eindeutig datierten Dokumenten aus jener Zeit. Der Alterungszustand deutet ebenfalls auf ein Alter von etwa fünfhundert Jahren hin. Problematisch ist die bisherige Einschätzung der Experten hinsichtlich der Beschriftung. Die meisten der Textblöcke und Tabellen dürften aus der gleichen Zeit stammen, aber jene beiden Textteile, die sich auf den besonders großen Stoßzahn sowie dessen Beschriftung mit einem Gedicht beziehen, sind mit einer in der Farbausbleichung minimal unterschiedlichen Tinte geschrieben worden. Es sieht momentan danach aus, als hätte dies jemand später auf einem alten Original sehr gekonnt ergänzt.

Drittens: Der Cherokee-Text ist nach Expertenmeinung auf Papier aus den 90er Jahren ausgedruckt worden und zwar mit einem Tintenstrahldrucker der Firma Brother, wie er zu dieser Zeit gerade auf den Markt gekommen war. Das gleiche gilt für den ›philosophischen Erguss‹, wie Claudia es so nett formuliert hatte. Was natürlich nicht unbedingt besagt, dass die Texte aus dieser Zeit stammen müssen. Vielleicht wurden digitale Kopien von älteren Dokumenten damals nur neu ausgedruckt.

Viertens: Das Papier, die Alterung und die Tinte des holländischen Briefes stimmen mit der darauf angegebenen Datierung 1978 gut überein. Leider konnten die Restauratoren in der Papierabteilung die unlesbaren Stellen nicht mehr rekonstruieren. Was die lesbaren Textteile angeht, sollten wir das auf den nächsten gemeinsamen Termin verschieben, ich habe dazu noch eine Recherche laufen. Gleiches gilt übrigens für diese Kopie aus dem Münchener Handwerker-Tagebuch aus den 70er Jahren.

Fünftens: Der Urdu-Text wird als authentisch bewertet, sowohl was das Papier, die Tinte als auch den Schriftstil betrifft. Das Dokument ist echt und stammt vermutlich aus der Mitte des achtzehnten Jahrhunderts.

Sechstens: Die japanische Bestell- oder Bestandsliste einer Werkstatt ist, vorbehaltlich der Tintenanalysen, aus dem neunzehnten Jahrhundert, somit sicher nicht aus der Zeit des Masamune. Und jetzt aufgepasst: Den Dokumentenexperten ist speziell eine Textstelle suspekt und diese bedarf genauerer Untersuchung, und zwar ausgerechnet die Silbe ›Hisui‹! Wie schon bei der arabischen Ladeliste der Dhau könnte an diesem Schriftstück eine nachträgliche Ergänzung oder Korrektur erfolgt sein.

Ansonsten: Hinsichtlich der kleinen verklebten Papierrolle müssen wir uns weiterhin gedulden, die Präparatoren in der Papierabteilung haben noch immer keinen risikofreien Weg gefunden, das Dokument aufzurollen. Das Objekt muss regelrecht durchtränkt sein mit einer bislang unbekannten, sehr widerspenstigen Lackmischung. Auch die Experten von Dolph, die man hinzugezogen hat, sind bislang ratlos.

Geduld brauchen wir weiterhin bei unserer Mehri-Pergamentrolle. Inzwischen haben wir zumindest eine Eingangsbestätigung aus Kairo, aber man scheint keinen Sprachkundler gefunden zu haben, der diesen Text entschlüsseln kann.«

»Stimmt leider«, unterbrach ihn Rebecca an dieser Stelle. »Ich habe in den letzten Tagen mehrfach mit einem Professor des Instituts telefoniert und ihm inzwischen den kompletten Text gemailt. Bisher hatte er nur Auszüge zur Verfügung. Es sieht so aus, als ob man uns wirklich sehr gerne weiterhelfen würde, aus Eigeninteresse. In altarabische Schrift umgesetzte historische Mehri-Sprachbeispiele sind extrem selten und wie Marco vor zwei Wochen bereits sagte in der Regel mit einer Art Sprach-Chiffrierung verfasst. Mit jedem zusätzlichen Text steigen für die Kollegen in Kairo die Chancen, diese Codes bei ihren eigenen, noch nicht übersetzten Archivdokumenten zu knacken. Vielleicht müsste jemand von uns vor Ort mitwirken. Mit unserem inzwischen vorhandenen Hintergrundwissen würde die Entschlüsselung in Zusammenarbeit mit den dortigen Sprachwissenschaftlern vielleicht gelingen.«

Zum Abschluss des heutigen Haupttagesordnungspunkts ›Dokumente‹ verteilte Marco nun Kopien der Übersetzung des einseitigen, in Finnisch handbeschriebenen Papiers, das sie bislang nicht besprochen hatten.
»Das Original in Finnisch hattet ihr ja schon gesehen, zur Erinnerung: Die Beschriftung befand sich nur in der oberen linken Ecke des Blatts und man sah an den scharfen Knickfalten, dass es früher von DIN A4 mehrfach auf ein Format DIN A8 zusammengefaltet und lange so aufbewahrt worden war. Ich betone das, weil so eine Größe entsteht, die etwa einem Netsuke oder besser gesagt einem Sammlungskästchen für die Aufnahme eines Netsuke entspricht. Ich halte dieses Blatt hier für einen Zettel, der unserem Netsuke einmal in einer Sammlung beigelegt worden war. Lest selbst in Ruhe die Übersetzung.«
FR0082: Erworben am 14. Mai 1961 von G.R. Frederics in New York zum Preis von 20 US$. Damals großflächig mit einem zähen Harz befleckt, nur Kopfteil frei, Schnurlöcher nicht erkennbar. Gereinigt und bewertet durch Akseli Saarinen, Finnisches Nationalmuseum, im Juni 1962, seine Einschätzung zum Wert: 2000 mk, wenn wirklich von diesem Schnitzer.
»Ich habe nach Eingang dieser Übersetzung die gängigen Datenbanken nach den genannten Namen durchforstet, ohne Erfolg. Zum Originalpapier sagen die Jennings-Leute, dass es aus jener Zeit stammt, auch die Beschriftung sei authentisch. Mir persönlich kommt es verdächtig vor, dass ein solcher Zettel eines Sammlers an einen späteren Besitzer des Objekts gelangt sein soll. Wenn wie hier Kosten- und Wertangaben enthalten sind, gibt kein vernünftiger Verkäufer so etwas weiter. Aber wer weiß, wenn sowas in einen Nachlass gerät, ist dies denkbar. Die Wertangabe in Finnmark entsprach damals übrigens etwa vierhundert Euro, was in den 60er Jahren recht realistisch für ein Masanao-Netsuke gewesen sein könnte.

Gut, Freunde, will noch jemand etwas zu den Dokumenten ergänzen? Okay, scheint nicht der Fall zu sein. Ich schlage vor, wir machen eine kleine Pause, ich muss nochmal rasch bei Jennings vorbei. Wir treffen uns hier wieder um vierzehn Uhr für die Besprechung der neuen Analyseergebnisse aus den verschiedenen Laboren.«
Claudia konnte sich nicht verkneifen, lachend zu antworten: »Grüß Gieun von uns!«

Inzwischen hatte sich eine enge, intime Beziehung zwischen Marco und Gieun entwickelt, die er nicht vor seinen Mitarbeitern verbarg, im Gegenteil. Schon wenige Tage nach dem dritten gemeinsamen Abend, der in einer innigen Liebesnacht geendet hatte, lud er sie alle gemeinsam mit Gieun zu einem kleinen Lunch ein und informierte über die neue Liaison: »Ich darf euch eine gute Freundin vorstellen, Doktor Gieun Park, den Namen kennt ihr ja schon. Wenn ich euch in den letzten Tagen manchmal etwas verändert vorkam, bitte sehr, sie ist der Grund hierfür! Ich hoffe, ihr freut euch mit uns, sie jedenfalls freut sich sehr, euch heute kennenzulernen!«
Anfänglich war die Reaktion gerade seiner drei überraschten, wenn nicht leicht konsternierten Mitarbeiterinnen noch verhalten. Nach einer Weile allerdings fiel es allen jedoch leicht, diese private Entwicklung bei Marco als positiv und die nette Koreanerin als eine Bereicherung zu sehen. Gieun war ein liebenswerter Mensch und eine amüsante Gesprächspartnerin, deren Charme sich niemand entziehen konnte. Dass sie außerdem durch ihr Spezialgebiet und ihre Position beim Jennings-Team fachlich ein Gewinn für das Masanao-Projekt war, beflügelte die freundliche Aufnahme im Kreis des Teams.
Nur Claudia empfand unterschwellig ein gewisses Unbehagen dabei, eine Externe so eng in ihre Gespräche und Aktivitäten einzubinden. Aber sie räumte ein, dass es vielleicht ihre berufsbedingte, alte Skepsis war, wenn nicht sogar ein idiotischer und unberechtigter Anflug von diffuser Eifersucht, weil plötzlich jemand ihrem Chef so nahestand. Solche völlig inakzeptablen Sentimentalitäten ließ sie sich jedoch nicht durchgehen und verdrängte ihre Ressentiments rasch. Inzwischen, nach mehreren gemeinsamen privaten Treffen im nun erweiterten Kreis, war Gieun auch

durch Claudia akzeptiert und das gesamte Team ließ sie und Marco spüren, dass sie in ihrer Clique willkommen war.

Neue Einsichten

Als sie sich um vierzehn Uhr wieder im Tresorraum versammelt hatten, gab Marco das Wort zunächst an Tomomi. Diese berichtete ausführlich über die am Vortag aus Perugia eingegangenen Ergebnisse. Die Messungen der Isotope Blei 210 und Polonium 210 bestätigten das bereits bekannte Alter des Elfenbeins von etwa 680 Jahren. Die Analysen der Lackschicht sowie des Klebstoffs von der Qigong-Kugelhülle belegten, dass es sich um komplexe Mischungen auf der Basis von Pflanzensäften handelte, wie sie typischerweise vor allem in Japan in der Kamakura-Zeit verwendet wurden. Das C14-Isotopenalter wurde bei beiden Materialien mit 800 +/- 50 Jahren angegeben. Das passte perfekt zur Datierung des Objekts in die Mitte des dreizehnten Jahrhunderts und somit genau in die historisch belegte Schaffensperiode des Meisterschmieds Masamune.

Ebenfalls Sensationelles hatten die Analysen der Tuschen auf dem Pergament und auf der Seidenlandkarte ergeben. Beim Mehri-Dokument handelte es sich tatsächlich um ein Original aus dem fünfzehnten Jahrhundert, was allerdings nur für das Substratmaterial eindeutig erwiesen war. Die Schriftzeichen darauf ließen sich nicht sicher datieren, da eine bislang unbekannte Tusche verwendet worden war, die chemisch-analytisch nicht zeitlich einzuordnen sei. Auf der Seidenmalerei konnte man die meisten Tuscheproben sehr authentisch dem neunzehnten Jahrhundert zuweisen, bis auf ein Detail: Die kleine Szene mit dem Adler und dem Affen oben in der Ecke war später aufgebracht worden, vermutlich erst vor etwa fünfzig Jahren. Gieun konnte an dieser Stelle Stabilisatoren in den schwarzen Konturlinien nachweisen, wie sie erst ab etwa 1980 zum Einsatz kamen.

Das waren wirklich sehr wichtige Befunde und irgendwie beruhigte es die Wissenschaftler fast, dass somit nach ähnlichen Erkenntnissen zu manchen Dokumenten auch an einem der Schatullen-Objekte eine spätere Manipulation festgestellt worden war.

Sie tauschten ihre Gedanken hierzu aus und die meisten von ihnen tendierten zu dem Verdacht, dass hier jemand falsche Indizien kreiert hatte, um eine erfundene Lebensgeschichte für dieses Netsuke glaubhaft zu

machen. Nachdem diese Diskussion langsam abebbte, machte Tomomi weiter: »Gieun lässt euch alle herzlich grüßen, wir haben vorhin kurz telefoniert. Dir, Marco, soll ich ausrichten, du sollst mal die Terminabstimmung mit ihr optimieren, denn anscheinend habt ihr euch verpasst, weil sie nicht wusste, dass du in den Jennings-Büros vorbeikommen wolltest.«
Im allgemeinen Gelächter gestand Marco, ebenfalls lachend, dass er eben etwas entwöhnt sei in Sachen Zweisamkeit und tatsächlich vergessen hatte, Gieun über seinen mit Jennings verabredeten Besuch zu informieren. Nachdem Frank und Rebecca mit weiteren scherzhaften Bemerkungen nachgelegt hatten und anregten, die Kommunikation zwischen den beiden Turteltäubchen sollte vielleicht professionell an Claudia delegiert werden, dauerte es eine Weile, bis Tomomi wieder sachlich fortfahren konnte: »Wenn wir schon gerade etwas abschweifen, hier noch kurz etwas zum Bewundern.«
Sie holte bei diesen Worten ein in ein Baumwolltuch eingewickeltes Objekt aus ihrer Beuteltasche, stellte es in die Mitte des Tischs und schlug das Tuch effektvoll zur Seite. Vor ihnen allen stand ein Glasquader von etwa zwanzig mal zehn mal zehn Zentimeter, in dessen Innerem ein wunderschönes Hologramm ihres Masanao-Netsuke zu sehen war, etwa um den Faktor zwei vergrößert und auch alle inneren Konturen zeigend, einschließlich Schnurkanal und Augenintarsien. Solche Glasobjekte mit Laser-Innengravuren, die den Eindruck eines Hologramms entstehen ließen, waren seit vielen Jahrzehnten bekannt, aber noch nie hatte einer von ihnen eines mit solcher Detailgenauigkeit und Brillanz gesehen.
Das gab Marco Gelegenheit sich zu revanchieren: »Aha, Peter Hanks aus der CT-Abteilung hat also Wort gehalten, quasi statt Blumen … bahnt sich da vielleicht eine Romanze an?«
Natürlich wurde dies sofort von allen kommentiert und Tomomi brach die allgemeine Heiterkeit schließlich, den Hologramm-Glasblock wieder wegpackend, lachend ab: »Der Gute ist ja ganz nett, mir aber viel zu alt – sollte keine Anspielung sein, Chef! Also zurück zum Thema …« Sie berichtete von den Ergebnissen der Mikrosonde und dass im Spalt zwischen Arm und Körper des Affen mehrere Klümpchen einer organischen Substanz eindeutig als verharztes Carnauba-Wachs identifiziert worden waren. Das könne

man sehr gut als Reste jener großflächigen Verharzung interpretieren, die auf diesem Sammlungszettel erwähnt war. Carnauba-Wachs, also der zähe Saft der Palmenart Copernicia Prunifera, sei schon seit langer Zeit für verschiedenste Zwecke benutzt worden, unter anderem in der Restaurierungstechnologie. Entfernen könne man solche verharzten Carnaubareste gut mit Terpentin, am besten mit pflanzlichem Terpentin auf Citrusbasis – auch von diesem Stoff konnten mit der Mikrosonde Spuren nachgewiesen werden. Alles sprach also dafür, dass sich dieses finnische Dokument wirklich auf das Adler-Netsuke bezog. Tomomi listete abschließend diverse andere Befunde auf, die jedoch keine neuen Erkenntnisse lieferten oder interessante Rätsel aufgaben. Es waren vielmehr typische Verunreinigungen, wie sie auf allen älteren Objekten mit einer illustren Vergangenheit gefunden werden können, wie Rußspuren oder kleinste Natriumchlorid-Kristalle aus Schweißablagerungen. Die Zuordnung einiger pflanzlicher Partikel zu Nordamerika und die Analyse der Tabakspuren hatte Marco bereits angesprochen, sie erläuterte hierzu nur noch einige wissenschaftliche Details.

Nach einer längeren Diskussion zum Bericht von Tomomi wandte sich das Team dem letzten Thema an diesem Tag zu, Franks und Rebeccas Neuigkeiten zum Surimono. »Ken hatte bei unserem zweiten Treffen Pierre Lanvin hinzugezogen, der in der japanischen Farbholzdruck-Arbeitsgruppe hier seit kurzem an seiner Promotion arbeitet,«, legte Frank los, »aufgrund der guten Kenntnisse dieses Kunsthistorikers zur Kultur-Szene im Kyoto des achtzehnten Jahrhunderts. Pierre hatte sich, wie sich herausstellte, bereits in seiner Masterarbeit intensiv mit Surimono beschäftigt und natürlich sprach ich ihn sofort wegen unserem verschollenen Adler-Surimono an. Ihm war so ein Bild- und Textsujet auch noch nie begegnet. Aber nach einem weiteren Treffen mit Rebecca versprach er in seinem einschlägigen Kollegenkreis eine Umfrage zu starten, ob jemand ein solches Blatt kenne. Nach einer Woche hatte er tatsächlich von einem Kollegen in Brüssel eine Rückmeldung und Rebecca traf Pierre erneut. Wir hatten ihn nachträglich gebeten, uns nichts per E-Mail zu schicken, sondern diese Sache vertraulich und nur im direkten Kontakt mit uns zu handhaben.«

»Ich sollte ergänzen, dass ich selbst genauso wenig weitergekommen war wie damals Marcos Detektei in dieser Sache«, schaltete sich Rebekka ein,

»Ich habe alle möglichen Datenbanken gescreent und Sunjub eingespannt, die erweiterten Möglichkeiten bei Professor Wang zu nutzen, alles ohne Erfolg. Sicher gab es etliche Surimono mit Adler-Darstellungen in der Fachliteratur, aber keiner hatte einen Bezug zu unserem Motiv oder Gedichttext. Ich war reichlich überrascht, als Pierre mir die Nachricht aus Belgien zu lesen gab. Ich übersetze euch einfach mal mündlich jenen Teil der Nachricht, der für uns interessant ist.«

Rebecca hatte inzwischen einen Ausdruck der bewussten Mail aus der Tasche genommen und las ins Deutsche übersetzend vor: »*Um nun zu deiner Anfrage zu kommen, Pierre: Mir ist tatsächlich ein solchen Surimono mit einem Adler, der eine kleine Schriftkartusche auf der Brust trug, einmal aufgefallen. Und zwar in einer Verkaufs-Ausstellung in Amsterdam während einer Tagung des Europäischen Restauratoren-Verbandes. Ich habe nachgeschlagen: Das muss vor fünf Jahren gewesen sein, im September 2031. Da gab es einen Empfang, den als Sponsoren unter anderem mehrere Kunst- und Antiquitätenhändler unterstützt hatten, die im Foyer des Konferenz-zentrums als Gegenleistung dann Ausstellungsflächen zur Verfügung hatten. Ich erinnere mich so gut daran, weil mir die kleine Kartusche mit der Inschrift auf der Brust des Adlers als Unikum auffiel. Sowas ist, wie du mir sicher zustimmen wirst, völlig unjapanisch und typisch europäischer Stil. Ich weiß leider nicht mehr, was in dieser Umrahmung stand. Aber es klang irgendwie geheimnisvoll, wie auch das Gedicht neben dem Bild, daran erinnere ich mich noch dunkel. Es ging um ein Schwert und einen Affen, total skurril, naja, Surimono kommen eben oft aus der Privatsphäre der Auftraggeber oder Dichter, vieles liegt da im Verborgenen. Den Preis kenne ich noch, denn mit achttausend Euro kam er mir für die eher schlechte Druckqualität unangemessen hoch vor, zumal der Druck keine Signatur trug. Mehr kann ich dir hierzu nicht sagen, aber ich habe dir unten den Link zur damaligen Veranstaltung angehängt, vielleicht lässt sich über die Sponsoren-Liste ja weiter recherchieren. Ich habe keine Ahnung mehr, bei welcher Firma dieser Surimono ausgestellt war. Viel Glück bei der weiteren Suche, scheint ja eine wichtige Angelegenheit zu sein, so dringend wie du die Sache gemacht hast!*«

Rebecca fühlte sich bei diesem letzten Satz gemüßigt, mit einem Lächeln zu ergänzen: »Also dieser Pierre hat sich wirklich unheimlich viel Mühe gegeben und sein gesamtes Kontakt-Netzwerk aktiviert, um uns zu helfen.« Das hätte sie besser unterlassen, denn in der momentan für Beziehungsangelegenheiten

sensibilisierten Stimmung ihrer Kollegen provozierte sie sofort das scherzhafte Nachhaken von mehreren Seiten. Sei das nicht vielleicht mehr ein persönlicher Gefallen, so wie die Unterstützung durch Gieun in ihrem Projekt? Als Frank grinsend beisteuerte, dass sich Pierre bei ihm intensiv nach Rebecca erkundigt hatte und zugegebenermaßen gut aussehe und prima zu ihr passen würde, ging die Unkerei erst richtig los.
Schließlich überwog wieder das Interesse an der neuen Spur und Rebecca gelang es verlegen lächelnd, das Thema zu wechseln. »Schon gut, schon gut, nur kein Neid – ja, ich treffe ihn heute Abend in Rick´s Cafe, aber natürlich ist das rein professionell. Er ist übrigens wirklich süß, und da meine ich nicht nur sein Aussehen. Zurück zum Fachlichen – ihr seid echt unmöglich! Also: Ich habe inzwischen die vier auf der Homepage der damaligen Tagung als Sponsoren genannten Antiquitäten-Geschäfte angeschrieben, die in Frage kommen könnten. Hoffen wir mal, dass sich jemand zurückmeldet, eigentlich ist es ja noch nicht so lange her und die Chancen stehen gut, dass der Surimono bei diesem hohen Preis nicht verkauft wurde oder zumindest über den Händler aufgespürt werden könnte.«

Nachdem dieses Thema noch eine Weile diskutiert worden war, schloss Marco das Meeting mit einem kurzen Bericht zu seinem Treffen mit Jennings. »Eigentlich wollten wir zusammen mit einem indischen Gastforscher, der gerade für einige Tage an einem Expertentreffen in der Dokumentenabteilung teilnimmt, dieses Urdu-Dokument nochmal besprechen. Paul kennt Professor Kapur aus Sydney von einem gemeinsamen Projekt und meinte, gerade was Hofkorrespondenz und offizielle Dokumente aus Nordindien betrifft wäre dies ein profunder Kenner. Leider ist die Terminplanung bei diesem Herrn aber etwas durcheinandergeraten, denn als ich hinkam, war er schon wieder weg zu einem anderen Treffen. Aber Paul hatte mit ihm das Dokument kurz besprochen und es bestätigte sich, dass das Schriftstück aus den späten zwanziger oder den frühen dreißiger Jahren des achtzehnten Jahrhunderts stamme.
Außerdem gab der Inder einen wichtigen Hinweis: Dieser Maharadscha Jai Singh der Zweite soll während seiner Regentschaft ausgedehnte

Korrespondenzen mit mehreren Königshäusern in Europa geführt haben. Auch von persönlichen Entsandten nach Frankreich und zu deutschen Potentaten wurde berichtet. Entsprechende Aufzeichnungen ließen sich sicher in der alten Hofbibliothek in Jaipur recherchieren. Falls er hierbei behilflich sein könne, mögen die Interessenten nach seiner Reise gerne Kontakt mit ihm aufnehmen. Paul sagte mir, der Kollege sei morgen noch hier, aber mit Besprechungen ausgebucht und würde übermorgen zu einer Vortragsreise nach USA aufbrechen. Was meint ihr dazu?«

Rebecca sprang sofort auf diese Spur an. »Das klingt doch hoch interessant! So leicht kommt uns dieser Mensch nicht davon, lasst mich mal machen, ich versuche ihn morgen zu erwischen, damit er mir wenigstens Tipps und Hinweise zu diesem Jaipur-Archiv und etwas genauere Infos zu diesem Maharadscha gibt. Ich will da unbedingt dranbleiben! Ohne Grund hat unser großer Unbekannter dieses Dokument sicher nicht in seine Schatz-Schatulle zusammen mit den ganzen Netsuke- und Schwerthinweisen aufgenommen, da muss es eine Verbindung geben.«

Frank und Claudia fanden den Hinweis auf die Europa-Kontakte des indischen Herrschers ebenfalls interessant, auch wenn dessen Regentschaft zeitlich ohne erkennbaren Bezug zu ihrem Thema stand. Das Schwert des Masamune war damals noch nicht verschollen, sondern gemäß aller historischer Quellen noch im Besitz des Shogun. Das Netsuke wiederum existierte noch gar nicht, denn als dieser Maharadscha starb, war Masanao noch ein Kind. Sie alle fragten sich daher: Wie könnten ein indischer Herrscher und ein Silberschmied aus jener Zeit in dieses ganze Szenario passen?

Damit war das lange Meeting an diesem Mittwoch zu Ende. Es ging auf siebzehn Uhr zu und bevor sie zu ihren Büros oder Apartments auseinander gingen, fragte Marco, ob jemand Lust hätte, sich später am Abend mit Gieun und ihm im Open Air Irish Pub zu treffen. Rebecca wiederholte, dass sie mit Pierre in Rick´s Cafe verabredet sei, Claudia hatte eine zweistündige Trainingseinheit bei einem Tenniscoach gebucht und Tomomi lehnte ebenfalls bedauernd ab, da sie bereits gebunden sei heute Abend. Frank dagegen sagte gerne zu: »Also wenn es Gieun nicht stört, ihren Chef heute Abend schon wieder zu sehen: Ich bin mit Paul und zwei

Kolleginnen aus der Grafikabteilung verabredet, ohne dass wir schon konkrete Pläne haben, wohin wir gehen wollen. Das Irish Pub ist definitiv eine gute Idee, Paul und unsere Begleiterinnen werden sicher begeistert sein – die beiden sind aus London! Wir wollten uns um acht am Springbrunnen vorm Ostflügel treffen.«
Marco lachte und versicherte, dass Gieun das bestimmt nett fand, sie würden also dorthin kommen. Er war wirklich froh, dass alle seine Mitarbeiter unter den sehr speziellen Bedingungen im UNTACH inzwischen ein normales Sozialleben entwickelt und bereits einen eigenen Bekanntenkreis aufgebaut hatten. Marco wusste, dass dies für ihre konzentrierte, intensive Arbeit als privater Ausgleich wichtig war. Es würde sicher ein lustiger Abend werden in der entspannten Atmosphäre des Pub-Gartens unter den üppigen, breit ausladenden Kronen der Jacaranda-Bäume, die gerade in voller blauvioletter Blütenpracht standen.

Er räumte noch rasch einige Dinge im Tresorraum auf und nahm hierbei die Meteoriten-Kugel sinnierend in die Hand. Wie schon so oft fragte er sich, wie wohl der frühere Besitzer der Schatulle sie aufgespürt hatte, zumal es äußerlich keinerlei Bezug zum Masanao-Netsuke gab. Was würde er nicht alles dafür geben, eine kleine Zeitreise in die Vergangenheit dieses geheimnisvollen Objekts und seiner früheren Besitzer unternehmen zu können!

Trouvaille der besonderen Art

Der elegant gekleidete, trotz seiner Jugend schon distinguiert erscheinende Mann wirkte in dem Ambiente, das ihn gerade umgab, seltsam deplatziert. Trotz seines dunkelblauen Maßanzugs inspizierte er ganz ohne Scheu vor dem allgegenwärtigen Staub einen kleinen, engen Trödelladen in der Heidelberger Altstadt bis in die hintersten Ecken. Er liebte dieses scheinbar völlig ungeordnete, chaotische Durcheinander aus den Überbleibseln einer vergangenen Welt. Normalerweise genoss er die Vielfalt und das Miteinander von Schund und Kuriositäten, Nippes und Kunst, alltäglichen Utensilien und einzigartigen Kostbarkeiten. Es galt nur, das wirklich Wertvolle zu entdecken, und hierfür nahm er sich immer viel Zeit beim nachdenklichen Bestaunen der unterschiedlichen Objekte in solchen Läden. Dieses Mal jedoch war es anders. Er ließ seine Augen und Hände nicht ganz so ungezielt schweifen und war mit geübtem Blick auf der Suche nach etwas ganz Bestimmtem.

Im Jahr zuvor hatte er auf einem Flohmarkt in München für einen Spottpreis ein sehr schönes Cloisonné-Ei erworben, wohl frühe Qing-Zeit aus Südchina, vielleicht siebzehntes Jahrhundert. Leider ohne Originalbehältnis. Der damalige, eine ganze Woche währende Aufenthalt in der Weltstadt mit Herz hatte ihn begeistert, nicht nur weil er etliche Wettkämpfe der Sommerolympiade im fantastischen neuen Stadion miterleben durfte, sondern auch da er nebenbei so ausgiebig wie selten die vielen Antiquitäten- und Trödelgeschäfte durchforsten konnte. Seither war er auf der Suche nach einer geeigneten Schatulle oder einem Kästchen, das diesem kleinen Kunstwerk angemessen war. Sein väterlicher Freund und Förderer Professor Schmitz aus Bamberg feierte im nächsten Monat seinen fünfundsechzigsten Geburtstag und er wollte ihm das Ei in ansprechender Verpackung für seine umfangreiche Cloisonné-Sammlung schenken. Als Ästhet hasste er den Gedanken, solch ein Kleinod in einem profanen Karton zu überreichen.

Sein Blick blieb schließlich an einer dunkelbraunen Lackschatulle hängen, etwa fünfzehn auf zehn auf zehn Zentimeter groß. Er schätzte das Behältnis sofort richtig ein, denn als er es aufklappte, blickte er auf zwei ausgepolsterte

Halbschalen aus Samt, wie bei chinesischen Qigong-Sets üblich. Anstelle der zwei erwarteten Metall- oder Cloisonné-Kugeln enthielt es jedoch nur noch eine einzige, anscheinend aus Wurzelholz. Der Inhalt interessierte ihn allerdings sowieso nicht, er beurteilte vielmehr ausschließlich die Schatulle mit geschultem Blick. Der Zustand außen war exzellent, der in dunklen Tönen gehaltene Lack mit eingestreutem Goldstaub glänzte fast wie frisch restauriert und zeigte einen Schwarm Mandschurenkraniche über einer aufwändig gestalteten Landschaft mit Bambushainen entlang eines Flusses und Reisfeldern. Das Innere hatte dagegen stark gelitten. Der dunkelrote Samt war teilweise eingerissen, insbesondere dort wo die zweite Kugel fehlte sehr ausgebleicht und wies außerdem einen großflächigen Fleck auf, wie von ausgelaufener Tinte. Aber dennoch erschien ihm dieser Fund perfekt für seinen Zweck, das würde sich wunderbar umgestalten lassen. Aufgrund des Fehlens der zweiten Kugel und des Zustands der Innenverkleidung erstand er das Behältnis für nur zwanzig Mark. Anschließend widmete sich der Herr wieder seinen eigentlichen, sehr ungewöhnlichen Geschäften in der Neckarstadt.

Wenige Tage später, zurück in seinem Heimatort, legte er die Kugel recht achtlos zur Seite, auch wenn ihn das hohe Gewicht etwas verwunderte. Er entfernte vorsichtig die Innenauskleidung des Kästchens mit einem Skalpell sowie sehr gezieltem Einsatz von Ethanol, um die Verklebung am Rand ohne Schaden für den Lack lösen zu können. Als er schließlich die aus gepresster Watte bestehende Auspolsterung unter dem Samt herausheben konnte, erwartete ihn eine Überraschung: Sorgfältig in hauchdünnes Wachspapier eingebunden und kunstvoll zusammengefaltet lag dort ein kleines versiegeltes Schriftstück. Der Eindruck auf dem roten Siegellack war eindeutig japanisch, so wie er schon für die Lackarbeit vermutet hatte. Er war in der Vergangenheit schon öfters auf unerwartete Notizen, kleine Erinnerungsstücke oder ganze Briefe gestoßen, wenn er alte Trödelobjekte ankaufte. Deshalb war er zwar wie immer bei solchen Entdeckungen freudig überrascht, aber da er vermutete, dass er den Inhalt sowieso nicht lesen konnte, legte er auch dieses Briefchen ungeöffnet zur Seite und fuhr mit seiner Arbeit fort. Etwa vier Stunden später hatte er das Innere der Lackdose gemäß seiner Vorstellung umgearbeitet. Es war nun perfekt an die

Form des Cloisonné-Eies angepasst mit Modelliermasse über verklebten Kartonstapeln aufgepolstert und darüber weich und edel mit dunkelblauem Samt ausgekleidet. Außen hatte er dem Lack eine liebevolle Reinigung und Auffrischung mit Spezialpolitur angedeihen lassen und das Behältnis harmonierte gut mit dem chinesischen Kleinkunstwerk, das er schließlich mit sich zufrieden hineinlegte. Er freute sich schon jetzt auf die sicher große Begeisterung des künftigen Besitzers über dieses gleichermaßen persönliche wie repräsentativ gestaltete Geschenk.

Die hölzerne Qigong-Kugel und das japanische Briefchen fristeten anschließend eine lange Zeit der Vernachlässigung in einem Regal des chaotisch zugerümpelten Wohnzimmers, über dem sich eine Etage höher in ganz anderem Ambiente die vorige Szene abgespielt hatte. Das leicht marode Chaos unten passte so gar nicht zum adretten Auftreten und Erscheinungsbild des Akteurs in Heidelberg, im Gegensatz zum elegant gestylten Dachstudio darüber. Die einsame Holzkugel landete im Laufe der Zeit schließlich in einem Schuhkarton mit einigen kitschigen Achat- und Malachit-Eiern, großen bestoßenen Glasmurmeln und alten Billardkugeln. Das Briefchen verschwand zunächst unter einem Stapel von Fachzeitschriften und Sonderdrucken. Erst vier Jahre später, im Jahr 1977, fiel es dem einst glücklichen Finder wieder durch Zufall in die Hände – und veränderte dessen Leben ab diesem Zeitpunkt nachhaltig!

Zeitensprünge

Die Witwe des gefallenen Daimyos hatte sich mit ihrer Lieblingshofdame in ein abgelegenes Turmzimmer der von feindlichen Truppen umzingelten Stammfestung von Himeji zurückgezogen. Es gab für sie nur noch eines zu tun, nämlich ihrem Gemahl ehrenvoll ins Jenseits zu folgen. In den vergangenen Tagen hatte sie alles veranlasst, um seinen letzten Anordnungen Folge zu leisten und die notwendigen Hinweise auf möglichst geschickte und verborgene Weise der Nachwelt zu hinterlassen. Sie hatte inzwischen gesicherte Kunde, dass ihr geliebter Sohn Kuroda unter der Obhut von Hatashi in Sicherheit war und sie dachte voller Schmerz daran, wie sie ihn zum letzten Mal geküsst und ihm das Adler-Netsuke der Vorfahren um den Leib gebunden hatte. Sie wusste nicht, ob einem der Kuriere mit den Depeschen ihres Mannes der gefährliche Weg durch die Reihen der Belagerer zum Shogun gelungen war. Die Adlige hatte weitere Hinweise auch in Wertgegenständen versteckt, von denen sie hoffte, dass sie der Zerstörungswut der Feinde entgehen mögen, falls diese die Burg erobern sollten. Sie umarmte die verzweifelt winselnde Freundin noch ein letztes Mal, setzte sich den Wakizashi auf Höhe ihres Herzens an die Brust und vollzog mit dem Kurzschwert den Seppuko so tadellos und ohne einen Schmerzenslaut, wie es auch ein Samurai-Krieger nicht besser gekonnt hätte. Nun lebte nur noch ein einziger dieser Ikeda-Linie und alle Hoffnungen auf ihre Ehrenrettung ruhten auf ihm und seinen über ihn wachenden Getreuen.

Über einhundert Jahre später versuchte ihr Enkel vergeblich, jene Hinweise aufzuspüren, von denen er erst im reifen Alter erfahren hatte. Das Netsuke der Vorfahren, das die Familienüberlieferung als Schlüssel bei der Suche nannte, hatte inzwischen zunächst den indischen Ozean und Jahrzehnte danach das atlantische Meer überquert. Es war unerreichbar weit entfernt von jener Kultur, die einst es und seine besondere Bedeutung geschaffen hatten.
Niemand konnte ahnen, dass eine Generation später, mit der in Japan die fieberhafte Suche nach dem Adler-Netsuke weiterging, an anderem Ort eine ähnliche Leidenschaft aufloderte, die damit eng verknüpft war.

Im entfernten Europa grübelte ein reichlich verwirrter Japaner über jenem Schreiben, das als versteckte Botschaft mit den von Masamune geschaffenen Qigong-Kugeln des Shoguns der Plünderung entgangen war.

Das private Übersetzungsbüro in der Nähe der japanischen Botschaft in Bad Godesberg bei Bonn bearbeitete normalerweise die üblichen Urkunden oder Anträge von Geschäftsreisenden oder deutschen Firmen, die ihr Engagement in Fernost intensivieren wollten. Der junge Übersetzer war deshalb völlig überfordert, als ihm der elegant gekleidete Mann die Kopie eines Briefes in feinster japanischer Kalligraphie mit der Bitte auf den Schreibtisch legte, eine Übersetzung anzufertigen. Nach vergeblichen Versuchen, sich eine Vorstellung vom Inhalt dieses seltsamen Dokuments zu machen, bat er den Besucher um einen Moment Geduld und suchte seinen Chef auf. Wenig später wurde der Kunde in dessen Büro gebeten, wo ihm ein älterer Japaner nach betont höflicher Begrüßung Tee anbot und mit großer Aufmerksamkeit eine erste Auskunft über den Inhalt des Briefchens gab.

»Bitte verzeihen Sie schon jetzt meine Neugier, wenn ich Sie gleich bitten möchte, mir mehr über die Herkunft dieses Schriftstücks zu erzählen, wenn es Ihnen genehm ist. Aber zunächst möchte ich Ihnen mitteilen, was ich zu diesen Zeilen sagen kann: Das Siegel scheint zu einer hochgestellten Persönlichkeit zu gehören, aus der Feudalzeit vor der Modernisierung meiner geliebten Heimat. Ich bin in diesen Dingen persönlich nicht sehr bewandert, aber sicher wird man Ihnen an anderer Stelle genau sagen können, von welchem Adelsgeschlecht diese Nachricht stammt. Überhaupt sieht es mir danach aus, dass dieses Dokument für Historiker oder Kunstwissenschaftler durchaus von Bedeutung sein könnte. Der Text beschreibt in blumiger Versform ein Rätsel, das zum ›verborgenen Beweis der Treue‹ führen soll. Vieles verstehe ich nicht recht, aber ein bedeutsamer Name wird genannt, und zwar ›Masamune‹, einer der berühmtesten Schwertschmiede der japanischen Geschichte. Auch ist die Rede vom ›Adler des Masanao aus Kyoto, der den Affen besiegte, in festen Fängen umklammert und so dem Wissenden den rechten Weg weisen wird‹. Zum Schluss steht noch geschrieben, dass ›dieses Netsuke der Schlüssel zur Ehre‹ sei. Das alles sagt mir leider nicht viel, außer dass dieses Papier vielleicht

eine Art Nachlass für jemanden darstellen könnte. Die Wortwahl und Versform ähneln früheren offiziellen Dokumenten solcher Art.«
Der von dieser Auskunft seltsam berührte Kunde bat daraufhin seinerseits um Entschuldigung, denn er würde dieses Schreiben nur im Auftrag eines Freundes mit sich führen, um es hier in der Hauptstadt übersetzen zu lassen. Weitere Hintergrundinformationen hierzu hätte er leider nicht. Noch während diese Lüge von seinen Lippen kam, war er in Gedanken bereits bei den nächsten Schritten, die sich aus diesem Fund ergeben würden. Er war kein ausgewiesener Japonika-Experte, obwohl sich einige Tier-Netsuke unter seinen Sammlungsstücken befanden. Der Name Masanao war ihm jedoch vertraut und elektrisierte ihn, sogar ohne diese geheimnisvollen Andeutungen im Text. Während der anschließenden angenehmen Plauderei über die Geschichte Japans beauftragte der Büroleiter einen erfahrenen, ebenfalls sichtlich altgedienten Mitarbeiter mit der vollständigen Übersetzung des Schreibens. Etwa eine halbe Stunde später war die kleine Dienstleistung erbracht. Der Kunde hielt eine maschinengeschriebene Übersetzung in Deutsch in Händen und bedankte sich herzlich für die aufmerksame und freundliche Hilfe in dieser Angelegenheit. Er entrichtete die übliche Gebühr für ein einseitiges Übersetzungsschreiben und verabschiedete sich.

Wenige Tage später, wieder zuhause, suchte er sofort nach jener Kugel, bei der er dieses Dokument entdeckt hatte, fand sie auch tatsächlich wieder und blickte sie nun mit ganz anderen Augen an. Anschließend startete er in der Universitätsbibliothek eine intensive Recherche zu dem genannten Schwertschmied und den seltsamen Anspielungen und dies wurde der Beginn einer Spurensuche, die ihn immer mehr in ihren Bann zog. Endlich war ihm so ein glücklicher Zufallstreffer gelungen, wie er ihn sich schon lange bei seinen Antiquitäten- und Trödelexkursionen erträumt hatte. Nachdem er seine Geschäftspartner davon in Kenntnis gesetzt hatte, dass er sich für eine Weile aus dem geheimen, anderen Metier zurückziehen werde, brachte er durch seine neue Arbeit eine Lawine ins Rollen, die noch lange Zeit später viele Menschen bewegen und beeinflussen sollte.

Zwischenfazit

Am achtzehnten August war das Team von Marco Renke mit den in der ersten Phase geplanten Untersuchungen am Netsuke und dem Schatullen-Inhalt weitgehend fertig und arbeitete intensiv an der Ausformulierung und Interpretation der bisherigen Befunde.

Beim morgendlichen informellen Kaffeeplausch überraschte Claudia alle mit einer lange erwarteten Nachricht, die gerade per E-Mail eingegangen war. Endlich, nach fast zwei Wochen, lag eine Antwort auf Marcos formelle Anfrage nach einem Termin bei der Tamagi-Stiftung vor.

Marco hatte in seinem Schreiben angedeutet, dass ein solcher Termin für eine Fortführung des Projekts unabdingbar sei. Sein Angebot war, für das Gespräch mit einem höherrangigen Vertreter des Förderfonds gerne auch in Tokyo zur Verfügung zu stehen. Nun aber kündigte die Generalsekretärin der Stiftung stattdessen an, *dass der neue Vorsitzende des Stiftungsbeirats, Herr Yamagata Kaito, in einer Woche in Peking zugegen sei und ein Treffen mit dem verehrten Dr. Renke direkt im UNTACH wahrnehmen könne*. Endlich würde man mit den möglichen Drahtziehern dieser vermuteten verdeckten Aktion, über das Netsuke auf die Spur des Schwerts zu kommen, direkt in Kontakt treten. Die Tatsache, dass ein Yamagata selbst sich die Zeit für ein Treffen mit Marco nahm, bestärkte das Team in seinem Verdacht, dass diese Familie nicht nur der Finanzier ihres Forschungsvorhabens war, sondern auch sehr persönliche Motive verfolgte. Ihnen war klar, dass damit ein wichtiger Meilenstein im Projekt anstand. Es galt jetzt, umgehend alles bisher Vorliegende zusammenzufassen, zu interpretieren und einen denkbaren Aktionsplan für die nächste Phase des Vorhabens zu entwickeln.

Marco bat sie, sich in den kommenden drei Tagen hierauf zu konzentrieren und wies jedem einzelnen entsprechende Themenblöcke zu. Am Freitag würde man zu einer Strategiesitzung zusammenkommen und vor allem beraten, mit welchen Zielvorstellungen er ins Gespräch mit Yamagata gehen solle. Für den Nachmittag verabredeten sie sich zu einer Informationsrunde über die in den letzten Tagen erarbeiteten neuen Erkenntnisse. Jeder zog sich in sein Büro zurück, um dies optimal vorzubereiten und laufende Arbeiten zügig abzuschließen.

Um vierzehn Uhr trafen sie sich wie geplant im Tresorraum.
»Aufgrund des Zeitdrucks möchte ich vorschlagen, dass wir uns heute kurzfassen und noch prägnanter als bisher berichten«, eröffnete Marco das Meeting. »Alle Infos sind inzwischen ausführlich in unserer Team-Datenbank dokumentiert, in dieser Runde geht es wirklich nur um eine knappe Aktualisierung. Ich will gleich mit meinen Neuigkeiten loslegen …«
Er berichtete, dass das Bambusrohr aus der Schatulle mit etwa einhundert Gramm feinem Korallensand gefüllt war, und zwar ausschließlich aus jenen winzigen runden Seeigelgehäusen, von denen in dem Dokument mit dem ›philosophischen Erguss‹ die Rede ist. Das Wachs, mit dem es versiegelt war, stammte aus den 80er Jahren. Eine Spezies-Einordnung des Inhalts ergab als Ursprung den westlichen Indischen Ozean, eine bestimmte Küste oder Insel war analytisch nicht näher zu identifizieren. Als nächstes informierte Marco darüber, dass man mit dem holländischen Brief nicht vorangekommen war. Er hatte für das bewusste Jahr 1978 alle erfassbaren Ankündigungen, Kataloge und Ergebnislisten zu Auktionen am Standort London von einer Agentur durchforsten lassen, ohne Erfolg. Auch die Handwerker-Gedankenskizze aus München blieb weiterhin ein Rätsel. Erfreulich war, dass die letzte Tuschedatierung von Gieun inzwischen vorlag, also jene vom nachträglichen Eintrag ›Hisui‹ auf der japanischen Werkstattliste aus dem neunzehnten Jahrhundert. Die bewusste Silbe sei tatsächlich deutlich später ergänzt worden und zwar wie fast schon zu erwarten in den achtziger oder frühen neunziger Jahren des zwanzigsten Jahrhunderts.
Marco berichtete weiter, dass die Charakterisierung der für Beizung und Politur des Netsuke verwendeten Mittel sowie eine komplette Liste aller im achtzehnten Jahrhundert eingesetzten Verfahren hierzu vorlagen. Ken Watamote sei sehr behilflich gewesen und sie beide hätten über vierzig weitere Netsuke aus dem UNTACH-Bestand hierzu mikroskopisch und chemisch-analytisch untersucht. Diese gemeinsam erarbeitete Studie stelle die erste derart umfassende Darstellung solcher Techniken überhaupt dar. Das mache ihr künftiges Buch im Kontext der Kunsthandwerksgeschichte zu einem bedeutsamen Beitrag und natürlich werde man Ken bei diesem Kapitel als Co-Autor mitnennen. Er bedauerte, dass sie aufgrund der

Projektvorgaben nicht sofort eine kleine Veröffentlichung dieser Ergebnisse in einem entsprechenden Fachjournal platzieren durften.
Frank sah das genauso, da sich auch bei ihm publikationsfähige Zwischenergebnisse abzeichneten. Er hatte endlich Antwort aus Leiden zum dortigen Opperhoofd Behältnis. Es sollten insgesamt noch etwa zehn ähnliche Original-Köfferchen mit einem vergleichbaren Gebrauchszweck in europäischen und japanischen Sammlungen existieren und es handele sich anscheinend um einen recht beliebten Typ von Reiseschatulle. Am interessantesten war der Hinweis seines Kontaktmanns, dass mehrere Schreiner-Werkstätten in Batavia, also dem heutigen Jakarta, die Tradition dieser Behältnisse noch lange weitergepflegt hätten, vor allem im Auftrag von Kapitänen und Diplomaten.
Über einen Bekannten von Ken im Tokyo National Museum war Frank außerdem auf Kopien alter Aufzeichnungen gestoßen, die bisher noch nicht Eingang in die Netsuke-Literatur gefunden hatten. Hieraus habe er völlig neue Einsichten in das Leben von Netsuke-Meisterschulen im achtzehnten Jahrhundert gewonnen. Zusammen mit den durch Pierre eröffneten Einblicken in die Mäzenatentum-Szene von Kyoto ergäbe dies für ihr Buch ein sehr schönes neues Kapitel, das er kunsthistorisch ähnlich hoch wie die neuen technischen Erkenntnisse bewerte. Er ergänzte, dass er genau wie Marco am liebsten sofort diesen Teil veröffentlichen würde, aber leider ginge das ja nicht. Damit übergab er an Rebecca.
»Na, das geht heute ja Schlag auf Schlag, mal sehen, ob ich das auch so hinbekomme!«
Ihr Bericht galt zunächst dem Surimono. Nachdem die vier Kunsthändler geantwortet hatten, dass sie einen solchen Farbholzdruck nicht kennen, habe sie die restliche Sponsorenliste der damaligen Tagung komplett abgearbeitet – und die SBS Privatbank antwortete prompt. Ergebnis: Ein Vorstandsmitglied nutzte damals diese Gelegenheit, um ausgewählte Stücke aus seiner privaten Japan-Sammlung erstmals öffentlich auszustellen, mit Schätzpreisen eines Gutachters versehen – zum Verkauf standen die Objekte jedoch nicht. Rebeccas Mail sei an den Herrn weitergeleitet worden, seine Kontaktdaten wolle man jedoch nicht zur Verfügung stellen. Das sei jetzt vier Tage her, bislang habe sich aber niemand mehr bei ihr gemeldet.

Anschließend ging sie auf die Indien-Thematik ein. Sie hatte es leider doch nicht geschafft, Professor Kapur noch persönlich zu erwischen, aber immerhin hätte sie mit ihm inzwischen mehrfach per E-Mail korrespondiert, zuletzt sogar richtig informativ. Deshalb lagen zumindest Basis-Infos vor, bei wem in Jaipur man Auskünfte zur Verbindung von Maharadscha Jai Singh nach Europa gewinnen könne. Ein entsprechendes Empfehlungsschreiben von Kapur an diese Ansprechpartner sei auch bereits unterwegs, es bliebe nur noch zu entscheiden, ob man das aus der Ferne versuchen solle oder besser direkt vor Ort recherchiere – also sie sei noch nie in Rajasthan gewesen, dem angeblich märchenhaften ›Land der Könige‹, und das würde sie schon reizen!

Claudia fuhr dann mit ihren Neuigkeiten fort. Mindestens im Zeitraum 2018 bis 2031 befand sich ihr Netsuke in einer Privatsammlung in Michigan, wie aus der Fußnote in einem japanischen Standardwerk über Netsuke von 2018 sowie aus den Schenkungsunterlagen von 2031 hervorging. Besitzer in diesem Zeitraum war ein Mortimer James, leitender Angestellter bei einer Immobilienfirma und Liebhaber von Asiatika verschiedenster Art. Über seine Tochter, in deren Besitz sich heute ein Großteil der Sammlung befand, konnte Claudia Näheres ermitteln. Seine vierundfünfzig Netsuke umfassende Japonika-Spezialsammlung sei dem UNTACH hinterlassen worden, weil er dies einem früheren Direktor hier im Hause, inzwischen im Ruhestand, einmal versprochen hätte. Das Adler-Netsuke habe er, wie aus seiner Sammlungskartei hervorging, einem ›Thomas Wolf‹ für mehrere Tsuba, also Schwertstichblätter, abgetauscht. Eine solche Person war allerdings der Tochter von Mortimer James nicht bekannt und eine Internet-Recherche lieferte keine Hinweise, außer dass es alleine in Michigan fast tausend Personen dieses Namens gab. Das sei also zunächst einmal eine Sackgasse.

Spannender, fand Claudia, sei eine andere Sache: Zum Auftraggeber für die Kölner Expertise von 1989 ihres Netsuke war beim Auktionshaus eine Radebeuler Adresse angegeben. Aber wie sie inzwischen recherchieren konnte, handelte es sich um die Privatadresse eines ansonsten anders geführten Stammkunden, nämlich des damaligen Kustos des Elfenbein-Kabinetts im Grünen Gewölbe Dresden, einem gewissen Doktor Eberhard

Kühn. Auch die Rechnung hierfür ging an ihn privat, nicht ans Museum, und wurde wie aus den Buchhaltungsunterlagen hervorging, durch eine Auslandsüberweisung von einem holländischen Konto aus bezahlt. Wie sie an diese Informationen herangekommen war, solle man sie besser nicht fragen, das sei eher nicht so ganz legal gewesen, aber wozu habe man alte Freunde.
Claudias Kontaktleute in Deutschland hatten für sie auch herausgefunden, dass es als einzigen verbliebenen Verwandten von diesem Helmut Bauer, aus dessen Nachlass die Schatulle stammte, nur einen Neffen gab. Er hieße Thomas Bauer, sei vierundsechzig Jahre alt und auf ihn als Alleinerbe seines Onkels sei im Jahr 2015 kurzzeitig dessen Haus in Randersacker im Grundbuch eingetragen gewesen. Heute lebe er als Frühpensionär in Aschaffenburg, also gar nicht so weit weg von Würzburg. Das machte aus Claudias Sicht eine Recherche in dieser Region immer vielversprechender.
Marco wie auch die anderen begeisterten sich hierfür genauso wie für den neuen Hinweis aufs Grüne Gewölbe – diese Spuren wurden immer heißer.
Tomomi gab als letzte in der Runde ihren Kurzbericht ab: »Ich erspare euch die Aufzählung sämtlicher zusätzlicher Mikroanalysen, die wir an den verschiedenen Schatullen-Objekten und Dokumenten in den letzten Tagen noch durchgeführt haben. Bei Interesse könnt ihr alles detailliert in unserer Ablage einsehen. Als Fazit zu diesen Analysen kann ich leider nur konstatieren, dass unser bisheriges Wissen bestätigt wurde, aber keine Überraschungen oder neuen Erkenntnisse hieraus entstanden. Besonders erwähnen will ich noch eines: Antonio Casalle hat aus seinem Labor erste vorläufige Ergebnisse zu unserer Meteoriten-Kugel. Die Analysedaten unseres Materials gleichen angeblich am ehesten noch dem historischen ›Mudrabilla-Meteoriten‹, der wohl vor mehreren Millionen Jahren auf der Erde einschlug und von dem im zwanzigsten Jahrhundert einige tonnenschwere Trümmer im südlichen Australien gefunden wurden. Übrigens soll ein über dreitausend Jahre alter Dolch aus dem Grab des Pharao Tutanchamun aus ganz ähnlichem Meteoreisen gefertigt worden sein, wie Antonio nebenbei erwähnte. Das war´s meinerseits.«

Marco schloss die Sitzung zügig, denn alle hatten nun jede Menge zu tun, um den gesetzten Zeitplan bis zum Strategie-Meeting am kommenden

Freitag einzuhalten. Ihnen war bewusst, dass sie sich in einer wahrscheinlich entscheidenden Phase ihres Projekts befanden.

Gipfeltreffen mit Tiefgang

Der exklusive Tagungsraum in der obersten Etage des UNTACH-Verwaltungszentrums war von dezenter Gediegenheit. Rötliche Mahagonimöbel waren harmonisch mit aufwändig bedruckten Seidentapeten und schwarzen Lederstühlen kombiniert. Hier tagte üblicherweise das Top-Management der UN-Behörde und nur gelegentlich nutzte man diesen Raum für den Empfang von außergewöhnlich wichtigen offiziellen Besuchern. Als solche wurden, wie für Marco und Claudia nun ersichtlich, ihre Gesprächspartner an diesem Montag, dem fünfundzwanzigsten August 2036 angesehen.

Bei ihrem Strategie-Workshop am vergangenen Freitagmorgen hatten sie das Vorgehen gegenüber dem Repräsentanten der Tamagi-Stiftung genau abgestimmt. Ein gut strukturierter und gestaffelter Katalog mit Fragen und Aussagen war entstanden, um die Motivation und Ziele der Stiftung bei ihrem Projekt auszuleuchten. Doch es kam ganz anders.

Am Freitagabend waren sie von der UNTACH-Verwaltung informiert worden, dass Herr Yamagata Kaito von seinem Vater Yamagata Aritomo, dem Vorstandsvorsitzenden des Tamagi Konzerns, beim Meeting begleitet werden würde. Herr Yamagata Senior habe den Wunsch geäußert, das Masanao-Netsuke bei diesem Anlass im Original sehen zu können. Die Sicherheitsfreigaben für dieses Objekt würden deshalb für den Montag so angepasst, dass Herr Doktor Renke es ohne Probleme ins Verwaltungsgebäude mitbringen könne, obwohl dieses außerhalb der Kernsicherheitszone für den UNTACH-Bestand lag. Bis spätestens siebzehn Uhr müsse es aber wieder die Kontrollpunkte zurück in die Kernzone passiert haben, sonst riskiere man einen Großalarm!

Nach einer kurzen Abstimmung mit seinen Leuten bat Marco daraufhin Claudia, ihn zum Meeting zu begleiten, und informierte entsprechend die Verwaltung. Das ganze Team schätzte Claudias Menschenkenntnis, ihre Berufserfahrung bei investigativen Angelegenheiten und ihr Gespür für feine Zwischentöne. Marco empfand es außerdem als angenehmer, zu zweit in dieses wichtige Gespräch zu gehen und nicht alleine. Vier Augen und vier Ohren entging weniger als zweien.

Also standen Claudia und er kurz vor der verabredeten Zeit im Board Room, wohinein sie eine elegant gekleidete russische Empfangsdame höflich gebeten hatte. Da Marco um das Treffen mit der Stiftung angefragt hatte, sah er sich quasi in der Rolle des Gastgebers, obwohl das konkrete Arrangement eher von den Yamagatas ausging. Die vorbereiteten vier Teilnehmerplätze am Sitzungstisch waren neben den üblichen Schreibutensilien auch bestens mit heißen und kalten Getränken, kleinen Snacks und frischen Früchten bestückt.

Pünktlich um zehn Uhr öffnete sich die Tür und zwei schlanke, für Japaner hochgewachsene Männer betraten den Raum, der eine um die sechzig, der andere keine dreißig Jahre alt. Die Vorzimmerdame stellte alle Anwesenden jeweils vor und zog sich diskret zurück, nachdem sie Tee oder Kaffee eingeschenkt hatte. Man begrüßte sich mit professioneller Höflichkeit, sich mit den Augen mehr oder weniger unauffällig gegenseitig abtastend, tauschte wie üblich Visitenkarten aus und nahm schließlich Platz. Noch bevor Marco das Gespräch seinerseits wie geplant eröffnen konnte, übernahm der ältere Yamagata mit einer entschuldigenden Handbewegung die Initiative.

»Verehrte Frau Mentrose, sehr geehrter Herr Doktor Renke, verzeihen Sie mir meine Unhöflichkeit, sofort selbst das Wort zu ergreifen. Natürlich sind Sie es, Herr Doktor, der um diese Unterredung gebeten hatte und dem das Privileg zusteht, den Dialog zu eröffnen, zumal wir hier an Ihrer und nicht an meiner Wirkungsstätte sind. Aber Sie werden meinem Sohn und mir dies, wie ich hoffe, gleich nachsehen. Ich bin Ihnen in vieler Hinsicht eine Erklärung schuldig, die entscheidenden Einfluss auf den Verlauf unserer Unterredung haben wird.

Lassen Sie mich ohne Umschweife auf das Wesentlichste eingehen, bevor ich meinem Sohn dann die weitere Gesprächsführung auf unserer Seite überlassen werde. Denn nicht ich, sondern er wird Ihr künftiger Partner in diesem Projekt sein – und wir beide hoffen sehr auf Ihre Zusage, dass Sie und Ihr Team diese Forschungsarbeit fortsetzen. Trotz aller peinlichen Offenlegungen, die ich Ihnen schulde und nicht länger vorenthalten werde. Bitte hören Sie mir eine Viertelstunde einfach wohlwollend zu. Ihre offenen Fragen werden sich dann klären, vertrauen Sie mir so wie ich hinterher auf Ihr Urteil vertraue.

Dieses Netsuke, dem Sie sich seit drei Monaten mit so großer Kompetenz und bewunderungswürdiger Hinwendung widmen, wurde einst durch meine Vorfahren bei Masanao in Auftrag gegeben und begleitete mehrere Generationen meiner Familie auf ihrem Lebensweg. Bevor es in den Wirren der Kämpfe am Ende des Tokugawa-Shogunats verloren ging, spielte es in einem dramatischen Kapitel unserer Familiengeschichte im Jahr 1855 eine ganz besondere Rolle. Mein damaliger Vorfahre bestimmte diese kleine Schnitzerei zu einem kostbaren Geheimnisträger, als Wegweiser zum Auffinden eines besonderen Staatsschatzes von unschätzbarem Wert – und dies meine ich nicht nur materiell, sondern auch was die Ehre meiner Familie betrifft. Wir werden Ihnen alle diese Hintergründe später gerne im Detail offenlegen.
Zunächst wollte ich jedoch mit dieser Eröffnung die Basis dafür legen, dass Sie unser Vorgehen in dieser Angelegenheit objektiv bewerten können. Ich weiß, dass Ihnen inzwischen bewusst ist, dass das Ziel dieses Forschungsprojektes für uns primär die Spurensuche nach dem verschollenen Schwert des Masamune ist. Und ja, meine Leute waren es, die Sicherheitsvorkehrungen trafen, um einerseits über den jeweiligen Arbeitsfortschritt bei Ihnen gut informiert zu sein und andererseits jederzeit die im Projektvertrag vereinbarte Vertraulichkeit Dritten gegenüber sicherstellen zu können. Sie wissen bereits von diesen Überwachungsmaßnahmen und wir wissen, dass Sie es wissen, und ich bitte hiermit um Ihr Verständnis, dass unter meiner Verantwortung derartiges vorübergehend erfolgt war. Alle diese Maßnahmen wurden inzwischen eingestellt und wir möchten künftig unsere Zusammenarbeit nur noch auf gegenseitiges Vertrauen, Offenheit und Wertschätzung gründen. Dass ich meine Reputation mit diesem Geständnis früherer illegaler und inakzeptabler Manipulationen quasi in Ihre Hände lege, werten Sie bitte als Beweis meines Vertrauens in Sie. Mein Sohn Kaito wusste von unseren Überwachungsmaßnahmen bis vor wenigen Tagen übrigens nichts und wurde von mir erst kürzlich ins Bild gesetzt.
Auch wenn die Mittel, derer meine Mitarbeiter sich Ihnen gegenüber bedient hatten, alles andere als korrekt waren, so müssen Sie mir dennoch glauben, dass unsere Beweggründe hierfür ausschließlich ehrenvoll sind. So wie ich unsere Suche nach dem Geheimnis des Netsuke und dem

Aufbewahrungsort des Schwerts als völlig legitim und legal erachte. Hören Sie nun bitte die Geschichte, die sich dahinter verbirgt …«

Im Folgenden berichtete Aritomo seinen beiden von dieser Offenheit und diesen Hintergründen sichtlich beeindruckten Zuhörern die ganze Geschichte um das Netsuke, das Schwert des Masamune und das Ende der Ikeda. Er skizzierte, wie aus Ikeda Kuroda damals Yamagata Ouichi wurde, wie später drei Generationen vergeblich der Spur des Netsuke und des Schwerts nachforschten und wie er letztendlich die Projektausschreibung auf den Weg brachte.

Aritomo schloss seine einführende Rede mit einer Claudia und Marco berührenden Bitte: »Natürlich werden Sie die Maßnahmen verurteilen, die wir hierbei zeitweise einsetzten und es bleibt die Tatsache, dass wir Ihnen gegenüber nicht ehrlich waren. Aber ich versichere Ihnen, dass wir wirklich einen Neuanfang suchen, der Ihren und unseren Interessen gleichermaßen dient. Sie haben sich der Forschung am Masanao-Netsuke für ein Jahr wissenschaftlich verschrieben. Mein Sohn wird Ihnen später eine erweiterte Perspektive eröffnen, die unsere Wertschätzung für Sie alle ausdrückt und die Sie hoffentlich reizt. Doch zunächst habe ich nur einen Wunsch: Akzeptieren Sie bitte meine zutiefst empfundene Entschuldigung für diese unerquicklichen Abhörmaßnahmen und die mangelnde Offenheit. Geben Sie uns eine Chance, Sie nicht mehr als Dienstleister, sondern als Partner für unsere ehrenwerte Sache zu gewinnen!«

Nach diesen Offenbarungen trat eine kurze Pause ein, denn das Gesagte war zwar einleuchtend, aber gründlich zu überdenken vor einer zu raschen Reaktion.

Die beiden Japaner verstanden dies und schwiegen erwartungsvoll, bis Marco nach einem kurzen Blickaustausch mit Claudia antwortete: »Meine Herren, ich danke Ihnen zunächst für diese wirklich beeindruckenden und, wie ich gerne einräumen will, mich auch sehr bewegenden Enthüllungen. Ich persönlich nehme hiermit Ihre Entschuldigung ohne Vorbehalte an. Sie haben mein Verständnis für das Geschehene und ich spreche Ihnen gerne mein künftiges Vertrauen aus. Vielleicht hätte ich an Ihrer Stelle, wenn Sie diesen Vergleich gestatten, sogar ähnlich gehandelt, wenn mir entsprechende Möglichkeiten zur Verfügung gestanden hätten! Für meine Mitarbeiter kann

ich in dieser Sache nicht sprechen, denn ihre Persönlichkeitsrechte wurden verletzt und jeder von Ihnen muss sich seine eigene Meinung bilden, wie er mit diesem Tatbestand umgehen möchte. Sicher wird Frau Mentrose, was dies betrifft, gleich selbst noch Stellung nehmen.
Wenn ich das, was Sie uns gerade eröffnet haben, zusammen mit den bisherigen Erkenntnissen aus unserer Forschungsarbeit bewerte, könnte ich mir tatsächlich gut vorstellen, dass wir in Zukunft gemeinsam mit Ihnen die genannten Ziele verfolgen. Doch bevor wir in weitere Details einsteigen will ich Ihnen auch nicht weiter vorenthalten, wonach Sie sich so lange gesehnt haben müssen.«
Marco verteilte bei diesen Worten die mitgebrachten Baumwollhandschuhe, entnahm seinem Aktenkoffer eine kleine Transportbox und legte das Netsuke in die Hände von Yamagata Aritomo. Das äußerlich beherrschte, aber dennoch hinter der Fassade seltsam bewegte Minenspiel im Gesicht des Japaners in diesem Moment war für Marco und Claudia ein größerer Beweis für die Wahrheit des gerade Gehörten als alle seine Versicherungen zuvor. Hinter der kleinen Schnitzerei hatten vier Generationen dieser Familie hergejagt, ohne sie jemals gesehen zu haben. Sie fragten sich, was in den beiden Köpfen dieser Daimyo-Nachfahren gerade für Gedanken ablaufen würden. Diese hielten jetzt jenes kleine Kunstwerk in Händen, das ihre Vorfahren vor fast dreihundert Jahren erschaffen ließen, das vor fast zweihundert Jahren von einer Mutter kurz vor ihrem Selbstmord dem kleinen Sohn beigegeben wurde und das heute vielleicht der einzige verbliebene Schlüssel zur Wiederherstellung der Familienehre des einst mächtigen Geschlechts der Ikeda sein könnte.
Marco und Claudia schwiegen und ließen den beiden ehrfürchtig das Netsuke des Masanao betastenden und bewundernden Japanern die Zeit die sie brauchten, um sich wieder zu fassen. Schließlich legte Kaito das Netsuke zurück in die Transportbox. »Danke, vielleicht können Sie erahnen, was das gerade für uns bedeutet hat.«

In dem anschließenden Gespräch, das so ganz anders verlief als es sich Marco und sein Team an den Tagen vorher ausgemalt hatten, entwickelte sich Schritt für Schritt eine gemeinsame Basis für die später einvernehmlich, aber unter Vorbehalt getroffenen Vereinbarungen. Marco betonte erneut, dass er zuerst mit seinen Mitarbeitern die ausgetauschten Ideen besprechen wolle. Es hinge von deren Entscheidung ab, ob sie so vorgehen könnten wie von den beiden Yamagatas angeboten. Er sei jedoch optimistisch.

»Meine Herren, Sie haben meinen Chef schon für Ihre Vorschläge gewonnen, wie Sie sehen«, ergänzte Claudia. »Ich kann Ihnen versichern, dass Sie außerdem bereits das wahrscheinlich misstrauischste Team-Mitglied überzeugt haben, nämlich mich. Ich gehe davon aus, dass es zu einer weiteren Zusammenarbeit kommen wird, und hierauf freue ich mich.«

Yamagata Kaito unterbreitete daraufhin einen letzten Vorschlag, bevor man sich an diesem Tag trennte: »Sehr geehrter Herr Doktor Renke, wenn Sie dies wünschen, könnte ich es jederzeit arrangieren, Ihren anderen Mitarbeitern für Rückfragen persönlich zur Verfügung zu stehen. Es sollte kein Problem sein, vielleicht Ende dieser Woche ein auf unser heutiges Treffen aufbauendes Meeting unten bei Ihnen vorzusehen. Ein entsprechender Gaststatus wurde für mich bereits von der UNTACH-Leitung genehmigt. Aber das liegt selbstverständlich in Ihrem Ermessen. Ich würde Ihnen, sollten Sie und Ihr Team unserem Angebot prinzipiell zustimmen, vorher einen Entwurf für die neuen Verträge zukommen lassen. Zum nächsten Meeting werden wir Ihnen die Kopien unserer Familiendokumente über die Suche nach dem Schwert und dem Netsuke zur Verfügung stellen, die mein Vater vorhin erwähnt hat. Sie können mich jederzeit über die auf meiner Karte angegebene Mobilnummer direkt erreichen. Für den Austausch vertraulicher Informationen mit uns stellen wir Ihnen später abhörsichere Krypto-Kommunikationsmittel zur Verfügung.«

Auch Aritomo ließ es sich nicht nehmen, seine Hoffnung auf eine weitere Zusammenarbeit erneut zum Ausdruck zu bringen und zu bekräftigen, dass er ihnen jede erforderliche Unterstützung zusichere, die Angelegenheit aber bei seinem Sohn in den besten Händen wisse. Er ergänzte, als man sich schließlich verabschiedete: »Wissen Sie, Frau Mentrose, Herr Doktor Renke, Sie und Ihre Kollegen sind in wenigen Wochen in dieser Sache weiter gekommen als meine Vorfahren und ich in den letzten einhundertfünfzig Jahren, obwohl wir über enorme Ressourcen verfügen konnten. Wir stünden zutiefst in Ihrer Schuld, wenn sie uns bei den weiteren Schritten auf diesem Weg begleiten würden. Ich baue darauf, dass Sie das große Potential erkennen, welches diese Kooperation für jeden einzelnen von Ihnen birgt.«

Als Marco und Claudia wenig später mit dem Netsuke in ihrem unterirdischen Bürobereich ankamen, wurden sie dort schon voller Neugier von Tomomi, Rebecca und Frank erwartet. Es war gegen vierzehn Uhr, aber die drei hatten sich keinen Schritt wegbewegt aus Angst, die Rückkehr der beiden zu verpassen. Marco überließ es Claudia, den Verlauf und das Ergebnis des Treffens vorzutragen und ergänzte nur an einigen Stellen. Die anschließende Diskussion wurde teilweise sehr emotional geführt. Insbesondere Rebecca und Tomomi konnten sich schwer vorstellen, wie man zu einem Partner Vertrauen entwickeln sollte, der gerade zugegeben hatte sie schamlos ausspioniert und überwacht zu haben. Frank sah das sachbezogener und hatte keine Probleme mit dieser Situation. Er ging sowieso davon aus, dass heutzutage alles und jeder ständig überwacht würde, sei es vom eigenen Staat oder von fremden Diensten. Für ihn war nicht das Geschehene und von den Yamagatas Eingestandene entscheidend, sondern die Perspektiven. Das, was man ihnen für die Zukunft anbot, hielt der Pragmatiker für ausgesprochen spannend und attraktiv.
Marco fasste das Yamagata-Angebot am Ende von Claudias Bericht prägnant zusammen: »Um die wichtigsten Punkte nochmal zu nennen: Man bietet uns eine ganz erhebliche Summe, ohne weitere Auflagen, wenn wir unsere Untersuchungen und Recherchen neben dem Netsuke gleichermaßen auf das Masamune Schwert ausdehnen. Diese persönlichen Zahlungen werden bis zum geplanten Projektende im April 2037 garantiert, selbst falls sich keine neuen Erkenntnisse ergeben sollten. Eine denkbare Projektverlängerung wird bei Bedarf in gegenseitigem Einverständnis erfolgen. Sollten wir weitere Projektmittel benötigen, so sei dies problemlos möglich. Unsere zusätzliche monatliche Sondervergütung sei noch verhandelbar, sie ist aber wie ihr mir zustimmen werdet, mit einem Angebot von zwölftausend Euro pro Person bereits sehr attraktiv. Wenn es aufgrund unserer Arbeit tatsächlich gelingen sollte, das Schwert aufzuspüren, so verzichten wir zwar auf alle Rechte an diesem Objekt, erhalten aber hierfür

eine Erfolgsprämie von einer Million Euro, und zwar jeder von uns. Alle Publikationsrechte hinsichtlich des Netsuke liegen außerdem bei uns. Wir müssen uns jedoch verpflichten, Hinweise auf das Schwert vor dem erfolgreichen Auffinden dieses Objekts vertraulich zu behandeln, von den notwendigen wissenschaftlichen Abstimmungen mit Kollegen innerhalb und außerhalb des UNTACH abgesehen.«

Dieses finanzielle Angebot war vor allem für die drei jüngeren Team-Mitglieder sensationell großzügig und würde ihnen einen sorgenfreien weiteren Lebensweg ebnen. Für die finanziell bereits Etablierten Marco und Claudia stellte die üppige monatliche Zulage zwar keinen wichtigen Aspekt mehr dar. Aber die Aussicht auf die horrende Erfolgsprämie blieb natürlich auch bei diesen beiden nicht ohne Wirkung.

Alle fünf wären vermutlich sogar ohne die zusätzlichen finanziellen Anreize auf das Angebot der Yamagata-Familie eingegangen. Die Forschungsarbeit an sich hatte für sie eine so hohe Attraktivität gewonnen, dass es quasi unvorstellbar war auszusteigen. Sowohl dieses geheimnisvolle Netsuke als auch die Spurensuche nach dem Schwert hatten sie bereits voll in ihren Bann gezogen und so gab es gegen Ende der längeren Diskussion ein klares Votum für die Fortsetzung ihrer Arbeit.

»Wir sollten uns nichts vormachen, Freunde«, ergänzte Claudia dennoch. »Diesen Partnern gegenüber ist natürlich weiterhin größte Vorsicht angebracht. Sie sind aufgeflogen, was ihre bisherigen Überwachungsmaßnahmen betrifft und haben die Flucht nach vorne angetreten, bevor sie unsere Zuarbeit ganz verlieren. Vielleicht wurde ein gewisser Sinneswandel mit ausgelöst durch einen Generationen- und Kurswechsel innerhalb der Familie, da klang manches in dieser Richtung an während des Meetings.

Fakt bleibt jedoch, dass wohl erhebliche kriminelle Energie bei unseren illustren Auftraggebern existiert und unerschöpfliche Ressourcen und Möglichkeiten, von der möglichen Verquickung mit den Yakuza ganz abgesehen. Aber ich muss zugeben, dass mich diese beiden Männer ziemlich beeindruckt haben und das meine ich durchaus positiv. Wenn wir uns bewusst sind, dass man weiterhin ein genaues Auge auf uns haben wird, und wenn wir selbst loyal zu unseren Vereinbarungen stehen, so glaube ich wirklich, dass wir uns in diesem Sinne auf die Yamagatas verlassen können. Natürlich sind wir weiterhin nur nützliche Werkzeuge für sie, da sollten wir uns nicht durch das anbiedernde Gerede einlullen lassen. Aber was soll´s, für so eine Vergütung eine so tolle und inhaltlich attraktive Arbeit leisten zu dürfen und auch noch mit der Aussicht auf ein erhebliches Erfolgshonorar – wir müssten ja blöd sein, hierauf nicht einzugehen!«

Das sahen die anderen ähnlich. »Ich will jetzt nicht so tun als ließe mich das Geld kalt, das uns da zuströmt.«, schloss sich Frank an, »Aber vor allem die wissenschaftliche Qualität in unserem Projekt fasziniert mich total und ich fände es sträflich, jetzt abzubrechen. Wenn es stimmt, dass wir über die Familien-Aufzeichnungen der Yamagata an weitere alte Quellen und Fakten herankommen, dann kann diese neue Zusammenarbeit fachlich unheimlich wertvoll werden. Also ich bin dabei!«

Marco hatte dieses Ergebnis nicht anders erwartet und dankte seinem Team für diese Entschlossenheit. Sicherheitshalber vergewisserte er sich nochmals bei allen, dass niemand auf eine Anzeige oder Offenlegung der Abhöraktion bestand und er somit den Yamagatas eine rundum positive Antwort geben konnte. In der allgemeinen Aufregung und Begeisterung über diese Entwicklung war an ein normales Weiterarbeiten an diesem Nachmittag nicht mehr zu denken. Sie verlagerten ihre aufgekratzten Gespräche in ein passenderes Ambiente und verbrachten den späten Nachmittag zusammen im Cafe im Park. Marco verabschiedete sich gegen neunzehn Uhr, weil er mit Gieun zum Abendessen verabredet war. Bei den anderen vieren wurde es spät an diesem Abend, denn es gab nach der Hektik und Ungewissheit der letzten Tage einiges zu feiern, was sie auch kräftig taten.

Am nächsten Morgen führte Marco ein längeres Telefonat mit Yamagata Kaito, das ausgesprochen harmonisch und konstruktiv verlief. Noch am gleichen Tag lagen ihm die digitalen Entwürfe der Vertragsergänzungen vor, wie besprochen. Nachdem alle Mitarbeiter diese sorgfältig gelesen und zugestimmt hatten, wurde bereits für den nächsten Vormittag um elf Uhr ein Termin in der Rechtsabteilung des UNTACH arrangiert, damit die beidseitig unterzeichneten Dokumente juristisch beglaubigt und notariell hinterlegt werden konnten. Bei dieser Gelegenheit übergab Kaito fünf Kopien der Familienaufzeichnungen an Marco und die anderen Team-

Mitglieder, mit der nicht ohne Selbstironie lächelnd vorgebrachten Bitte, hiervon möglichst keine digitalen Kopien an Externe zu versenden. »Wir alle wissen ja, der elektronischen Welt ist nicht zu trauen und wenn das sogar ein Yamagata sagt …«

Diese Bemerkung trug dazu bei, den anfangs etwas verkrampften und distanzierten Umgang miteinander aufzulockern. Kaito lud das Team hinterher zum Mittagsessen in den Nikko Temple ein und nutzte die Gelegenheit, sie näher kennenzulernen und auch sich besser vorzustellen, was er mit viel Charme und Witz tat. Nachdem er am Montag in Gegenwart seines Vaters noch sehr zurückhaltend agiert hatte, erwies er sich als sympathischer, gebildeter und zielstrebiger Mensch. Trotz seiner Jugend strahlte er bereits Besonnenheit und Charisma aus, ganz der Sohn seines mächtigen Vaters.

Am Ende des Lunchs kam von Marco der Vorschlag für den nächsten Schritt: »Herr Yamagata, ich schlage vor, dass wir die vereinbarte Offenheit und Transparenz möglichst rasch durch Taten belegen. Wir werden Ihre Familien-Unterlagen in den kommenden Tagen sichten und einige wichtige Teile für den Abgleich mit unseren eigenen Erkenntnissen entsprechend aufbereiten. Am kommenden Mittwoch könnten wir Ihnen einen kompletten Überblick präsentieren, gemeinsam die neuen Hinweise diskutieren und die nächsten Schritte konkret vereinbaren. Unten auf Ebene U-16 würde hierfür ein sehr spezieller VR-Tagungsraum, der ›The Wall‹ genannt wird, optimale Voraussetzungen bieten.«

Diesen Vorschlag nahm Kaito begeistert an. Nach kurzem Nachdenken ergänzte er sehr ernsthaft, dass ihm noch etwas Wichtiges am Herzen lag. »Ich will Ihnen gestehen, dass unsere Sicherheitsleute während dieser unseligen Abhörepisode auch auf diesen VR-Raum Zugriff hatten, soviel ich weiß allerdings nur auf Gesprochenes, nicht auf die Video- und VR-Bilder. Ich schäme mich hierfür und bitte erneut um Ihre Verzeihung. Ich wollte Ihnen außerdem versichern, dass Sie keinesfalls dazu verpflichtet sind, uns voll in Ihre Arbeit einzubeziehen - Sie besitzen unser Vertrauen. Aber wenn Sie wirklich so freundlich sein wollen, mich wie soeben angeboten aktiv an Ihrer Forschung teilnehmen zu lassen, so wäre das wundervoll. Natürlich werde ich mich gerne und mit großem Engagement in Ihr Team einbringen, Sie können voll über mich verfügen. Und ein letztes: Ich würde mich geehrt fühlen, wenn Sie mich Kaito nennen. Ich beneide Sie um das kollegiale, ja freundschaftliche Team-Miteinander, das Sie alle ausstrahlen und würde mich glücklich schätzen, in Zukunft kein Außenstehender bleiben zu müssen.«

Das waren beeindruckende Worte und Marco sah ringsum zunächst überraschte, dann erfreute und schließlich teilweise sogar gerührte Gesichter.

Tomomi kam ihm lachend mit einer Antwort in Japanisch zuvor: »Na, da täusch´ dich mal nicht, wir können ganz schön anstrengend sein! Aber wenn du das riskieren willst, meinerseits ›Herzlich Willkommen im Team‹, Kaito. Nenn´ mich bitte Tomomi.«

Dann ergänzte sie leicht errötend in Englisch: »Entschuldige, Marco, aber das muss der Sake gewesen sein, das ist einfach so aus mir herausgesprudelt!« Sie wiederholte in Englisch für die anderen, was sie gerade gesagt hatte.

Marco und die anderen drei erhoben wie auf ein Zeichen hin ihre Sake-Schälchen und prosteten Kaito lächelnd zu, ihm jeweils ihre Vornamen nennend. »Willkommen im Team, Kaito!«

Nachdem man sich wenig später verabschiedet hatte, kehrte das Renke-Team in die unterirdischen Gefilde des UNTACH zurück, während Kaito auf seinem Rückweg zum Haupteingang noch einen kurzen Zwischenstopp in einem hierfür vorgebuchten Besprechungsraum im Konferenzzentrum einlegte. Die Frau, die er dort traf, nahm seine knappen und eindeutigen Anweisungen sehr erleichtert auf, lehnte das Angebot eines großzügigen Schweigegeldes aber strikt ab: »Bitte verstehen Sie, Herr Yamagata, dass ich dem Tamagi-Konzern meine Dienste nur aufgrund meiner Dankbarkeit und Loyalität zur Verfügung gestellt habe, nicht für Geld. Ich stand und stehe aufgrund der großzügigen Versorgung für meine Mutter, meine Geschwister und mich nach dem Tod meines Vaters in der Schuld Ihrer Familie. Dennoch bin ich endlos erleichtert, dass Ihre Mitteilung mich aus dem moralischen Dilemma befreit, in das ich hierdurch geraten war. Danke für Ihren Entschluss, mich von dieser Pflicht zu entbinden, und danke für Ihre Zusage, dass unser Arrangement niemals enthüllt werden wird!«

Kaito hatte sich bereits am Montag nach dem Meeting entschlossen, die persönliche Überwachungsmaßnahme zu beenden und das heutige kurze Treffen mit der Informantin arrangieren lassen. Er wollte sicher gehen, dass dieses dunkle Kapitel abgeschlossen war und hoffentlich nie ans Licht kam, im Interesse ihrer Sache und im Interesse der direkt Betroffenen.
Als er drei Stunden später die auch für ihn endlos langen und gründlichen Kontrollen und Sicherheitsschleusen hinter sich hatte, fühlte er sich zufrieden, ja glücklich. Er war wie berauscht davon, dass nicht nur sein Vater ihm diese Freiräume und dieses Vertrauen schenkte, sondern dass er durch Doktor Renke, nein, jetzt ja schon Marco, und dessen wirklich tolles Team offen und freundschaftlich aufgenommen wurde. Sie würden es gemeinsam schaffen dieses Schwert zu finden, da war er sich ganz sicher.
Zurück im Tamagi Tower veranlasste er als erstes, dass man für ihn ein Apartment im UNTACH buchte und die erforderlichen Vorkehrungen für seinen kurzzeitigen Umzug dorthin traf. Er wollte das Angebot von Marco, direkt vor Ort mitzuwirken, wirklich bestmöglich wahrnehmen.

An den folgenden Tagen arbeiteten die Wissenschaftler fast rund um die Uhr an den neuen Informationen aus dem Yamagata-Vermächtnis. Da etliche dort enthaltenen Dokumente und Hinweise in japanischer Sprache verfasst waren, lag die Hauptlast auf Tomomi und Frank, denn nicht alle Unterlagen wollten sie über den Sprachendienst übersetzen lassen. Als am Montag der folgenden Woche Kaito im UNTACH eingezogen war, übernahm dieser ebenfalls einige Übersetzungen und die Erläuterungen zu den oft recht schwer interpretierbaren Eintragungen, was die Sache deutlich erleichterte. Sie profitierten hierbei davon, dass er in den Tagen nach der Fuji-Besteigung sehr intensiv zusammen mit seinen Brüdern, seiner Schwester und seinem Vater über diesen Unterlagen gebrütet hatte. Sie wollten selbst begreifen und nachempfinden, wie verzweifelt ihre Vorfahren nach dem Netsuke und dem Schwert gesucht hatten.
Um in der Flut an Informationen nicht unterzugehen, sortierte das Team im UNTACH schließlich die Hinweise in zwei Kategorien: Jene, die zum Weg und zur Geschichte des Netsuke Neues erbrachten, und jene, die sich auf frühere Ideen und Bemühungen der Yamagatas direkt hinsichtlich des

Schwerts bezogen. Die erste Kategorie, die fast achtzig Prozent der Dokumente ausmachte, würde zwar wertvolles Material für ihre Netsuke-Monographie ergeben, aber nichts hinsichtlich der Schwertsuche. Diese Dinge stellten sie also für eine spätere Bearbeitung vorerst zurück. Stattdessen konzentrierten sie sich voll auf jene zwanzig Prozent der Aufzeichnungen in den Yamagata-Überlieferungen, die direkten Bezug zum denkbaren Versteck des Schwerts hatten. Sie korrelierten diese Fakten oder Vermutungen mit ihren bisherigen Informationen. Alle entsprechenden Schlüsselwörter, Namen, Zeitangaben und Ortsbezeichnungen wurden erfasst und für ein Einspeisen in das System von ›The Wall‹ vorbereitet, wobei Sunjub wieder von Professor Wang zur Mitarbeit freigestellt worden war.

Bei den neuen Hinweisen war ihnen bewusst, dass Heerscharen von Detektiven, Experten und Vertrauten der früheren Yamagatas diesen Spuren bereits intensiv gefolgt waren, ohne das Schwert aufspüren zu können. Der Schluss lag daher nahe, dass tatsächlich das Netsuke eine Schlüsselinformation darstellen musste. Dieses stand nun, nach einhundertfünfzig Jahren, erstmals wieder direkt zur Verfügung bei dieser Schatzsuche. Die Hoffnung des Teams ruhte außerdem auf dem enormen Recherche- und Korrelationspotential von Professor Wangs Software, denn bislang war die Auswertung der Yamagata-Dokumente nur mit sehr traditionellen Methoden erfolgt. Wenn die Spuren und Hinweise in irgendeinem logischen Zusammenhang zueinander standen, so hatten sie gute Chancen, dass ihnen dies ›The Wall‹ virtuell auch vor Augen führen konnte. Sie fieberten daher dem Mittwoch entgegen und fokussierten ihre Energie darauf, möglichst viel neues ›Datenfutter‹ in diese VR-Sitzung einspeisen zu können.

Am vierten September, wie geplant kurz vor zehn Uhr, warteten sie mit Kaito in der Lounge der Etage U-16 auf Professor Wang. Marco sprach aus, was den meisten von ihnen in diesem Moment durch den Kopf ging: »Heute ist es sieben Wochen her, seit wir das erste Mal hier unten zusammensaßen. Ist es nicht unglaublich, was sich seither alles ergeben und uns erschlossen hat? Inzwischen verfügen wir über einen vielfältigen Schatz an Hintergrundwissen. Das Yamagata-Vermächtnis und Kaitos Hilfe haben diesen in den letzten Tagen nochmals bereichert. Aus Misstrauen und

Unsicherheit gegenüber den ›Drahtziehern‹, wie wir es nannten, sind Vertrauen und Entschlossenheit geworden, zusammen die Rätsel zu lösen, die uns noch vom gemeinsamen Erfolg trennen. Kommt euch das nicht auch fast surreal vor, quasi zu schön, um wahr zu sein? Ich kann es kaum erwarten, mit Hilfe von Xiaodings VR-Technik die bisherigen Spuren zu vernetzen!«

In diesem Moment kam Professor Wang um die Ecke, der bereits eine zweistündige Sitzung des monatlich tagenden UNTACH-Wissenschaftsbeirats hinter sich hatte. Nach kurzer Begrüßung und Vorstellung von Kaito erklärte er seine sichtlich gute Laune: »Meine Damen, meine Herren, ich kann Ihnen gar nicht sagen, wie sehr ich mich darüber freue, dank Ihrer Session eine gute Begründung gehabt zu haben, um diesem Sitzungsmarathon in der Verwaltung zu entgehen. Das geht dort mindestens noch den halben Tag und ich frage mich hinterher meistens, warum ich mir das immer wieder antue! Da lobe ich mir so spannende und angenehme Aktivitäten wie die Zusammenarbeit mit dir und deinem Team, Marco, und heute werden wir sicher wieder einige Fortschritte machen. Meine Mitarbeiter haben gestern Abend noch die neuen Daten eingespeist und ich habe mir anschließend einen kleinen Probelauf nicht versagen können – Sie alle können zu Recht gespannt sein und vor allem Sie, Herr Yamagata, dürfen sich auf eine Überraschung freuen! Na, dann wollen wir mal loslegen.«

Marco hatte seinen alten chinesischen Freund bereits am Tag nach der Vertragsunterzeichnung über die neuen Entwicklungen im Projekt und das inzwischen entstandene Verhältnis zu den Yamagatas in Kenntnis gesetzt. Professor Wang sah die neue Situation recht kritisch, insbesondere seit Marco ihm mitgeteilt hatte, dass er Kaito, den Sohn des Tamagi-Chefs, quasi ins Team eingebunden hatte. Mit der skeptischen, allerdings mit einem Augenzwinkern vorgebrachten Anmerkung, dass er Marco schon immer für einen blauäugigen Menschenfreund mit zu viel Vertrauensvorschuss allem und jedem gegenüber hielt, ließ er es aber bewenden. Marco ließ sich in seiner Grundeinstellung sowieso nicht beeinflussen, denn er war bisher selten enttäuscht, aber oft für sein Vertrauen belohnt worden.

Xiaoding aktivierte den Zugang zur Sicherheitsschleuse und sie folgten ihm in ›The Wall‹, wo ihnen wenige Minuten später Sunjub aus dem Steuerstand freundlich zuwinkte, der das System bereits hochgefahren und startbereit hatte. Als alle bereit waren, überließ Xiaoding zunächst für den ersten Teil der Präsentation Marco das Wort. Dieser hatte speziell für Kaito einen etwa halbstündigen Überblick vorbereitet, ähnlich wie vor Wochen für sein eigenes Team. Hierbei verzichtete er auf zu sehr in die Tiefe gehende wissenschaftliche Hintergrund-Informationen zur Netsuke-Kunst. Stattdessen ergänzte er ihren damaligen Wissensstand um die später dazugewonnenen Erkenntnisse zum vermutlichen Weg des Adler-Netsuke, nachdem es in Japan verloren ging.

Für Kaito war es die erste solche Erfahrung in der faszinierenden Welt der Virtuellen Realität. Sowohl die Fülle der Hinweise und Informationen wie auch die Art der dreidimensionalen Darstellungen und Verknüpfungen hatten eine überwältigende Wirkung auf ihn. Als Journalist war er es gewohnt, komplexe Zusammenhänge gedanklich zu strukturieren und aus einzelnen Indizien ganze Abläufe und Geschichten abzuleiten. Diese Technik hier nahm den Teilnehmern aber einen Teil der logischen Gedankenarbeit bereits ab und hielt Zwischenergebnisse und potentielle Alternativen optisch fest. Man konnte sich voll auf eigene Inspirationen konzentrieren. Durch die lebendige Visualisierung war es sogar bei einer derart umfangreichen und diffusen Informationslage möglich, bisher verborgene Zusammenhänge aufzudecken und neue Ideen zu entwickeln, die bislang blockiert waren. Marco ließ in weiterer Folge die Daten und Hinweise aus den Yamagata-Dokumenten einspielen. Diese wurden quasi hinein geflochten in das vor ihren Augen weitverzweigt aufgespannte Netz aus Fakten und Quellenangaben, was Kaito regelrecht hypnotisierte. Er fühlte sich wie ein Zeitreisender, der von außen auf historische Abläufe inklusive ihrer Ursachen und Wirkungen herabblickte und gleichzeitig kleine Details aus dem Leben des Masanao-Adlers und des Masamune-Schwerts aufblitzen sah. Fast wurden für ihn die konkreten neuen Erkenntnisse zweitrangig und stattdessen das Erlebnis dieser virtuellen Reise durch eine fremde vergangene Welt zum Selbstzweck. Er empfand gerade einfach nur noch reinen Genuss, ohne jegliche weitere Absichten.

Marco und seine Mitarbeiter rissen ihn recht unsanft aus diesem traumähnlichen Zustand, als plötzlich eine erregte und begeisterte Diskussion losbrach. Im virtuellen Vordergrund hatte soeben die

Einspielung von zwei Namen und Ortsangaben gleich mehrere bereits im Bildhintergrund befindliche Datenbereiche vergrößert und mit neuen Datenbankverknüpfungen unterlegt. Alle starrten gebannt auf die hierdurch neu erkennbaren Zusammenhänge zwischen einer Aufzeichnung von Kaitos Urgroßvater aus dem Jahr 1955, einer 2016 veröffentlichten Studie eines russischen Geologen und einem japanischen Gedichttext aus dem Jahr 1870.
»Ich wusste, das wird Sie begeistern, Herr Yamagata«, schaltete sich Xiaoding Wang schmunzelnd ein. »Habe ich zu viel versprochen? Also wenn ich den Eintragungen Ihres verehrten Herrn Urgroßvaters folge, dann war er auf diese Idee aufgrund mündlicher Erzählungen eines Vertrauten seines Vaters namens Hatashi gekommen, ohne vom hier drüben abgebildeten Gedicht zu wissen. Der Autor dieses Gedichts wiederum ist zwar nicht bekannt, aber die hier eingeblendete Publikation eines Historikers aus dem Jahr 2009 nennt als Quelle eine Lyriksammlung aus Himeji. Die exakte Datierung erfolgte wie dort erwähnt mittels chemischer Tuscheanalyse durch ein Labor in Dänemark. Die anderen erinnern sich sicher an den früheren Hinweis auf das einem Ikeda zugeschriebene andere Gedicht, das die Kunst des Masanao gelobt hatte und auf einen Adler und Affen Bezug nahm? Beides zeigt uns übrigens, dass der Plünderung der Himeji-Burg nicht alles zum Opfer fiel. Einige Schriftstücke waren schon vorher in Sicherheit gebracht worden und konnten später durch die Wissenschaft erfasst werden. Erinnern Sie sich an den früheren Querverweis auf ein von einem Hatashi Terada unterzeichnetes Dokument aus dem Jahr 1905, das den Adler und das angeblich versteckte Schwert zum Inhalt hatte? Also auf diesen Namen trafen wir schon das zweite Mal! Aber egal: Wir haben jetzt drei voneinander unabhängige Quellen, die auf den gleichen Ort Shiso in den Bergen nördlich von Himeji hinweisen!«
Marco ging laut vorlesend die drei hervorgehobenen Angaben der Reihe nach durch, um die Konzentration noch selektiver auf diese Fakten zu lenken. »Das ist wirklich interessant! Hier in dem Vermerk von Kaitos Urgroßvater aus dem Jahr 1955 steht ›... *mein väterlicher Freund Hatashi hatte diesen Ort in den Bergen über Shiso in manchen seiner Erzählungen erwähnt. Aber alle unsere Suchtrupps stießen weder auf Hinweise durch die Landbevölkerung noch auf*

andere Spuren …‹. In diesem Gedicht von 1870 heißt es *›… und wüssten die Berge von Shiso um ihre wahre Bedeutung, sie würden noch strahlender leuchten in der Morgensonne als ein herabstürzender Meteor …‹* Dann der Hinweis aus dieser geologischen Naherkundungsstudie von 2016, dass es *›… weitab von dem eigentlichen Streukegel des Matsuhita-Meteoriten nördlich von Shiso eine Anomalie gibt, die ebenfalls auf einen Meteoritensplitter dieses Einschlags hindeutet, obwohl alle ballistischen Aspekte gegen diesen möglichen Fundort sprechen.‹* Wenn ich die Angaben in dieser letztgenannten Publikation richtig interpretiere, dann wurde mit einem völlig neuen Sensorsystem in jener Region eine Metallmeteoritenkartierung durchgeführt. Durch den Einsatz von über einhundert autonom fliegenden und durch Schwarmintelligenz vernetzten Mini-Drohnen, mit einer Ortsauflösung von zwanzig Zentimetern! Ich wusste nicht einmal, dass so etwas heutzutage geht. Zu jener Zeit muss das umso mehr ein außergewöhnlicher, aufwendiger und kostenintensiver Einsatz gewesen sein – also so etwas nahe bei Himeji, das kann doch kein Zufall sein!«

Kaito hatte sich inzwischen aus seiner Faszinationsstarre gelöst und war voll konzentriert. »2016 fällt mitten in die letzte Unterbrechungsphase bei unserer Suche. Mein Großvater starb 1986 und mein Vater erfuhr erst 2032 von unserem Familien-Geheimnis, als er sechzig wurde. Wenn diese spezifische Ortungsstudie auf meteoritisches Material tatsächlich in Verbindung mit der Schwertsuche stand, dann heißt das doch, dass es noch jemanden gab, der vor zwanzig Jahren mit enormem Einsatz auf den Spuren des Honjo Hisui Masamune wandelte! Herr Professor Wang, können wir diese komplexe Darstellung abspeichern?«

Wang schmunzelte, sah Rebecca aufmunternd an und forderte sie mit einem freundlichen Zunicken auf, die Antwort zu übernehmen.

»Naja, Kaito, der nette Kollege oben in der Kabine und ich haben einigen Aufwand in den letzten Wochen betrieben, um sowas hinzubekommen, mit halbwegs befriedigendem Erfolg. Wir werden später im abgespeckten Mitschnitt alle Fakten und Hinweise wiederfinden, aber nicht so wie du es nun virtuell vor dir siehst. Ich denke, dir geht es vor allem um die ganzen Quellenangaben und Stichworte, damit wir später weiter recherchieren können, und das klappt.«

Kaito freute sich über diese Aussage, denn er hatte aus den Überwachungsprotokollen noch in Erinnerung gehabt, dass Ergebnisse von ›The Wall‹ nicht elektronisch abgespeichert werden konnten. Dann ergänzte er etwas zum Namen ›Hatashi‹: »Dass dieser Name öfters sowohl in den Aufzeichnungen meiner Vorfahren, aber auch bei anderen Dokumenten zu unserer Thematik auftaucht ist nicht verwunderlich. Mein Vater hatte am Montag letzter Woche erwähnt, dass eine den Ikedas treu ergebene Samurai-Familie bei der Rettung von Kuroda und als Hüter unseres Familiengeheimnisses eine wichtige Rolle spielte – und dieses Geschlecht trägt den Namen Hatashi. Die enge Beziehung hat sich bis in die sechste Generation fortgesetzt und vor allem mein Vater ist sehr stolz auf diese Tradition und gegenseitige Verbundenheit.«
Auf die momentanen Geschäfte dieses Clans ging Kaito beflissentlich nicht ein, er wollte die gegenseitige Offenheit und Toleranz nicht überstrapazieren. Der Name Hatashi war außerdem in Japan so häufig, dass niemand Querverbindungen zu einer bestimmten Yakuza-Untergrundorganisation ableiten könnte.

Xiaoding Wang sprach weitere ihm besonders bemerkenswert erscheinende Zusammenhänge in der neuen Datenlage an. Es gab im Yamagata-Vermächtnis Hinweise auf verschiedene persönliche Wertgegenstände der Ikedas, an denen man wie am Netsuke versteckte Hinweise auf das Versteck des Schwerts vermutet hatte. Qigong-Kugeln wurden zwar nie explizit genannt, aber einmal war von einem Kurzschwert des Typs ›Wakizashi‹ die Rede. Ein anderes Mal von Trainingsgeräten wie sie für Geschicklichkeits- und Konzentrationsübungen von Samurai verwendet wurden, was im weiteren Sinn auf Qigong-Kugeln passte. Aber auch Rüstungen und Helme wurden erwähnt.
Besondere Aufmerksamkeit erregte beim Team eine Notiz von Kaitos Großvater aus dem Jahr 1985. Dieser vermutete, dass das Netsuke gar keine geheime Inschrift enthielt, sondern möglicherweise durch seine Darstellung selbst den Hinweis auf das Versteck gab. Aus den späteren Aufzeichnungen ging leider hervor, dass die Überlegungen in diese Richtung zu keinem Ergebnis geführt hatten. Damals standen den Yamagata allerdings nur

Skizzen vom Aussehen des Netsuke zur Verfügung, keine exakten Zeichnungen oder gar Fotographien, wie Kaito erläuterte. Als Yamagata Ouichi im Alter von zwanzig Jahren von seinem Ziehvater von seiner wahren Herkunft erfahren hatte, fertigte auf seine Bitte hin der Sohn des 1859 im Krieg gefallenen Hatashi Ishii aus dem Gedächtnis eine Zeichnung des Netsuke an, das er zunächst an der Wiege des kleinen Ouichi und später an seinem Vater öfters gesehen und noch gut in Erinnerung hatte. Sein Vater behandelte diese Schnitzerei immer mit besonderer Ehrfurcht und machte seinen Kindern gegenüber manchmal Andeutungen, dass der kleine Adler ein großes Geheimnis barg. Die aus dem puren Gedächtnis entstandene Zeichnung traf daher die gesamte Darstellung des Netsuke recht gut, aber hinsichtlich der exakten Kopfhaltung und Blickrichtung von Adler und Affe wich sie doch etwas vom Original ab. Dies wurde aber erst im Jahr 2032 für Yamagata Aritomo ersichtlich, als er über die UNTACH-Unterlagen an Fotos und Literaturquellen gelangte, die seinem Vater noch nicht zugänglich waren.
Aritomo hatte später neben den vielen anderen Spekulationen im Vermächtnis diese Idee seines Vaters wieder aufgegriffen und durch Experten versucht, aus Körperhaltung und Blickrichtung der Schnitzerei mögliche Ortshinweise abzuleiten, vergeblich. Jetzt bei der VR-Sitzung ließen die Teilnehmer ebenfalls ihre Ideen hierum kreisen und spekulierten über mögliche Hypothesen.
Am spannendsten fanden sie einen Hinweis von Frank. »Wenn irgendeine historische Darstellung unseres Netsuke in einem Bild oder in einer Landkarte authentisch ist, dann sollten wir da ansetzen. Der Surimono könnte einen solchen Kontext bilden oder doch unsere Seidenlandkarte. Selbst wenn der Adler dort ergänzt wurde, muss dieser nachträglich angebrachte Hinweis ja nicht zwingend in eine falsche Richtung zeigen, oder? Wir sollten uns die Gedichttexte nochmal genau vornehmen, in denen der Adler und der Affe genannt werden, vielleicht versteckt sich dort eine indirekte Ortsangabe? Vor allem fasziniert mich der Gedanke, dass so wie die Qigong-Kugel auch andere Hinweis-Objekte vielleicht bei diesem Helmut Bauer gelandet waren und diese zwar jetzt in der Schatulle fehlen, aber früher dazu gehörten. Wir müssen unbedingt mit seinem Erben sprechen!«

In diesem Stil diskutierte das Team zusammen mit Kaito und Xiaoding noch fast zwei Stunden über einzelne Hinweise aus dem virtuellen Informationsnetz vor ihren Augen, modifizierten die Darstellungen gelegentlich und notierten sich zahlreiche Ideen und Ansatzpunkte für die weiteren Recherchen.
Als Marco um dreizehn Uhr die Sitzung langsam schließen wollte, waren sie alle ziemlich erschöpft, aber auch voller Begeisterung und Vorfreude auf die nächste Phase ihres Forschungsprojekts. Ihnen war klar, dass es bald wieder hinaus in die reale Welt ging und dass sie mit der mächtigen Rückendeckung des Tamagi-Konzerns fortan über gigantische Möglichkeiten der Informationsbeschaffung verfügten.
»Wenn ich das kurz überschlage, haben wir über zwanzig neue Hinweise, denen wir nachgehen sollten«, griff Marco den Faden auf. »Aus den Yamagata-Unterlagen wissen wir jeweils, was bereits in der Vergangenheit überprüft wurde, allerdings nur mit den damals vorhandenen Hilfsmitteln. Mit der heutigen Technologie und vor allem mit dem digitalen Zugriff auf viel mehr Informationen und Originalquellen dürften wir deutlich bessere Aussichten haben als Kaitos Vorfahren. Xiaoding, kann man die wichtigsten Spuren, nicht nur zum Schwert sondern auch zum Netsuke, hier im Virtuellen Raum nach geographischen Gesichtspunkten sortieren und konzentrieren, um unsere künftige Reisetätigkeit optimal zu planen?«
Xiaoding nickte und diskutierte mit Sunjub einige technische Details, wobei sich Rebecca mit guten Vorschlägen einbrachte. Sunjub begann im Steuerstand einige Software-Parameter zu variieren. Xiaoding übernahm zeitweise mittels der Manipulatoren in seiner Sitzlehne ergänzende Anpassungen und nach etwa fünfzehn Minuten gerieten die zahlreichen einzelnen Bildelemente vor ihren Augen heftig in Bewegung, nahmen neue Positionen ein und ordneten sich zu Clustern nach nicht inhaltlich-logischen, sondern geographischen Kriterien.
Wie erwartet zeichneten sich in Deutschland die Regionen um Würzburg und Dresden durch jeweils hohe Datendichten aus. Neben *Shiso* in Japan und *Jaipur* in Indien wiesen die Clusteranalyse und ein automatischer Logik-Check außerdem erstaunlicherweise auf *Kyoto* als empfohlene Recherche-Lokalität hin. Da dies keinem von ihnen sofort einleuchtete, rief Xiaoding die Logik-Parameter auf, die sein System eigenständig generiert hatte. Als

diese vor ihren Augen aufgelistet wurden, erklang ringsum ein nachdenkliches Murmeln.
»Sollte tatsächlich niemand zuvor auf diese Idee gekommen sein, vor allem nicht die Generationen kurz nach dem Verschwinden des Schwerts?«, kommentierte Kaito die allgemeine Überraschung, »Also diese Option leuchtet einem irgendwie ein! Wenn das Netsuke selbst der Wegweiser ist und wenn damit gemeint ist, dass man ihm in die Vergangenheit folgen soll, dann eröffnet das neue Interpretationen. Wenn man den Weg bis ganz zum Anfang zurückverfolgen, das Schwert also am Ursprung des Netsuke suchen soll, dann wäre dies logischerweise der Ort, an dem einst die Werkstatt des Masanao stand. Aber andererseits passt das doch überhaupt nicht zu dem überlieferten Wissen, dass Ikeda Hinata während der Kämpfe im Jahr 1855 das Schwert ›an einem sicheren Ort verbarg‹. Das spielte sich nach allen privaten und historischen Quellen ›im Bergland nördlich von Himeji‹ ab. Shiso liegt etwa vierzig Kilometer nördlich von Himeji in den Bergen, Kyoto dagegen liegt etwa einhundert Kilometer östlich von Himeji. Weiß man eigentlich den genauen Ort in Kyoto, an dem sich die Werkstatt Masanaos befand?«
Das verneinte Frank sofort, hierzu gab es keinerlei Urkunden oder Hinweise in der einschlägigen Literatur. Sie spekulierten noch eine Weile wild durcheinander, vielleicht sei auch der Übergabeort des Netsuke an den Auftraggeber oder der erste Aufbewahrungsort in Himeji oder ähnliches gemeint.
Marco zog hier einen Schlussstrich. »Gut, Freunde, ich denke diese Diskussion können wir später führen, ohne VR-Unterstützung. Ich schlage daher vor, dass wir uns hier verabschieden. Xiaoding, Sunjub, herzlichen Dank für diese wie immer fantastische Unterstützung! Wir anderen sollten vielleicht eine kleine Pause einlegen und uns später, sagen wir um sechzehn Uhr, in meinem Büro für eine kleine Abschlussrunde zusammenfinden. Jetzt sind alle Eindrücke und Ideen noch frisch, das sollten wir nutzen! Morgen legen wir die Strategie für die nächsten Wochen fest. Einverstanden?«
Alle stimmten zu, sichtlich erschöpft von dieser fast vierstündigen intensiven Sitzung. Rebecca gesellte sich sofort zu Sunjub, um die

Datenkopien für ihre Team-Software auszulesen. Die anderen plauderten auf dem Rückweg noch über einige Ergebnisse des Meetings, es fiel keinem leicht, wirklich abzuschalten und sich eine echte Pause zu gönnen. Nur Marco blieb kurz zurück.

Beim Verlassen des VR-Bereiches hatte Xiaoding ihn für einige vertrauliche Worte zur Seite genommen: »Nochmals vielen Dank für deinen Hinweis letzte Woche, Marco. Der Sicherheitsdienst und meine Mitarbeiter haben tatsächlich mehrere Nano-Mikrofone, eine Mikrokamera sowie an unserem Hauptdatenkabel eine Fremdinstallation entdeckt. Die hiermit kopierten Eingangsdaten wurden jedoch nicht nach außen übertragen, sondern auf eine versteckte Minifestplatte abgespeichert und nach Meinung der Experten nie abgeholt oder ausgelesen. Unser System ist inzwischen wieder sauber und wir haben Vorkehrungen getroffen, dass so etwas in Zukunft nicht wieder vorkommt. Vorgestern fand eine Sondersitzung des Security-Beirats zum Gesamtthema statt und ich kann dir sagen, dass noch in weiteren Labors und Räumlichkeiten Wanzen und Abhörgeräte entdeckt wurden. Aber niemand ahnt, dass euer Projekt da das Hauptziel war und ich habe, wie versprochen, dies auch nicht offengelegt. Ein früherer Sicherheitsangestellter soll hinter all dem gesteckt haben, der vor etwa fünf Wochen spurlos verschwunden ist. Warum und für wen diese ganze Aktion bestimmt war, ist den Verantwortlichen vorerst ein Rätsel, und ich denke, das kann so bleiben. Aber ich danke dir nochmals, dass du mich ins Vertrauen gezogen hast, das war eine wichtige Lektion, um die Datensicherheit im UNTACH künftig besser gewährleisten zu können!«

Marco versicherte seinem Freund, dass er selbst sehr zufrieden mit dieser Situation sei und verabschiedete sich herzlich von ihm, denn vorerst würden keine weiteren VR-Sitzungen stattfinden.

Die kurze Besprechungsrunde später in seinem Büro wurde von allen sehr effizient gestaltet. Sie ergab eine klar strukturierte Ideensammlung, die sie überschlafen konnten, um am nächsten Tag die Reiseplanungen und künftigen Prioritäten festzulegen. Auf dem Rückweg zu den Quartieren wurde weiter über jeweils wichtig empfundene Aspekte diskutiert.

Claudia zeigte sich besonders von einer Erkenntnis noch immer beeindruckt. »Mir ist regelrecht eine Gänsehaut über den Rücken gelaufen,

als das Todesjahr dieses Samurai Hatashi Ishii mit 1859 angegeben wurde, gefallen im Krieg. In den Yamagata-Unterlagen klang es danach, dass dieser Beschützer des jungen Ouichi das Adler-Netsuke gelegentlich selbst getragen hatte. Ihr erinnert euch an das Jahr, in dem angeblich dieser deutsche Seemann Max Adler das Netsuke von einem Veteranen auf Kyushu am Straßenrand kaufte, als Fund von einem Schlachtfeld? Das war doch auch 1859, das passt perfekt zusammen! Wir waren eigentlich vollkommen sicher, dass diese abenteuerliche Insulanergeschichte frei erfunden gewesen sein muss, kamen nur ein wenig ins Zweifeln wegen der perfekt passenden Schiffspassagen. Aber jetzt diese eklatante Übereinstimmung, unglaublich!«
Mit solchen und ähnlichen Gedanken zogen sich die Team-Mitglieder in ihre Apartments zurück und blieben am Abend noch lange wach. Jeder für sich notierten Gedanken, die nachträglich kamen und Tomomi und Rebecca trafen sich sogar gegen Mitternacht noch einmal, weil sie unbedingt einen Gesprächspartner brauchten, um das eine oder andere zu vertiefen. Der Schlaf kam für alle spät und blieb unruhig, zu viel beschäftigte ihren Verstand und wühlte sie emotional auf.

Marco verbrachte eine weitere wunderbare Nacht mit Gieun und empfand eine immer tiefer werdende Vertrautheit mit dieser ihn in jeder Hinsicht faszinierenden Frau. Er war sein ganzes Leben über zu keiner langfristigen Bindung an eine Partnerin fähig gewesen, quasi immer auch emotional auf der Wanderschaft. Bei Gieun spürte er zum ersten Mal so etwas wie eine wahre geistige und körperliche Verbundenheit und er war sich sicher, dass es ihr genauso ging. Die gleiche Erleichterung und Freude über die neuen Entwicklungen im Projekt wie bei sich spürte er bei ihr, so als hätte sie in letzter Zeit gemeinsam mit ihm unter der Last der Bespitzelung und des Verdachts, von außen manipuliert zu werden, gelitten. Seit dem Treffen mit den Yamagatas war seine Stimmung wieder von seiner üblichen Leichtigkeit geprägt und dieses gute Gefühl spiegelte sich genauso stark auch in ihrem strahlenden Wesen wider. Sie waren glücklich und genossen ihre Liebe in vollen Zügen.

Reisepläne

Trotz dieser für alle unruhigen Nacht fanden sie sich gegen acht Uhr am nächsten Morgen in den Büros ein und brannten darauf, die Reisepläne zu konkretisieren. Claudia hatte bereits eine kleine Tabelle als Diskussionsbasis vorbereitet, in der sich die wesentlichen Prioritäten aus den Ergebnissen des Vortags wiederfanden. Marco bat einführend darum, bei der Entscheidung, wer welchen Spuren folgen solle, neben muttersprachlichen Aspekten und fachlichen Kompetenzen gleichwertig persönliche Erfahrungen und Beziehungen vor Ort zu berücksichtigen. Das erleichterte die Abstimmung und gegen zehn Uhr waren die Aufgaben zur allgemeinen Zufriedenheit verteilt.

Tomomi und Kaito würden zunächst in Shiso und danach in Himeji tätig werden, wobei Kaito stark davon ausging, dass sein Vater Aritomo sie insbesondere in Himeji persönlich begleiten würde. Das Stammschloss seiner Vorfahren kannte Aritomo wie kaum ein anderer, aus zahlreichen Besuchen in den vergangenen vier Jahren. In Shiso würden absolut zuverlässige Vertrauensleute des Tamagi-Konzerns eine groß angelegte Vorsondierung vornehmen, auf der sie dann aufbauen konnten. Eine genaue Untersuchung zu dieser russischen Publikation und der Drohnen-Überfliegung war bereits über den Tamagi-Sicherheitsdienst in Auftrag gegeben.

Claudia und Marco wollten im Würzburger Raum mit ihren gemeinsamen Recherchen beginnen und von dort aus wahrscheinlich getrennt den Spuren in München und Dresden folgen. Die genaue Reihenfolge und Aufteilung wollten sie spontan vor Ort entscheiden. In Deutschland hatten sie die volle Unterstützung der lokalen Tamagi-Niederlassungen und konnten bei Bedarf auf Personal und Dienste zugreifen. Claudia konnte sich dort zusätzlich auf exzellente Kontakte aus ihrer Vergangenheit verlassen, falls dies benötigt werden sollte.

Frank hatte sich bereit erklärt, zunächst die Archivquellen in Kyoto und Tokyo zu studieren. Kaito wollte in diesen beiden Städten eine optimale Unterstützung für ihn sicherstellen. Nach etwa zehn Tagen würde Frank in Maskat im Oman mit Rebecca zusammenzutreffen. Diese startete zunächst alleine in Jaipur, um den Hinweisen aus dem Urdu-Dokument zu folgen. Danach ging es für sie als nächstes nach Kairo, um sich um die Mehri-Übersetzung zu kümmern. Anschließend würde sie nach Maskat weiterreisen. Gemeinsam mit Frank wollte sie dort den vermuteten Schiffspassagen ihres Elfenbeins in Arabien nachspüren. Als weitere denkbare Station stand noch Amsterdam zur Diskussion, um dem Besitzer des Surimono persönlich einen Besuch abzustatten, falls von dort keine Reaktion auf die schriftliche Anfrage einging.

Sie alle veranschlagten für diese Aktivitäten einen Zeitraum von zwei bis drei Wochen, was aber individuell angepasst werden konnte, jeder war frei in seiner Reiseplanung. Um die Logistik mussten sie sich nicht selbst kümmern, denn in der Reiseabteilung des Tamagi-Konzerns wurde eine erfahrene Managerin ausschließlich für ihre Unterstützung freigestellt. Sie organisierte die Visa und Flüge, arrangierte einen 24-Stunden-Chauffeurservice für die Teams vor Ort und buchte auch die Hotels sowie sonstigen Arrangements, die benötigt wurden.

Über die inzwischen von Kaito bereitgestellten Krypto-Kommunikationsgeräte würden sie ständig in gegenseitigem Kontakt stehen und sich auf dem Laufenden halten. Als gemeinsamen Abreisetag legte man den nächsten Dienstag, den zehnten September 2036 fest. So blieben ihnen vier volle Tage, um sich optimal vorzubereiten, Terminabsprachen zu treffen und untereinander letzte Gespräche zu führen. Spätestens bis zum dreißigsten September wollten sie wieder zurück im UNTACH sein und die hoffentlich ergiebigen neuen Erkenntnisse weiter verwerten.

Nach dem Ende dieser Planungssitzung machten sie sich sofort an den Abschluss der Dokumentation der Vortage und an das vertiefte Studium und Zusammenstellen der Dokumente und Fakten für ihre jeweiligen Missionen. Die Zweierteams verteilten intern die individuellen Schwerpunkte und verabredeten sich für Sonntag und Montag jeweils mit anderen Kollegen für eine gegenseitige kritische Feedback-Runde, um den eigenen Planungen den letzten Feinschliff zu geben.

Da inzwischen alle mit der Team-Datenbank perfekt vertraut waren, übernahm jeder seine Eintragungen und Updates hierin selbst. Dies

entlastete Claudia sehr, sodass sie am nächsten Tag andere Aufgaben wahrnehmen konnte, die sie schon eine Weile vor sich her schob.
Sie kümmerte sich endlich darum, dass in der Kartographie-Abteilung ein Abgleich der Seidenlandkarte mit Flussläufen in Japan erfolgte. Das war eine Sache, die bislang immer wieder anderen Prioritäten zum Opfer gefallen war. Eine entsprechende Matching-Software im UNTACH griff sowohl auf historische und aktuelle Landkarten unterschiedlichster Maßstäbe als auch auf Satellitenfotos zu. Bereits am nächsten Tag kam allerdings die Mitteilung, dass keinerlei Ähnlichkeiten mit realen geographischen Strukturen ermittelt werden konnten. Auch die kleinen aufgemalten Szenen gaben den Kartographen und Geographen keinen Aufschluss über eine denkbare regionale Zuordnung dieser Landschafts-Darstellung. Es blieb die Hoffnung, dass einem Ortskundigen in Himeji oder Shiso etwas bekannt vorkam. Das dortige Regionalbüro des kartographischen Staatsdienstes war bereits informiert und hatte über gute Bekannte von Yamagata Aritomo klare Weisung, die Recherchen bestmöglich zu unterstützen.

Kaito holte etwas nach, was er schon seit Tagen erledigen wollte, aber immer wieder aufgeschoben hatte. Es ärgerte ihn ungemein, dass dieser Banker in Amsterdam auf Rebeccas Anfrage einfach nicht antwortete, obwohl diese die Bedeutung des Surimono für ein wichtiges Forschungsprojekt ausdrücklich betont hatte. Mit dem Angebot, einen angemessenen Preis für den Erwerb des Originals oder wenigstens für die Anfertigung eines Faksimiles zu zahlen. Nun gut, es ging auch anders. Genau dies leitete er durch ein kurzes Telefonat mit Abe Tomoji heimlich in die Wege, auch wenn seine neuen Freunde dies sicher nicht gutgeheißen hätten.

Aufbruchsstimmung

Es war eine seltsame, zwiespältige Stimmung, die sich bei dem kleinen Wissenschaftler-Team am Ende dieser langen und intensiven Projektphase breit machte.

Da war einerseits eine gewisse Leere und Lähmung durch das Bewusstsein, dass eine unglaublich spannende und vielleicht einzigartige Forschungsarbeit nun zunächst ein Ende nahm. Weil niemand von ihnen wirklich wusste, ob und wie es hinterher weiter ginge, empfanden alle so. Plötzlich schlich sich bei manchem zusätzlich Skepsis und Unwohlsein ein, dass ihre verschworene Gemeinschaft darunter leiden könnte. Weil man sich in alle Winde zerstreute und nicht mehr diese enge, vertrauensvolle Einheit war, zu der sie in den vergangenen Wochen zusammengewachsen waren. Andererseits freute sich das Team auf das, was nun ›draußen in der wirklichen Welt‹ auf sie wartete und sie konnten die Abreise kaum noch erwarten.

Das abschließende Meeting am Montag wurde entsprechend kurz gestaltet. Sie wollten die aktuelle Sachlage nicht mehr vertiefen, sondern endlich Neuland betreten und die nach fast drei Monaten doch langsam ›eng‹ werdende UNTACH-Enklave wieder einmal verlassen. Für einige von ihnen mischte sich jedoch etwas Abschiedsschmerz in die Gefühlslage, denn neue Partnerschaften und Freundschaften waren gewachsen und fanden zumindest vorübergehend ein Ende.

Rebecca war Pierre inzwischen sehr nahe gekommen, auch wenn sie sich nicht sicher war, ob die gerade erst erblühenden Gefühle für sie beide mehr als eine Liebelei waren. Da die Projektarbeit des Franzosen im UNTACH für weitere zwei Monate gesichert war, würde man sich auf jeden Fall nach Rebeccas Reise wiedersehen.

Für Marco und seine Liaison sah das etwas anders aus. Der Gastaufenthalt von Gieun im Jennings-Team war bis zum dreißigsten September befristet und sie hatte anschließend eine Lehrverpflichtung in Seoul zugesagt. Im Moment war somit offen, ob sie nach Marcos Rückkehr noch zugegen war oder ob seine Abreise den Beginn einer längeren Trennungsphase bedeutete. In der letzten gemeinsamen Nacht versicherten sie sich zwar gegenseitig ihrer Liebe, aber Marco war lebensklug genug, um sich keinen überzogenen Erwartungen hinzugeben. Er selbst fand die Idee, auch bei räumlicher Trennung eine feste Beziehung mit dieser Frau aufzubauen, zwar verlockend und würde seinen bisherigen Lebenswandel dem sogar gerne opfern. Aber da waren über zwanzig Jahre Altersunterschied und manches andere, was seine Illusionen dämpfte. Es blieb abzuwarten, wie sich die Trennung bei ihnen beiden auswirken würde.

Für Claudia und Frank existierten solche Probleme nicht. Von kleinen, unverbindlichen erotischen Abenteuern mit anderen ›UNTACH-Insassen‹ abgesehen, waren beide eingeschworene Singles und höchst zufrieden damit.

Auch Tomomi hatte während der vergangenen Monate keine feste Beziehung aufgebaut, sondern wechselnde Bekanntschaften gepflegt. Claudia vermutete insgeheim, dass sich zwischen Kaito und der jungen Japanerin etwas entwickeln könnte. Die beiden hatten sichtlich einen sehr harmonischen, in letzter Zeit sogar von verräterischen Neckereien geprägten Draht zueinander.

Als sie unter vier Augen zu Marco eine entsprechende Bemerkung machte, nickte er lächelnd und antwortete mit einem Augenzwinkern: »Wenn ich die beiden so beobachte, kann ich dir nur zustimmen. Wir sollten ihnen Glück wünschen und uns für sie freuen, denn sie sind beide wunderbare Menschen, die gut zueinander zu passen scheinen. In den kommenden drei Wochen intensiver Zusammenarbeit werden sie sich mit Sicherheit gut genug gegenseitig kennenlernen, um das selbst auf die Probe zu stellen. Vor allem, wenn zeitweise Yamagata Senior mit von der Partie ist!«

Am Montag lud Marco nach dem Meeting sein Team einschließlich Kaito zu einem Farewell-Lunch in den Nikko Temple ein. So hatten sie den Nachmittag und Abend individuell zur Verfügung, was jedem sehr recht war. Man würde in den kommenden Tagen und Wochen in enger Kommunikation miteinander bleiben, sodass der Abschied ohne größere emotionale Erregung vonstatten ging. Dennoch empfanden sie bei diesem letzten gemeinsamen Mittagessen eine deutliche Wehmut, dass diese erste, für sie sehr erfüllende Phase ihres gemeinsamen Projekts zu Ende war. Instinktiv ahnte man, dass diese Zeit einzigartig gewesen war und dies auch immer für sie bliebe. Sie hatten Tolles miteinander erlebt und würden die aufregenden Wochen im UNTACH sicher nie vergessen. Die weiteren Entwicklungen waren schwer vorhersehbar und versprachen in mancher Hinsicht ein echtes Abenteuer.

Lichtblitze vor der Finsternis

Marco Renke verbrachte am Nachmittag vor der Abreise fast eine Stunde alleine im Tresorraum des Teams. Es war ihm ein inneres Bedürfnis, noch einmal ganz intensiv den Masanao-Adler auf sich wirken zu lassen.
Er holte die kleine Schnitzerei hierfür aus der Wandvitrine und hielt sie lange in Händen, sie versonnen hin und her drehend und sich fast meditativ in ihren Anblick versenkend. Nie hatte er anderen gegenüber eine diesbezügliche Andeutung gemacht – aber manchmal schien das Artefakt eine Aura auszustrahlen, die er nicht näher beschreiben oder interpretieren konnte. So als wäre etwas auf mysteriöse Weise darin ›gespeichert‹, wie Dateien in einem kleinen USB-Stick – mit Augen oder anderen menschlichen Sinnen nicht zu erkennen, aber mit dem richtigen Auslesegerät und der richtigen Software abrufbar.
Natürlich war das verrückt – das Netsuke stammte aus einer Welt und Zeit, in der weder Elektrizität noch Mikroelektronik auch nur vorstellbar waren! Es war ein beschnitztes Stück altes Elfenbein, keine hochkomplexe Schichtstruktur aus Halbleiter-Bauelementen – aber dennoch blitzte diese irre Idee auch dieses Mal in seinem Kopf auf und verstörte ihn regelrecht.
Ohne sich solche Gedanken eigentlich erlauben zu wollen, befürchtete er inzwischen, dass alle Wissenschaft und moderne Technik im Falle des Rätsels um den Masanao-Adler versagen könnte. Aber welche Alternativen gab es?
Schließlich legte er den Adler, fast etwas resigniert, zurück, als Tomomi plötzlich auftauchte und den Wunsch äußerte, auch noch einen Moment mit dem Netsuke verbringen zu dürfen. Er lächelte, weil er hierfür großes Verständnis hatte und überließ ihr gerne den Raum für eine Weile, indem er vorgab, in Claudias Büro inzwischen noch einige Unterlagen zusammenzustellen. In Wahrheit setzte er sich dort still hin und grübelte. Ohne einen neuen Lösungsansatz zu finden. Es blieb zu hoffen, dass auf einer der Reisen ein Durchbruch gelingen würde.

Natürlich hätte Tomomi es sich nicht vorstellen können, einfach abzureisen, ohne auf ihre besondere Weise Abschied vom Netsuke zu nehmen. Sie

genoss also eine halbe Stunde alleine mit diesem Artefakt, zu dem sie inzwischen eine so ambivalente, geheimnisvolle Bindung aufgebaut hatte.
Nie sprach sie mit einem der anderen im Detail darüber, aber es hatte einige Momente gegeben, in denen sie an ihrem Verstand zweifelte, so sehr wirkte die Magie dieses Objekts auf sie ein. Während der Bestrahlung des Netsuke bei der Röntgenanalyse hatte sie sogar einmal kurz die Vision gehabt, dass seltsame Schwingungen ihr ins Gehör drangen und wie Sphärenklänge aus einer anderen Welt die Sinne verwirrten. Aber sie wollte derartiges nicht wahrhaben, verbot sich sogar, darüber weiter nachzudenken. Stattdessen hatte sie in der Folge etwas mehr Distanz gewahrt.
Doch so konnte und wollte sie das UNTACH nicht verlassen, sie musste sich noch einmal mit dem Netsuke konfrontieren, sich und es auf die Probe stellen. Während sie also ein letztes Mal still und tief in Gedanken versunken den kleinen Adler in den Händen hielt und fast zärtlich betastete, geschah es erneut: Diesmal nicht mit seltsamen Tönen, sondern mit einem plötzlichen Kribbeln und Kratzen in ihren Augen und dann grellen Lichtblitzen, die auf ihrer Netzhaut zu tanzen begannen. Tomomi schloss sofort die Augen, aber das gruselige Geschehen dauerte noch einige Sekunden an, bis es endlich abklang.
Die Wissenschaftlerin in ihr wollte erneut gegen die aufkeimenden Gedanken rebellieren, aber irgendein Anderes in ihr überwog. Sie wusste, dass soeben etwas von dem erwacht war, was ihr Ganguro-Äußeres und wohl auch ihr geheimnisvolles Inneres mit jenen archaischen Shintō-Priesterinnen verband, von denen sie als Teenie so fasziniert gewesen war.
Tomomi wurde schlagartig bewusst, dass ihr künftig eine besondere Rolle in diesem Projekt zugewiesen war, nicht von ihrem Chef, sondern von einer höheren Gewalt. Sie lächelte, ergab sich in diese Erkenntnis und streichelte den Adler sanft ein letztes Mal. Dann ging sie voller Elan davon, mit einem letzten Blick auf das Netsuke diesem signalisierend, dass sie verstanden hatte – und sich ihrer Pflicht nicht entziehen würde. Als sie an Marco vorbeiging, blieb sie sprachlos, nickte ihm nur kurz zu. Auch ihr Chef fand gerade keine Worte, sondern lächelte ebenfalls nur verständnisvoll zurück und sah seiner jüngsten Mitarbeiterin versonnen hinterher, als diese den Raum verließ.

Tief unter der Erde hielt wenige Stunden später im Netsuke-Archiv auf Ebene U-22 Ken Watamote den Masanao-Adler gedankenschwer in Händen. Gerade hatte Marco ihm dieses Kunstwerk zurückgebracht, um es für die kommenden Wochen in der sicheren Obhut des UNTACH-Kernarchivs zu lassen. Ken hatte bei der Übergabe deutlich gespürt, wie bewegend dieser Moment für seinen alten Bekannten war. Irgendetwas Mystisches musste an diesem kleinen Adler sein, denn noch nie zuvor hatte er bei Marco derartige sentimentale Gefühle bemerkt, wenn es um ein Objekt seiner Forschungen ging.

Auch Ken selbst spürte, je länger er diese Elfenbein-Schnitzerei nun durch seine Finger gleiten ließ, etwas seltsam Bewegendes, ihn emotional Berührendes. Sicher, unter den unzähligen Netsuke, die durch seine Hände gewandert waren, gab es auch früher schon Stücke, die ihn besonders ansprachen, vielleicht sogar eine spirituelle Wirkung bei ihm hinterließen. Aber ging dies wirklich von den Objekten selbst aus oder nicht eher von seiner eigenen Fantasie, die durch die Geschichten hinter den Schnitzereien, sein Wissen um die dargestellten Motive und das oft außergewöhnliche Material angeregt wurde? Hier war es allerdings irgendwie anders…

Ken drehte mit seinen behandschuhten Händen den Adler ein letztes Mal langsam um und nahm alle seine meisterlichen Details noch einmal genussvoll wahr. Dann legte er ihn vorsichtig zurück in jenes mit Spezialfolie ausgekleidete Schubfach, in dem er bereits vor Beginn von Marcos Forschungsprojekt fünf lange Jahre unbeachtet und in Dunkelheit verbracht hatte. Eigentlich eine unendlich traurige Sache, schoss es ihm kurz durch den Kopf. Aber er verdrängte diese für ihn als Kustos völlig inadäquate Gefühlsregung sofort wieder und schloss den Schrank.

Während er zurück zu seinem Arbeitsplatz eine Etage höher ging, verblassten diese Gedanken rasch und als er sich wenig später mit einem Kollegen in ein anspruchsvolles Fachgespräch über Netsuke in Form von Masken des traditionellen japanischen No-Theaters vertiefte, war der Masanao-Adler nur noch eines von tausenden Objekten in seiner Obhut.

Das kleine Kunstwerk jedoch mit seiner grandiosen Vergangenheit harrte erneut darauf, ins Bewusstsein der Menschen zurückgeholt zu werden und jene Rolle spielen zu dürfen, die ihm einst zugedacht war.

Epilog

Wenn modernste Technologie und selbst akribischste Forschungsarbeit an ihre Grenzen stoßen, so heißt dies nicht, dass sich ein Geheimnis seiner Entdeckung verweigert. Vielleicht ist einfach nur der Horizont der Suchenden noch zu begrenzt, die Wahl der Mittel grundsätzlich eine Falsche.

Intuition und liebevolle Zuwendung, die in ihrer Wirkung weit über normales Interesse und wissenschaftliche Neugier hinausreichen, könnten einen Schlüssel darstellen. Man müsste nur daran glauben.

Das, was da unterschwellig in einigen Köpfen und Herzen der Suchenden schon gärt, sich langsam formt, stößt vielleicht schon bald eine Tür auf zur Erfüllung ihrer Träume.

Viele Jahre zuvor fanden manche Wegbegleiter der kleinen Schnitzerei so bereits einen Zugang zu seinem Mysterium. Ob diese so auch dem Weg zum Schwert des Masamune weiter folgen konnten?

Vielleicht ging mit der hier erzählten Geschichte eine Phase zuende, die einfach nicht zum Erfolg führen konnte – weil die Protagonisten noch zu sehr in ihrer Faktenwelt gefangen waren. Noch nicht frei im Geiste, die Flügel ihrer Fantasie noch ungelenk.

Wenn auf ihre starre Fixierung auf exakte Analysen nun ein lebendiges Öffnen ihrer Seele folgt - wer weiß, was alles möglich ist.

Der Schritt hinaus in die Welt, das Sprengen der engen Fesseln der Wissenschaft und das Sich-Öffnen für das Unerwartete, das eigentlich Unmögliche, es weist den rechten Weg.

Wie es weitergeht …

Auf das Forscher-Team um Marco Renke warten bei seiner abenteuerlichen Reise auf den Spuren des Adler-Netsuke und des Elfenbeins, aus dem es einst geschaffen wurde, bald große Überraschungen und unerwartete Begegnungen. In Japan, Indien, Oman und Ägypten finden sie neue Hinweise, lernen aber auch die Grenzen ihrer wissenschaftlichen Arbeit kennen. Es bedarf weiterhin Ausdauer und Kreativität, um aus der komplizierten Sachlage die richtigen Schlussfolgerungen zu ziehen. Die Wissenschaftler stoßen auf immer neue Verstrickungen, aber die Recherchen in Würzburg und Dresden sorgen schließlich für einen Durchbruch. Dass hierbei der mächtige Yamagata-Clan und die Yakuza im Hintergrund weiter mitwirken, lässt manches Hilfreiche auftauchen, führt aber auch für einige Akteure zu bedrohlichen Situationen. Im zweiten Teil der Trilogie bewegen sich die Forscher immer mehr im Graubereich zwischen akribischer Wissenschaft und improvisierter Detektivarbeit. Eine seltsame Magie schwingt immer stärker bei ihrem Eintauchen in die Vergangenheit mit. Wird es wohl gut ausgehen? Wird das Masanao-Netsuke seine Geheimnisse preisgeben? Wird man das Schwert des Masamune aufspüren? Man darf gespannt sein!

Dr. Dieter R. Fuchs schöpft bei diesem spannenden Roman, der die LeserInnen unterhaltsam in die Welt der Wissenschaft einführt, aus seinem eigenen langen Berufsleben in diesem Metier.
Nach dem Studium und der Promotion im Fach Mineralogie leitete er zunächst ein fünfjähriges Entwicklungshilfe-Projekt im Jemen und forschte später zehn Jahre bei der renommierten Fraunhofer-Gesellschaft in jenem Bereich, in dem der Roman DER MASANAO-ADLER angesiedelt ist: Der Archäometrie, also der Anwendung naturwissenschaftlicher Techniken für die Untersuchung und den Erhalt von Kunst- und Kulturobjekten. Später verantwortete er zehn Jahre lang die internationale Geschäftsentwicklung in der Fraunhofer-Zentrale und war hierbei in über 50 Ländern weltweit aktiv, sowie danach fünf Jahre vom Standort Dubai aus für Projekte im Nahen Osten. Neben seinen mit zahlreichen Wissenschaftspreisen ausgezeichneten Forschungsarbeiten engagierte er sich ehrenamtlich bei sozialen und entwicklungspolitischen Initiativen. Zuletzt stand er mehrere Jahre unter der Schirmherrschaft der Vereinten Nationen als Präsident an der Spitze des größten Weltdachverbandes der Angewandten Forschung, mit Sitz in Malaysia.

Seit er 2014 in den Ruhestand wechselte, widmet er sich seinen literarischen Interessen sowie dem Studium asiatischer Miniatur-Schnitzereien, insbesondere japanischen Netsuke und chinesischen Amuletten. In den bisher erschienenen Romanen DER TANZ DER HÄSIN, HANNYA und ZHULONG verwebt er kunsthistorisches, geschichtliches und naturwissenschaftliches Wissen zu faszinierenden Geschichten, die sich jeweils um ein Objekt seiner eigenen Sammlung entwickeln. Außerdem erscheinen Kurzgeschichten und Gedichte in Anthologien verschiedener Verlage. Als Social Media Redakteur des Literatur Radio Hörbahn setzt er sein ehrenamtliches Engagement im Literaturbetrieb fort.

Näheres findet man bei Wikipedia:
https://de.wikipedia.org/wiki/Dieter_R._Fuchs